유럽 최후의
대국,
우크라이나의
역사

유럽 최후의 대국, 우크라이나의 역사

구로카와 유지黑川祐次 지음
안선주 옮김

글항아리

머리말

1960년대에 학창 시절을 보낸 나는 도쿄에서 열린 소련 회화전에서 아르히프 쿠인지의 19세기 말 작품인 「우크라이나의 저녁」에 강한 끌림을 느꼈다. 그 그림은 언덕 경사면에 하얀 회반죽을 바른 벽과 초가지붕으로 지어진 소박한 농가 두서너 채가 석양빛을 받아 붉게 빛나고 있어, 첫눈에 그냥 그리움이라는 감정이 솟구쳐 올랐다. 이후 우크라이나라는 이름을 들으면 언제나 뇌리에 그 그림이 떠올랐다. 이후 나는 우크라이나에 대해 따로 공부하려는 마음이 없었고, 외무성에 들어가 30년이 지난 뒤에도 우크라이나에 관해 아는 것은 거의 달라지지 않았다.

그러던 1996년 어느 가을날, 나는 주_駐우크라이나 대사로 임명됐다. 새로운 부임지로 출발하기 전, 관계자와 지인들에게 인사하고 조언도 듣는 시간을 가졌다. 대부분이 우크라이나 하면 학교에서 배운

'곡창지대'라는 단어부터 머릿속에 떠올렸다. 간혹 몇몇 사람은 프레더릭 포사이드의 베스트셀러 『악마의 선택』을 떠올리기도 했다. 이 소설은 이탈리아의 상선이 흑해에서 구한 표류자가 우크라이나의 민족주의자 파르티잔의 리더임이 탄로 나는 한편, 미국의 정찰위성이 소련의 곡창지대에서 밀 작황의 이변을 감지하고 대통령이 조사를 명령하는 첫머리로 시작되는 장대한 스파이 서스펜스다. 어쨌든 「우크라이나의 저녁」이나 '곡창지대'나 모두 우크라이나에 대한 공통된 이미지는 농업국이라는 점이었다. 이에 나는 농업국에 부임한다는 생각으로 우크라이나로 향했다.

막상 실제 살아보니 우크라이나는 곡창지대임에 틀림없었지만, 동시에 그것만으로 단정 지을 수 없는 매우 복잡하면서도 깊이가 있는 대국이라는 것을 실감했다. 대체 이런 차이는 어디서 오는 것일까?

아마도 우크라이나가 1991년 독립하기까지 몇 세기 동안이나 나라를 갖지 못하고 러시아의 그늘에 가려져 있었기 때문 아닐까. 러시아에 역사가 없다고 생각하는 사람은 없다. 키예프 루스 공국 이래로 쌓여온 러시아의 역사 문헌은 그 양이 매우 많다. 도스토옙스키, 고골, 차이콥스키의 나라인 러시아에 문화가 없다거나 스푸트니크 위성을 쏘아 올린 나라를 두고 과학기술이 없다고 하는 사람도 물론 없을 것이다.

그러나 키예프 루스 공국의 수도는 현재 우크라이나의 수도인 키예프에 있었다. 고골은 코사크의 후예이자 순수 우크라이나인이었다. 차이콥스키의 조부는 우크라이나 코사크 출신이며, 차이콥스키도 매년 우크라이나 카미안카에 있는 여동생의 별장에 머물면서 그 지역 민요를 바탕으로 「안단테 칸타빌레」 등 다수의 명곡을 작곡했다. 도스토옙스키의 선조도 우크라이나 출신이라고 한다. 인공위성 스푸트니크 발사에 핵심적인 역할을 한 세르게이 코롤료프 역시 우크라이나인이었다. 이러한 사실만으로도 알 수 있듯 우크라이나에는 역사와 문화, 과학기술이 존재하는데도 이 모든 것이 러시아·소련의 역사와 문화, 과학기술에 포함되어 그 영예마저 러시아·소련에 귀속되고 말았다. 그리고 우크라이나는 세계 속에서 러시아·소련 내부에 있는 곡창지대로만 알려졌다.

우크라이나의 권위적인 역사학자 오레스트 수브텔니는 우크라이나 역사의 최대 주제는 '나라가 없었다는 점'이라고 지적한다. 즉, 거의 모든 나라의 역사에서 찾아볼 수 있는 주요 주제가 민족국가nation-state의 확보와 그 발전인 것에 비해 우크라이나에서는 국가의 틀 없이 민족이 어떻게 살아남았는지가 역사의 핵심이라는 뜻이다.

그러한 우크라이나에도 국가가 아예 없었던 것은 아니다. 앞서 언급한 키예프 루스 공국은 10~12세기 당시 유럽의 대국으로 군림했고 훗날 러시아, 우크라이나, 벨라루스의 기반을 형성했다. 이러한 측면에서 보면 우크라이나는 동슬라브의 종가宗家라고 할 수 있다. 그러나 이후 몽골의 침략 등으로 키예프는 쇠퇴하고 말았고, 소위 분가에 해당되는 모스크바가 대두하여 슬라브의 중심은 여기로 옮겨졌다. 루스(러시아)라는 이름까지 모스크바에 빼앗겼다. 그래서 그들은 자기 나라를 나타내기 위해 우크라이나라는 이름을 새롭게 만들어야 했다. 심지어 역사상으로도 키예프 루스 공국은 우크라이나인의 나라가 아닌, 모스크바를 중심으로 하는 러시아 발상의 나라로 받아들이게 됐다. 다시 말해, 모스크바에서 발흥한 나라가 훗날 대국이 되어 자국을 러시아로 명명하고, 키예프 루스를 잇는 정통 국가라고 자칭하며 나섰기 때문에 우크라이나의 역사는 '나라 없는' 민족의 역사가 된 것이다.

그러나 우크라이나는 '나라가 없다'는 큰 결점과 언어와 문화 및 관습이 매우 유사한 대국인 러시아를 이웃으로 두고 있었으면서도 정체성을 잃지 않았다. 러시아를 비롯한 여러 나라가 우크라이나를 지배했지만 독자적인 언어와 문화, 관습을 키워갔다. 우크라이나는 코사크 시대의 독창적인 역사를 가졌을 뿐만 아니라 러시아에 병합된 후에도 러시아 역사 속에서 경제적, 문화적으로 중요한 역할을 했다. 그러는 사이에도 우크라이나의 내셔널리즘은 점점 고조됐다.

그리고 마침내 우크라이나는 1991년 독립을 맞이했다. 독립 후 사람들은 아직도 유럽에서 이런 대국이 나올 여지가 있었느냐며 매우 놀라워했다. 국토 면적으로 따지자면, 유럽에서는 러시아에 이어 두 번째로 크다. 독립 당시의 인구는 5200만 명으로 러시아, 독일, 영국, 이탈리아, 프랑스의 뒤를 이었고, 스페인과 폴란드의 인구수를 훨씬 웃돌았다. 이렇게 유럽에서 5000만 명 이상의 인구를 가진 국가가 성립된 것은 19세기 후반, 독일과 이탈리아의 통일 이후 처음 있는 일이었다.

우크라이나의 주요 산업으로는 먼저 농업을 들 수 있다. 우크라이나의 경지 면적은 거의 일본의 총면적에 이르고, 농업국 프랑스 경지 면적의 2배나 된다. 그래서 만약 21세기에 세계적 식량 위기가 일어난다면 그 위기에서 구해줄 나라 중 하나로 우크라이나를 꼽을 정도다. 또한 우크라이나는 단순히 유럽의 곡창이기만 한 게 아니라 대공업 지대이기도 하다. 과학기술의 수준은 상당히 높다. 흔히 구소련의 첨단 기술이 모두 러시아로 계승됐다고 생각하지만, 예를 들어 SS-19나 SS-21과 같은 대륙간탄도미사일은 우크라이나에서 만들어졌다.

예술 및 문화, 스포츠 분야의 수준도 높다. 특히 예술과 문화 분야에서는 블라디미르 호로비츠, 다비트 오이스트라흐, 스뱌토슬라프 리흐테르 등의 음악가를, 발레 무용수인 바츨라프 니진스키, 아방가르드 회화의 창시자 카지미르 말레비치 등을 탄생시켰다. 스포츠 분야에서는 장대높이뛰기 선수 세르게이 부브카, 피겨스케이팅 선수 옥사나 바울 등을 배출했다.

이처럼 우크라이나는 명백히 존재하고 있었으나 지금까지 몇 세기 동안이나 마치 지하 수맥처럼 밖으로 드러나지 않았다. 그러다 소련 제국의 붕괴와 함께 마침내 샘처럼 지표면에 드러났다. 현재는 세계 각지에서 '우크라이나의 발견' '우크라이나의 복권復權'이라고 부를 만한 움직임마저 일어나고 있다. 유럽과 미국은 러시아와 다른 유럽 국가들 사이에 존재하여 지정학적으로 중요한 위치에 있는 우크라이나가 독립을 유지하는 것이 유럽 전체의 평화와 안정을 위해 매우 중요하다고 평가한다. 또한 미국과 캐나다에는 우크라이나계 이민자가 각각 100만 명 이상 거주하고 있어 우크라이나에 관한 관심은 높다.

그러나 안타깝게도 일본에서는 독립 국가 우크라이나를 향한 관심이 그리 높지 않은 것 같다. 그 이유는 우크라이나가 구소련의 서쪽 끝에 위치하여 일본과 거리가 멀 뿐만 아니라, 구소련에 대한 일본의 관심이 주로 러시아에 집중되어 있었기 때문일 것이다. 그리고 지금까지 일본에 우크라이나의 사정이 제대로 알려지지 않았던 점도 큰 영향을 줬으리라. 나는 내가 우크라이나를 '발견'한 것처럼 일본에서도 우크라이나가 '발견'되어야 한다고 생각했다. 그래서 이렇게 우크라이나를 소개하는 책을 쓰려 마음먹었고, 한 나라나 민족의 기초가 되는 것은 역사이므로 우크라이나의 역사에 초점을 맞추어 이 나라를 소개하고자 한다.

이것이 이 책을 쓴 동기이며, 독자들도 우크라이나를 발견하기를 기대한다.

미리 짚어두고 싶은 것은, 내가 이 책에서 말하는 우크라이나의 역사를 그 나라 민족의 역사라기보다는 우크라이나 땅을 둘러싼 역사의 관점에서 풀어냈다는 점이다. 따라서 우크라이나 민족에는 속하지 않는 스키타이 민족과 러시아인, 폴란드인도 우크라이나의 땅과 관련 있다면 언급할 것이다. 또한 이런 기본 방침에서는 벗어나지만, 타국으로 이주한 우크라이나계 민족의 업적에 대해서도 가능한 한 언급했다. 다시 말해, 우크라이나와 관련된 것은 무엇이든 알고자 하는 마음가짐으로 집필했다.

고유명사의 표기는 원칙적으로 우크라이나어 발음을 따랐으나 러시아어나 영어 발음에 의한 표기가 이미 정착됐다면 그 표기를 따랐다. 예를 들어, 우크라이나의 수도 이름은 우크라이나어로는 '키이우'지만 러시아어 및 영어 발음으로는 '키예프'가 상용화되어 있으므로 '키예프'로 표기했다. 또 다른 예로, 우크라이나 중심부를 흐르는 강의 이름은 우크라이나어로 '드니프로강'이지만 이미 관용적으로 사용되는 러시아식 발음 '드네프르강'으로 표기하기로 한다.

집필하면서 많은 문헌을 참조하고 인용했는데, 책의 특징상 장문의 인용을 제외하고는 일일이 출처를 명시하지 않았다. 인용된 모든 문헌은 책 마지막 부분에 한꺼번에 수록해뒀으니 참고하길 바란다.

마지막으로 이 책이 완성되기까지 지도와 지원, 조언, 격려를 해주신 많은 분께 진심으로 감사의 말씀을 드린다. 특히 다음 분들께 큰 도움을 받았다. 예전 상사였던 오카자키 히사히코 씨는 이 책을 집필할 계기와 함께 귀중한 조언을 해주셨다. 나카이 가즈오, 안드레이 나코르체우스키, 바딤 레파 씨는 우크라이나 역사에 관한 의문점을 해결하는 데 도움을 주셨다. 키예프에서 근무할 당시의 동료인 나카지마 히데토미 씨는 역사적 사실 조사 등에 특별히 협력해주셨다. 나카히라 고스케, 후지카와 데쓰마, 혼마 마사루, 마도노 사토루, 오타케 고지, 미즈타니 미쓰히로, 이토 데쓰로, 혼다 히토시, 히로세 데쓰야 씨께서도 가르침과 격려의 말을 해주셨다. 키예프 대사관에서 함께 지낸 동료 니시타니 도모아키, 이노우에 미사키, 시라에 준코, 이노우에 리쓰코, 구라모치 히로시, 이와사키 가오루, 엘레나 키르사노바, 타라스 레파 씨도 여러 방면에서 협조해주셨다. 주오코론신샤中央公論新社의 나미키 미쓰하루, 오노 가즈오 씨는 단행본 집필이 처음인

내게 많은 조언을 해주셨다. 그리고 아내 사코와 장남 아야토의 이해와 협조에도 감사의 마음을 전한다.

2001년 9월 도쿄 세타가야에서

구로카와 유지

차례

머리말 004

제1장 **스키타이: 기마와 황금의 민족** —————————— 015
스키타이의 등장 | 스키타이인의 건국 전설 | 건국 전설 이설異說 | 유목민 | 능란 한 기마술을 지닌 용감한 전사 | 동물 의장意匠과 황금에 대한 편애 | 그리스 세계와의 연관성 | 스키타이의 멸망

제2장 **키예프 루스: 유럽의 대국** —————————— 039
키예프 루스는 누구의 것인가 | 슬라브인의 등장 | 하자르한국 | 키예프 루스의 건국 | 볼로디미르 성공聖公과 야로슬라프 현공賢公 | 기독교로의 개종 | 모노마흐 공의 정훈 | 몽골의 정복 | 최초의 우크라이나 국가 | 키예프 루스의 사회와 문화

제3장 **리투아니아-폴란드의 시대** —————————— 077
암흑과 공백의 3세기? | 리투아니아의 확장 | 폴란드의 진출 | 폴란드와 리투아니아 연합 | 리투아니아-폴란드 지배하에 놓인 우크라이나 | 유대인의 낙원 | 우니아트의 탄생 | 모스크바 대공국과 크림한국의 대두 | 우크라이나의 어원

제4장 **코사크의 영광과 좌절** —————————— 103
코사크의 출현 | 정치적 세력으로의 성장 | 조직과 전투 방법 | 국민성과 생활 | 선구자 사하이다치니 | 흐멜니츠키의 봉기 | 헤트만 국가의 형성 | 모스크바의 보호 아래 | 흐멜니츠키의 최후 | '황폐'의 시대 | 헤트만 마제파 | 폴타바 전투 | 최후의 헤트만 | 러시아로의 병합 | 우안 우크라이나 | 신新러시아현

제5장 러시아·오스트리아 제국의 지배 _____ 149

두 제국이 지배하는 우크라이나 │ 러시아 제국하의 우크라이나 │ 발자크의 저택 │ 데
카브리스트의 난과 카미안카 │ 크림전쟁 │ 국민 시인 타라스 셰브첸코 │ 내셔널리즘의
고양과 정당의 성립 │ 오스트리아 제국하의 우크라이나 │ 신대륙으로의 이민 │ 곡창지
대와 항구 도시 오데사 │ 공업화 │ 우크라이나 출생의 예술가와 학자

제6장 중앙 라다: 짧은 독립 _____ 187

우크라이나의 독립은 왜 유지되지 못했는가 │ 제1차 세계대전과 러시아 혁명 │ 우크
라이나 국민공화국 │ 일본인의 키예프 방문기 │ 볼셰비키의 등장 │ 독일군의 꼭두각시
│ 서우크라이나의 독립 │ 디렉토리아 정부와 내란 │ 최후의 승리자, 볼셰비키 │ 재고:
독립운동은 왜 실패했는가

제7장 소련의 시대 _____ 221

4개국으로 갈라진 우크라이나 │ 우크라이나화 정책 │ 스탈린의 권력 장악 │ 농업 집
단화와 대기근 │ 스탈린의 숙청 │ 폴란드 지배하의 서우크라이나 │ 일본 군부와 우크
라이나 독립파의 접촉 │ 제2차 세계대전 │ 얄타회담 │ 일본인 억류자 │ 전후 처리 │
UPA의 파르티잔 활동 │ 흐루쇼프 시대 │ 브레즈네프 시대

제8장 350년 동안 기다린 독립 _____ 267

고르바초프의 글라스노스트 │ 독립 달성 │ 우크라이나의 장래성 │ 우크라이나와 일본

우크라이나 역사 연표 **284**
참고문헌 **291**

제1장

스키타이

기마와 황금의 민족

현재의 우크라이나. 지명은 원칙적으로 우크라이나어로 표기했으며, 괄호 안은 러시아어다.

스키타이의 등장

유라시아 평원의 유목 민족에 관해 특히 관심이 많았던 역사소설가 시바 료타로는 저서 『초원의 기록』(1992)에서 다음과 같이 기술했다.

고대 문명권에는 두 명의 역사가가 존재했다. 한 명은 그리스 문명권에 등장한 헤로도토스(기원전 5세기)인데, 그는 『역사』에서 흑해 북쪽 연안의 대초원을 누비는 스키타이의 이색적인 문화를 생생하게 그려냈다. 그들은 등자도 없는 말 등에 올라타 양 떼와 함께 움직였고 집도 이동식이었다. 한편, 중국 문명권에서는 사마천(기원전 145?~기원전 86?)이 『사기』 「흉노열전」에서 그들의 특이한 생활상을 묘사했다.

두 역사가의 관찰은 부절을 맞춘 듯 일치했다. 이처럼 공통된 묘사만 보더라도 스키타이와 흉노는 하나의 문화였음이 틀림없다.

스키타이인이 활약한 흑해 북안北岸의 땅, 지금의 우크라이나 땅에 처음부터 스키타이인이 살았던 것은 아니다. 문헌에 고유명사를 가지고 최초로 등장한 민족은 키메리아인이다. 기원전 8세기경의 인물인 호메로스는 『오디세이아』에서 흑해 북안의 땅을 '키메리아인의 땅'이라고 불렀다. 이는 동시에 우크라이나 땅에 대한 문헌상 최초의 언급이기도 했다. 인도·유럽어계 민족인 키메리아인은 기원전 1500~기원전 700년경 흑해 북안에 거주했다고 한다. 키메리아인에 대해서는 자세히 알려지지 않았으나, 유목생활을 했고 승마술을 익혀 전투에 사용했으며 흑해 북안에 철기시대를 이룩한 민족으로 추측된다.

그다음으로 스키타이인이 등장한다. 여러 나라의 저술가들이 문헌에 남긴 스키타이의 신들과 인명人名을 통해 이들은 이란계 민족으로 밝혀졌다. 이전에 살던 땅은 중앙아시아였다는 설도 있다. 이들은 기원전 750~기원전 700년경 카스피해 동쪽 연안에서 흑해 동북 연안으로 진출하여, 드네프르강 유역에 살던 키메리아인을 쫓아내고 그 땅의 주인이 됐다. 그리스·로마의 저술가들은 그들을 '스키타이'라고 불렀다. 한편, 스키타이 민족에 대한 최초의 기록인 아시리아의 왕 에사르하돈(재위 기원전 680~기원전 669)의 연대기에는 '아슈쿠자이Ashkuzai'라는 또 다른 이름으로도 기록되어 있다. 이 문헌에 따르면 스키타이인은 기원전 612년 아시리아의 수도인 니네베를 함락시켰

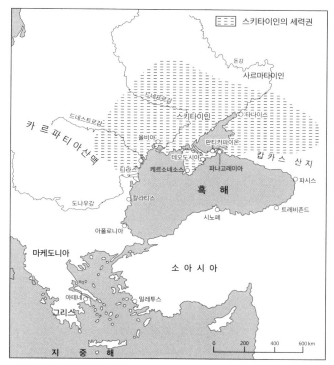

스키타이 세력권과 그리스의 식민도시

다. 또한 소아시아에서 팔레스타인에 이르는 현재의 중동지역을 석권하여 강대한 군사력을 자랑했다.

이러한 스키타이인을 가장 생생하게 묘사한 인물이 역사의 아버지로 불리는 헤로도토스다. 그는 기원전 5세기 말, 소아시아 에게해 연안에 있던 그리스의 식민도시인 할리카르나소스에서 태어났다. 세계 제국인 페르시아의 위협에 처했던 그리스 시민으로서 페르시아군을 격퇴한 스키타이인에게 동질감을 느낀 그는 그들이 지닌 강인함의 비밀을 파헤치고자 했다. 헤로도토스는 흑해 북안의 그리스 식민도시에도 머문 적이 있어 실제로 스키타이인을 접하기도 했다. 본토 그리스인이 야만인으로 업신여김당한 스키타이인에 대해 저서인 『역사』 제4권 대부분을 할애하여 기술한 것도 그러한 이유에서일 것이다. 그럼 먼저 『역사』에서 설명한 스키타이의 기원에 대해 살펴보자.

스키타이인의 건국 전설

건국설 중 하나는 스키타이인 스스로에 의한 건국이다.

먼 옛날 무인지경無人之境이었던 스키타이인의 땅에 최초로 태어난 사람은 타르기타오스라는 남자였다. 그는 제우스와 드네프르강의 신의 딸 사이에서 태어났다. 타르기타오스에게는 세 명의 아들이 있었다. 그가 죽은 뒤 하늘에서 황금으로 만든 기물器物(쟁기, 멍에, 도끼, 술잔)이 스키타이의 땅으로 떨어졌다. 이를 제일 먼저 발견한 첫째 아들이 다가가자 황금 기물은 불타기 시작했다. 둘째 아들이 다가가도 마찬가지였다. 마지막으로 막내아들 코라쿠사이스가 다가가자 불이

꺼져 그는 기물을 집으로 들고 갈 수 있었다. 이를 지켜본 형들은 막내에게 왕권을 양보하는 데 동의했다. 코라쿠사이스 이후의 역대 왕들은 이 황금 기물을 무엇보다 소중하게 보관했고 매년 제물을 바쳐 신처럼 받들었다. 야외에서 제사를 지낼 때는 성스러운 황금 기물을 받드는 임무가 매우 중요했기 때문에 도중에 깜빡 잠드는 사람은 1년 안에 목숨을 잃는다고 할 정도였다. 임무를 완수한 이에게는 기마를 타고 온종일 돌아다닐 수 있을 만큼의 토지가 상으로 내려졌다.

한편 왕권의 정통성을 뒷받침해주는 황금 쟁기, 멍에, 도끼, 술잔이 하늘에서 내려왔다는 이야기와 관련하여 신화학자인 오바야시 다료와 요시다 아쓰히코는 스키타이 신화가 한반도를 거쳐 일본까지 전파됐을 가능성을 지적했다. 그리고 스키타이의 황금 기물이 일본 왕실의 정통성을 나타내는 삼종신기三種神器(고대부터 일왕에게 계승된다고 전해지는 세 가지 물건으로 거울과 칼, 곡옥을 뜻한다―옮긴이)에 상응한다고 추측했는데, 이러한 견해는 매우 흥미롭다고 할 수 있다.

건국 전설 이설異說

『역사』에는 흑해 북안에 거주하던 그리스인이 전한, 다음과 같은 이야기도 기록되어 있다.

그리스 신화의 영웅인 헤라클레스는 열두 가지 시련 중 하나인 세 개의 머리와 세 개의 몸통을 가진 괴물 게리오네우스를 물리친 후 그 괴물이 기르던 소 떼를 몰아 그리스로 돌아갔다. 그러던 와중에 훗날 스키타이인이 살게 될, 아무도 없는 땅에 당도했다. 하필 한겨울의 혹한이 엄습하여 헤라클레스는 사자 가죽을 뒤집어쓰고 잠이 들고 말았다. 그사이 수레의 멍에가 풀어져 풀을 먹고 있던 말이 사라졌다. 잠에서 깬 헤라클레스는 말을 찾아 사방을 돌아다니다 어느 동굴에서 허리 위 상반신은 여인, 하반신은 뱀의 모습을 한 반인반수의 괴물을 발견한다. 말의 행방을 묻는 헤라클레스에게 뱀의 모습을 한 여인은 말을 돌려주는 대신 자신과 동침할 것을 제안했고, 헤라클레스는 그녀의 제안을 받아들인다.

뱀 여인은 헤라클레스가 떠날 날이 되자 잉태한 세 아들이 성인이 되면 무엇을 해야 할지 물었다. 헤라클레스는 그녀에게 매듭 끝에 금 술잔이 달린 허리띠와 활을 건네며 "성인이 되어 활을 이렇게(동작을 보여주며) 당기고 허리띠를 이렇게 매는 아이가 있다면 그를 이 나라에 살게 하고, 이러한 방법을 그르치는 아이는 추방하라"고 일러줬다. 참고로 스키타이인은 가슴이 아닌 어깨 부근에서 활을 당겼다고 한다.

성인이 된 아들 셋 중 첫째와 둘째는 주어진 시련을 극복하지 못해 나라를 떠났고 막내아들 스키테스만이 과제를 풀어 그 땅에 머물렀다. 스키타이의 역대 왕들은 자신들을 헤라클레스의 아들인 스키테스의 후예로 여겼으며, 스키타이인에게는 이 술잔 고사故事에서 유래한 허리띠에 술잔을 다는 풍습이 있었다고 한다.

한편 헤로도토스는 스키타이인이 아시아 최초의 유목민이었으며, 아랄해 주변에 살던 마사게타이인에게 쫓겨나 키메리아인이 살던 현재의 땅으로 이주했다는 제3의 설을 가장 신뢰했다.

유목민

스키타이인이 어떤 민족이었고 어떤 사회와 관습을 보유하고 있었는지는 『역사』를 비롯한 문헌 해독과 현재 남겨진 다수의 고분 발굴을 통해 어느 정도 추측할 수 있다.

스키타이인의 첫 번째 특징은 유목생활을 영위했다는 점이다. 또한 고대에서 유목의 형태를 거의 최초로 확립한 민족이기도 하다. 유목은 주로 소, 양, 말을 중심으로 이루어졌다.

헤로도토스는 스키타이인에 대해 다음과 같이 기록했다.

> 그들은 도시도, 성과 요새도 짓지 않고 이동할 때는 포장을 둘러친 마차에 가재도구를 실어 소나 말에게 끌게 했다. 그들이 이러한 생활 방식을 취하게 된 것은 스키타이의 토지가 목초로 우거지고 여러 하천이 흐르는 평원이기 때문이다. 특히 드네프르강은 세계적으로도 이집트의 나일강 다음으로 자원이 풍부하여 근방에는 양질의 목장이 있을 뿐만 아니라 많은 종류의 어류가 잡히고 물은 마시기에도 적합하다. 강기슭 일대는 곡물 재배에 적합하고 경작을 하지 않는 곳에는 풀이 무성하게 자란다. 강어귀 부근에서는 다량의 천연소금이 생성되고, 염장 가공되는 용상어가 잡히는 등 놀라울 만큼 산물이 다양했다.

마치 에덴동산이라도 묘사해놓은 듯한 헤로도토스의 기록은 지금도 우크라이나가 '유럽의 곡창지대'로 불리는 배경과 부합한다. 다만 스키타이의 땅에 사는 이들이 모두 유목민이었던 것은 아니다. 헤로도토스의 기록에 따르면 '농경 스키타이'라는 집단이 존재했고, 그들은 '왕족 스키타이'라는 중추 집단의 지배하에 있었다고 한다. 도식적인 측면에서 보면 북쪽에서 남쪽으로 삼림이 우거진 스텝 초원지대에 거주하며 농사를 지은 농경 스키타이 집단, 스텝 초원지대에 사는 유목민인 왕족 스키타이, 연안 도시에서 상업과 가내공업에 종사한 그리스인, 이렇게 세 집단으로 나뉜다. 이 중에서 농경 스키타이는 슬라브인의 선조라는 학설도 있다. 그 근거로는 스키타이가 스키타이라는 하나의 이름으로 총칭되었어도 기원을 달리하는 상당히 잡다한 집단으로 구성됐다는 점, 유목민이 정착하여 단기간에 농민으로 바뀌기는 어려우므로 왕족 스키타이가 농경 스키타이가 됐다고 볼 수 없는 점, 슬라브인은 원래 농경민족이며 농경민족은 지배자가 바뀌어도 같은 땅에 오래 계속 거주하는 성질을 갖는 점 등을 들 수 있다.

스키타이의 사회 구조와 정치 체제는 그들이 문자를 남기지 않은 탓에 알려진 바가 거의 없다. 세 명의 왕이 분할통치를 하고, 그중 한 명이 스키타이 전체를 통괄하는 수장 역할을 했다고 전해진다. 따라서 부족 연합체 또는 장로제가 온존된 상당히 느슨한 통치 형태였을 것으로 짐작된다. 헤로도토스의 기록에 따르면, 왕이 죽을 때는 그의 첩 한 명을 교살하여 순장하고 시동, 요리사, 마부, 시종, 말도 함께 묻었다고 한다.

스키타이의 여성에 관해서도 그리스·로마의 저술가들이 거의 언급하지 않아 알려진 것은 별로 없다. 여인들은 평소 천막 안에서만 지낸 것으로 보인다. 고분에서 발굴된 여성의 유체를 살펴보면 황금이나 보석이 잔뜩 박힌 장신구를 걸치고 있거나 무기나 갑옷을 곁에 두고 매장된 경우도 많았다. 또한 스키타이와 동쪽으로 이웃하는 땅에 거주하며 민족적, 관습적으로도 매우 가까운 사르마타이인에 대한 헤로도토스의 기록에서도 '여자는 적을 쓰러뜨리기 전까지는 결혼이 금지되어 있었다'고 전해진다. 이를 근거로 미국의 신화학자인 스콧 리틀턴은 스키타이인의 아내는 필요하다면 남편 곁에서 싸워야 했고, 흑해 주변에 거주한 호전적인 여인족인 아마존의 전설은 스키타이 문화를 관찰한 결과 탄생한 것이 분명하다고 언급한 바 있다. 한 가지 명확한 것은 멋 내기를 좋아하며 동시에 기개 있는 여인들이었다는 점이다.

능란한 기마술을 지닌 용감한 전사

스키타이인의 두 번째 특징은 매우 뛰어난 전사였다는 점이다. 용맹함을 숭상하는 민족성과 능란한 기마술이 특징이었다. 이러한 스키타이인의 용맹함에 대해서 헤로도토스, 아리스토텔레스(기원전 384~기원전 322), 스트라본(기원전 64?~기원전 23?), 루키아노스(120?~180?) 등 그리스·로마의 역사가 및 저술가들도 모두 언급했다.

헤로도토스에 의하면, 스키타이인은 가장 먼저 쓰러트린 적의 피를 마신다. 그리고 전투에서 죽인 적병은 모조리 그 목을 베어 왕에게 가져간다. 목을 가져가지 않으면 전리품의 몫을 받을 수 없기 때문이다. 그들은 적의 두피를 벗겨 손수건처럼 만들어 자신의 말굴레

(재갈을 고정하기 위해 말 머리에 다는 가죽끈)에 매달아 용맹함을 과시했다. 이 손수건을 가장 많이 가진 이는 용사로 인정받았다. 스키타이인은 의형제 서약을 맺을 때 큰 잔에 술을 따르고 서약을 나눌 사람의 피를 섞는다. 몸을 송곳으로 찌르거나 작은 칼로 베어 작은 상처를 내고 피를 뽑는다. 그러고 나서 술잔 안에 단검, 화살, 도끼, 투창을 담근다. 긴 기도를 올린 후, 서약을 맺는 당사자뿐만 아니라 입회한 사람들까지 잔에 담긴 술을 나누어 마신다.

루키아노스는 스키타이인의 견고한 우정에 대해 다음과 같은 삽화를 남겼다. 어느 가난한 스키타이인 청년이 왕녀에게 구혼했다. 여느 구혼자들이 부를 과시한 것과 달리 청년은 가진 재산이 없었는데, 다만 믿을 만한 친구 두 명을 가진 것이 자랑이었다. 그는 모두에게 조롱의 대상이 됐고 왕녀는 많은 금 술잔과 천막, 가축을 소유한 남자와 결혼했다. 그러자 청년의 두 친구는 우정의 증표로 왕녀의 신랑과 그 아버지를 살해하고 왕녀를 빼앗아 청년에게 바쳤다.

그러나 스키타이인이 의연하기만 한 것은 아니었으며, 그들 역시 대마초와 술이라면 사족을 못 썼다는 기록도 있다. 헤로도토스에 의하면, 스키타이인은 펠트로 된 천막 안으로 들어가 대마초 씨앗을 달궈진 돌 위에 얹는다. 곧 가열된 씨앗이 연기를 내뿜기 시작하면 이내 그리스식 한증막과는 비교도 안 될 정도로 김이 피어오른다. 그들은 이 '한증막' 안에서 희열에 들뜬 신음을 내질렀다. 로마의 저술가 헤시키우스는 대마초를 '스키타이의 향기'에 비유했을 정도다. 로도스섬에 살던 히에로니무스는 과음하는 행위를 '스키타이인처럼 행동한다'라고 표현했으며, 그러한 그들의 음주 풍습은 오늘날까지 면면히 이어지는 듯하다.

스키타이인이 뛰어난 전사였던 또 다른 이유는 그들의 기마술에 있다. 말 재갈이 키메리아인 시대의 것으로 추측되는 선先스키타이 시대의 유적에서 출토된 것으로 보아 스키타이인이 기마술을 최초로 발명한 것은 아니다. 그러나 스키타이인은 말에 굴레와 펠트로 된 안장을 채우고, 펠트나 가죽으로 만든 등자를 달았다. 그들은 승마술을 고도의 수준으로 향상시켜 이후 등장한 많은 기마민족의 선구자가 됐다. 또한 말 위에서 활을 쏘는 재주도 뛰어났다. 고리토스Gorytos라는 화살 넣는 상자를 허리띠에 매다는 독특한 스타일은 금세공이 된 부장품을 통해 쉽게 엿볼 수 있다. 바지를 발명한 것이 스키타이인으로 알려진 이유도 바지가 기마를 위해 만들어졌기 때문일 것이다. 또한 스키타이인에 대한 직접적인 기술은 아니지만, 4세기 로마의 역사가 암미아누스 마르켈리누스는 스키타이인과 동일 계통의 기마민족인 알란족에 대해 '젊은 남자들은 유소년 시절부터 승마 습관을 몸에 익히며 컸기 때문에 걷는 것을 업신여겼다'고 기술했다.

스키타이인이 선주민인 키메리아인을 몰아내고 페르시아 일부부터 소아시아까지 석권한 것도, 페르시아 제국의 다리우스 대왕(1세. 재위 기원전 522∼기원전 486)의 원정을 저지할 수 있었던 것도 기마에 의한 기동력과 말을 타며 활을 쏘는 기술의 공격력 덕분이었다. 다리우스 대왕은 스키타이인이 페르시아 땅을 먼저 침공한 것에 대한 보복, 그리고 그리스 정복의 전초전으로 분명 스키타이 정벌을 계획했을 것이다(기원전 514년경). 페르시아 대군에 정면으로 맞서도 승산이 없다고 판단한 스키타이군은 정면충돌을 피하려고 페르시아군보다 하루 치의 거리만큼 앞서 후퇴하며, 도중에 보이는 우물과 샘을 메우고 땅 위에 자란 식물을 모조리 뽑아버렸다. 페르시아군은 스키타이 기병대가 모습을 드러내자 끊임없이 후퇴하는 그들의 뒤를 쫓아 나아갔다. 스키타이는 페르시아군이 깊은 오지로 들어오자 바로 태세를 반격으로 전환하여, 페르시아군 병사가 식량을 구하러 나오는 때를 틈타 이를 기병대로 공격했다. 이러한 전술을 반복하는 동안, 결국 지쳐 나가떨어진 페르시아군은 물러날 수밖에 없었다. 이러한 페르시아군 격퇴는 스키타이인의 강인함에 대한 평가를 확립시킨 주된 배경이 된다.

여기서 우리는 그 후 2000년 이상의 세월이 지나도 유라시아 대평원에서 비슷한 일이 반복된다는 점을 알 수 있다. 나폴레옹의 러시아 원정(1812), 나치 독일의 소련 침공(1941~1945)에서도 후퇴와 초토화 작전, 게릴라 전술 같은 기본적으로 스키타이인이 썼던 것과 동일한 방법이 구사됐다. 코사크도 게릴라 전술에 능했다. 후세의 러시아, 소련, 우크라이나의 역사에서 스키타이는 이질적인 존재로 평가되어 반드시 자신들의 역사로 다루지 않으려는 측면이 있지만, 이처럼 각 시대를 관통하는 공통분모의 존재를 고려하면 스키타이의 시대 역시 이 땅의 역사를 구성하는 필수적인 부분이라고 볼 수밖에 없다.

동물 의장意匠과 황금에 대한 편애

스키타이인이 단순히 용맹하기만 한 민족은 아니었다. 헤로도토스는 흑해 연안의 민족 중에서 지능이 뛰어난 부류는 스키타이인뿐이고, 흑해 연안의 사람 중에서 지식인으로 알려진 자는 스키타이인인 아나카르시스뿐이라며 스키타이인을 특별히 높이 평가했다. 기원전 6세기의 스키타이인 현자 아나카르시스는 그 인격과 지혜가 그리스에 널리 알려졌을 뿐만 아니라 풀무와 녹로轆轤(도자기 등을 만들 때 흙을 빚거나 무늬를 넣기 위해 사용하는 돌림판―옮긴이)의 발명자로도 알려져 있다. 아나카르시스가 아테네의 솔론을 비롯한 당시 그리스 일곱 현인에 포함된다는 설이 있을 정도다.

현대인의 관점에서 특히 주목해야 할 스키타이인의 자질은 심미안일 것이다. 그들의 심미안은 스키타이의 고분('쿠르간Kurgan'이라고 부른다)에서 출토되는 상당히 높은 예술성을 지닌 다양한 매장품에서 드러난다. 스키타이는 기원전 4세기경에 전성기를 맞이했는데, 그 당시 왕족과 귀족의 무덤으로 추정되는 다수의 분묘가 드네프르강 중하류와 크림반도에 남아 있다. 분묘는 흙을 쌓아 올린, 높다란 원형 언덕 모양으로 되어 있어 마치 일본 고훈시대古墳時代 원분圓墳의 선조격이라 할 만한 형태다. 큰 분묘는 높이 20미터, 지름 100미터에 이르는 것도 있는데, 이는 유라시아 초원에 남겨진 민족들의 분묘 가운데 최대 규모다. 대부분 분묘는 엉망이 됐지만, 도굴을 피한 것 일부에서 예술적으로 훌륭한 다수의 부장품이 발견됐다.

부장품을 통해 알 수 있는 스키타이 예술의 특징은 동물 의장과 황금에 대한 편애다. 스키타이인은 몸을 치장하는 장신구뿐만 아니라 칼집이나 고리토스(화살통), 마구 등에 황금으로 된 장식 판을 붙였고, 거기에 부조와 심조 등의 조각법으로 동물을 표현했다. 그러나 강아지나 가축 같은 온순한 동물을 사랑스럽게 표현한 것이 아니다. 사자, 표범, 멧돼지, 독수리 등 야생의 육식 동물이나 그에 버금가는 사나운 동물을 표현한 것이 많았다. 그중에는 독수리의 머리와 날개, 사자의 몸통을 지닌 그리폰Griffon('그리핀'이라고도 한다)이라는 전설의 동물도 있다. 이러한 육식 동물들이 말이나 사슴을 습격하여 살점을 물어뜯는 무시무시한 순간을 묘사한 장면이 많다. 잔혹한 장면이지만 찰나를 포착한 동물 근육의 긴장감과 역동성이 고대 작품으로 여겨지지 않을 만큼 훌륭하게 표현되어 있다.

특히 매장품 중에서도 우크라이나 남부 오르조니키제에 위치한, 기원전 4세기의 고분인 토프스타 모힐라(러시아어로 '토르스타야 모길라')에서 발견된 가슴 장식(영어로 '펙토럴pectoral')이 뛰어나다. 귀족의 것으로 추정되는 이 고분 주위의 도랑에서 동물 뼈와 술을 담아 마시는 토기가 출토됐다. 이는 장례식 연회의 흔적으로 보이며, 이 뼈의 양으로 추측한 고기의 양은 2500인분이나 됐다고 한다. 스키타이인의 호방한 기풍이 엿보이는 부분이라고 할 수 있다.

이 고분도 파헤쳐져 있었지만, 유체와 다른 장소에 놓여 있던 가슴 장식은 다행히 도굴꾼의 손에 넘어가지 않았다. 금으로 만들어진 지름 30센티미터의 초승달 모양 가슴 장식에는 주조, 조금彫金, 선 세공, 칠보 세공 등 다양한 기법이 구사되어 있다. 3단으로 구성된 가

토프스타 모힐라 고분에서 출토된 스키타이 가슴 장식. 장식 가장 안쪽 층에 송아지에게 젖을 주는 어미 소와 목동 (우), 앞뒤에서 말을 습격하는 그리폰의 문양이 보인다(아래). 우크라이나 국립역사보물박물관 소장

슴 장식의 가장 바깥층은 순수한 스키타이풍으로, 육식 동물이 말과 사슴, 멧돼지를 습격하는 장면이 나열되어 있다. 가운데 층에는 식물을 정갈하게 도안화한 그리스풍 문양이 배치되어 있다. 가장 안쪽 층에는 중앙에서 두 명의 전사가 털가죽 상의를 꿰매고 있으며 그 양옆으로는 어미 말이 망아지에게, 어미 소가 송아지에게 각각 젖을 주는 장면, 사람이 양의 젖을 짜는 장면 등이 있다. 이는 스키타이의 예술적 모티프로는 매우 예외적인 장면이 아닐 수 없다. 전체적으로 보면, 장식품의 바깥쪽은 초원의 약육강식 세계를 동적이고 신비하게 묘사했으나 안쪽은 마을의 일상생활을 정적이고 세속적으로 그려내어 대조를 이룬다.

나는 실제로 키예프에 있는 우크라이나 국립역사보물박물관에서 이 가슴 장식을 본 적이 있는데, 작품의 화려함과 세밀한 사실성, 약동감 넘치는 표현에 감탄이 절로 나왔다. 그 기술과 예술성은 가히 세계 최고의 수준이리라. 고대 유물 중에서는 투탕카멘의 황금 마스크, 밀로의 비너스에 필적하는 인류의 보물이라 할 만하다.

이처럼 스키타이인이 역동적인 장면을 즐겨 표현한 이유는 무엇일까? 아마도 스키타이 전통의 동물 의장과 호전성에 그리스의 리얼리즘이 더해져 완성된 것으로 보인다. 무엇보다 용감한 전사로서 적을 무찌르길 원했던 스키타이인은 사나운 동물에게서 강인함과 에너지를 얻기 위해 이런 역동적인 장면을 보고 자신을 고무시켰을 것이다. 예부터 다수의 전투적인 민족이 존재했지만, 육식 동물이 약한 동물을 습격하는 장면을 이만큼 완벽한 리얼리즘으로 묘사한 민족은 없었다는 점에서도 스키타이인은 세계사적으로 매우 특이한 존재라고 볼 수 있다.

스키타이인의 황금에 대한 편애와 관련하여 러시아 학자 리트빈스키는 황금 숭배가 인도·이란어계 사람들의 세계관 및 종교관과 깊이 연결되어 있다고 봤다. 그에 따르면 고대 인도·이란의 신화세계에서는 '왕-불(태양)-황금'이라는 삼자가 불가분의 관계로 여겨졌다고 한다. 스키타이인이 이란계 민족에 속한다고 볼 수 있는 것도 앞서 기술한 스키타이 건국 신화에서 왕권의 상징이 되는 물건이 하늘에서 내려온 황금 기물이었다는 설로 뒷받침된다. 일본과의 관련성에 대해 동양사학자 가토 규조는 중국에서 왕권의 상징은 황금이 아니라 '옥玉'인 데 반해, 한반도의 금관총金冠塚(경상북도 경주시)이나 일본의 후지노키 고분(나라현 이카루가정)에서 수려한 황금(또는 금색)관이 발견된 것은 황금 숭배의 관념이 '옥의 나라'인 중국 본토를 거치지 않고 북방 초원에서 우회하여 전파됐을 가능성이 있다고 지적했다. 앞서 언급한 일본의 삼종신기와 더불어, 황금이 왕권을 상징한다는 점에서도 아득히 먼 스키타이와 일본이 이어져 있다는 상상은 즐겁지 않은가.

그리스 세계와의 연결성

긴 세월 동안 그리스 본토에서는 흑해 주변 지역을 땅끝으로 여겨왔다. 그리스 신화에서도 이 땅은 미개척된 황무지로 등장한다. 탐험선 아르고호를 타고 흑해 동안東岸의 콜키스로 금빛 양털을 찾아 나선 신화 속 영웅 이아손은 고생 끝에 콜키스의 왕녀인 메디아의 도움으로 금빛 양털을 찾아 돌아간다. 또한 인류에게 불을 내주어 제우스의 노여움을 산 프로메테우스는 그 죄로 캅카스산에 묶여 헤라클레스에게 구조될 때까지 고통을 당한다.

마찬가지로 그리스 신화 『타우리스(타우리케)의 이피게네이아』에서도 타우리스(현재의 크림반도 남쪽)는 약탈을 생활 수단으로 삼는 야만인이 사는 땅으로 묘사된다.

이 신화에서 미케네의 왕 아가멤논은 아르테미스 여신의 분노를 산 탓에 순풍이 한 점도 불지 않아 그리스군을 이끌고 트로이 전쟁에 출정하지 못했다. 결국 아가멤논은 딸인 이피게네이아를 제물로 바칠 수밖에 없었다. 그러나 결국 이피게네이아를 가엾게 여긴 아르테미스의 도움으로 목숨을 구한 그녀는 크림반도의 해안지역인 타우리스로 보내진다. 그녀는 타우리스의 아르테미스 신전의 여사제가 되어 이국의 나그네를 신의 제물로 바치는 임무를 수행했다. 마침 그곳에 오게 된 남동생 오레스테스는 제물로 붙잡혀 이피게네이아와 재회하게 되고, 그들은 아테나 여신의 도움으로 그리스로 도망친다.

이 이야기는 고대 그리스 3대 비극작가 중 한 명으로 꼽히는 에우리피데스의 작품이 됐고, 이후에는 라신, 괴테가 이를 모티프로 한 작품을 남겼다. 독일의 크리스토프 글루크도 오페라 걸작 「타우리스의 이피게네이아」를 작곡했다(1779, 오페라 극장 초연).

그러나 신화시대에서 역사시대로 접어들면서 흑해 연안은 그리스인에게 친숙한 존재가 됐다. 기원전 7세기경부터 소아시아의 그리스인은 지중해성 기후로 살기에 적합한 흑해 연안과 크림반도에 식민도시들을 건설했다. 역사가 헤로도토스는 한때 부크강 어귀의 올비아에 살았다. 초원의 민족인 스키타이인과 바다의 민족인 그리스인 사이에는 교역을 통한 보완관계가 성립되어 있었다. 앞서 말했듯이 스키타이의 땅은 비옥했고 스키타이의 지배층은 농업에 종사하는 사람들을 지배하에 뒀다. 한편 그리스인의 주식은 빵이었지만 정작 그리스 본토엔 밀이 부족했다. 이러한 이유에서 스키타이의 땅은 그리스 본토의 '빵 바구니'가 됐다. 기원전 4세기에는 아테네의 수입 곡물의 절반이 아조프해 연안에서 들어온 것이었다. 곡물 외에도 생선, 가축, 가죽, 벌꿀, 노예까지 그리스에 팔렸다. 그 대신 스키타이는 그리스인에게 항아리 같은 가재도구, 직물, 장식품, 포도주, 올리브유 등을 샀다. 스키타이의 지배층은 그리스와의 무역으로 상당히 풍족한 삶을 누리게 됐다. 앞서 언급한 스키타이의 대규모 고분과 그곳에 보관된, 세련된 황금 부장품들이 그 결과물이다.

처음 그리스의 식민도시였던 흑해 북안의 도시들은 상호 연대로 자립심이 강해지면서, 기원전 5세기 전반에 이르러서는 아조프해로부터 흑해로의 입구를 장악하는 판티카파이온을 중심으로 한 보스포루스 왕국을 크림반도에 건설해 그리스 본토에서 독립했다. 이후 기원전 4세기부터 기원전 2세기에 걸쳐 흑해 북안과 그리스 본토의 무역 중계지이자, 금세공 등 가내공업의 거점으로 번성했다. 그러나 기원전 63년, 보스포루스 왕국은 로마의 지배하에 들어간다.

스키타이의 멸망

스키타이인은 긴 세월 동안 그리스 문화에 물드는 것을 거부해왔다. 그러나 그리스와의 무역으로 부를 축적함에 따라 분묘의 부장품에서도 알 수 있듯 생활이 호화스러워졌고, 조금씩 정착하여 사는 사람들이 나타나면서 무예를 중시하는 정신은 서서히 잃었다. 특히 사르마타이인(또는 사우로마타이인 또는 사르마트인)이 스키타이의 땅으로 서서히 침입한 것이 결정적 요인으로 작용했다. 스키타이와 마찬가지로 이란계 민족인 사르마타이인은 기원전 4세기 중앙아시아 방면에서 스키타이의 동쪽 땅으로 이동해왔다. 그리고 기원전 2세기에는 드네프르강 유역에서 스키타이인을 몰아냈다. 쫓겨난 스키타이인은 크림반도에 갇혀 보스포루스 왕국과 싸우며 버텼지만, 3세기 중엽 고트인의 크림반도 침입으로 멸망하면서 역사의 무대에서 완전히 사라졌다. 그러나 기원전 7세기부터 기원전 2세기까지 약 500년의 긴 세월 동안, 흑해 북안의 광활한 땅을 지배하며 '팍스 스키티카(스키타이의 평화)'의 질서를 유지한 점은 주목해야 할 부분이다.

사르마타이인은 록솔라니, 알란, 안트 등의 지족支族까지 포함하면 기원후 3세기까지 번성했다. 그들은 스키타이인과 매우 흡사한 풍속과 관습을 보유하고 있었지만, 스키타이인처럼 큰 분묘를 만들진 않았고 그들만큼 훌륭한 부장품을 남기지도 않았다. 무엇보다 헤로도토스와 같은 '이야기꾼'을 갖지 못했기 때문에 500년이나 장기간 패권을 장악했음에도 불구하고 후세에 남긴 인상은 지극히 빈약하다. 현재 캅카스에 거주하는 소수민족인 오세트인(또는 오세티아인)은 사르마타이인의 지족 알란인의 후예로 알려져 있으며, 그들의 신화는 헤로도토스가 기술한 스키타이의 신앙 및 풍습과 많은 공통점을 지닌다고 한다.

사르마타이인에 이어 게르만계 고트족(3세기 중반~4세기 말), 흉노의 후예인 훈족(4세기 후반~6세기 중엽), 아바르족(6세기 중엽), 불가르족(6세기 말~7세기 중엽) 등의 민족이 잇달아 이 땅을 침략하여 지배했지만 그들은 스키타이인처럼 다른 도시와의 무역에 관심을 보이지 않았다. 그래서인지 문화적으로 의미 있는 유산을 후세에 남기지 않았다.

유목 민족에 의해 스텝 초원지대가 유린당하는 동안, 흑해 연안의 패권을 쥔 자는 콘스탄티노플(현재의 이스탄불)을 수도로 삼은 동로마 제국(비잔티움 제국)이었다. 특히 6세기 중반의 유스티니아누스 대제(재위 527~565) 시대에는 케르소네소스(현재의 세바스토폴 근교)를 중심으로 비잔티움 문화가 번성했다. 케르소네소스의 유적은 현재 우크라이나 지폐의 도안으로 채택될 정도로 신생 우크라이나의 자랑스러운 역사적 유산이 됐다.

제2장

키예프 루스
유럽의 대국

키예프 루스는 누구의 것인가

공국公國 혹은 대공국이라 하면 왕국이 되기에는 부족한 소국의 이미지를 연상하기 쉽다. 그러나 2장의 주제인 키예프 루스 공국은 중세 유럽에서 찬란하게 빛나는 대국이었다. 전성기였던 볼로디미르 성공聖公 시대에는 유럽 최대의 판도를 과시했고, 그의 아들인 야로슬라프 현공賢公은 자신의 딸들을 프랑스, 노르웨이, 헝가리의 왕에게 시집보낼 만큼 권력을 장악하여 '유럽의 장인丈人'으로 불릴 정도였다.

키예프 공국의 군주는 '크냐지Knyaz'라고 불렀다. 크냐지의 어원은 영어로 '킹', 독일어로 '쾨니히König', 스웨덴어로 '코눙그Konungr'에 해당되는 단어지만, 세월이 지남에 따라 크냐지의 아들과 자손을 모두 크냐지라 부르면서 그 가치는 왕자나 공작 수준으로 하락했다. 후세에 와서는 크냐지가 다스리는 국가라는 뜻으로, 키예프국도 한 단계 아래 등급인 공국이라는 단어가 붙게 됐다. 본래 역사적 실태를 보면 키예프 루스 왕국으로 부르는 것이 마땅하고, 실제로 우크라이나의 민족주의적 색채가 짙은 역사서에서는 왕국으로 칭하기도 한다. 하지만 이 책에서는 관례에 따라 키예프 루스 공국(또는 대공국)으로 부르겠다.

또한 당시에는 '키예프 루스'가 아닌 '루스'로만 불렸기 때문에 이 책에서도 '루스 (대)공국'으로 표기하려고 했다. 그러나 이후에 이 루스에서 파생된 '러시아'가 다른 국가를 가리키는 단어로 사용됐고, 국명과 혼동을 피하고자 후세에서는 '키예프를 수도로 삼는 루스'라는 뜻의 키예프 루스로 부르는 것이 관례가 됐다. 따라서 유감스럽지만 이 책에서도 이러한 관례를 따르기로 한다.

지금까지 키예프 루스 공국의 역사는 러시아(소련)사의 문맥 안에서만 다루어져왔다. 러시아(소련)는 대국이고, 우크라이나는 독립조차 하지 못한 상황이었기 때문에 자연히 그렇게 될 수밖에 없었다. 그런데 우크라이나가 러시아와는 다른 개별 국가로 독립하자 다시금 키예프 루스는 누구의 것인가에 대한 문제가 부상한다. 즉, 러시아와 우크라이나 중 어느 쪽 역사에 속하는지, 러시아인과 우크라이나인 중 키예프 루스 공국의 직계 후계자는 누구인지에 대한 문제였다.

이건 러시아 입장에서는 이미 해결된 문제였다. 러시아의 논리는 다음과 같다. 키예프 공국이 멸망한 후, 우크라이나의 땅은 리투아니아와 폴란드 영토가 됐고 나라 자체가 소멸해서 계승하고 싶어도 계승자가 없었다. 이에 반해 키예프 루스 공국을 구성하던 모스크바 공

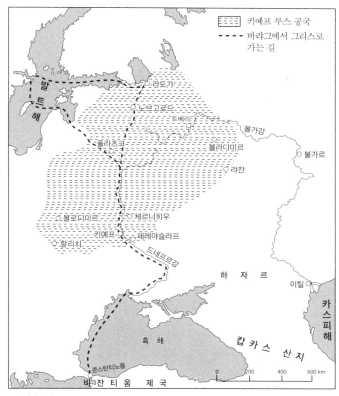

지도 범례:
- 키예프 루스 공국
- 바랴그에서 그리스로 가는 길

지명:
발트 해, 라토가, 노브고로드, 트베리, 불가강, 블라디미르, 불가르, 폴라츠크, 라잔, 볼로디미르, 체르니히우, 키예프, 페레야슬라프, 할리치, 드네프르강, 하자르, 이틸, 카스피해, 흑해, 캅카스 산지, 콘스탄티노플, 비잔티움 제국

0   200   400   600 km

10세기의 키예프 루스 공국

국은 단절되지 않고 존속하여 키예프 루스 공국의 제도와 문화를 계승했으며 훗날 러시아 제국으로 발전했다. 이것만 보더라도 러시아가 키예프 루스 공국의 정통 계승자임은 새삼스럽게 논할 여지가 없다.

그러나 우크라이나 입장에서는 키예프 루스 공국의 정통 계승자 여부에 따라, 자기 나라가 1000년 전부터 이어온 영광의 역사를 가진 나라인지, 아니면 지금까지 러시아의 한 지방에 불과했던 단순한 신흥국인지를 가늠하는 국격에 관련된 중요한 문제가 된다. 우크라이나 민족주의자의 논리는 이렇다. 모스크바를 포함한 당시 키예프 루스 공국의 동북 지방은 민족도, 언어도 달랐고 16세기가 되어서야 핀어 대신에 슬라브어가 사용됐을 정도였다. 15세기의 모스크바는 키예프 루스 공국의 지배 아래에 있었던 비非슬라브 부족의 연합체이지, 키예프 루스 공국의 후계자라고 말하기에는 무리가 있다. 또한 가혹한 전제 중앙집권 체제인 러시아·소련의 체제와 키예프 루스 공국의 체제는 전혀 다르므로 별개의 국가다. 키예프 루스 공국의 정치·사회·문화는 몽골에 의한 키예프의 파괴(1240) 이후에도 1세기에 걸쳐 현재 서우크라이나 지역에 번성한 할리치나·볼린 공국으로 계승됐다.

지금은 두 상반된 입장에 관한 논의를 잠시 미뤄두고, 먼저 키예프 루스 공국은 어떠한 나라였는지 살펴보도록 하자.

슬라브인의 등장

슬라브인은 불가사의한 민족이다. 대부분의 민족과 국가는 무력을 통해 흥하고 세력을 확장했다. 그러나 슬라브인은 적어도 초기 시대부터 강대한 무력을 갖추었다는 기록이 없는데도 동유럽으로 서서히 퍼져나갔고, 어느새 그 땅의 주요 민족이 되어 있었다. 그렇다고 군사적으로 강한 다른 민족이 없었던 것은 아니다. 오히려 슬라브인보다 무력에서 앞선 유목 민족이 많이 있었지만 대부분 슬라브인에게 흡수됐고 결국 남은 것은 슬라브족이었다.

이처럼 슬라브인은 눈에 띄지 않게 역사에 등장했기 때문에 그 기원과 본고장이 명확하지는 않다. 앞서 살펴본 것처럼 스키타이를 구성하는 농경 집단이나 사르마타이인과 깊은 관련이 있는 안트인이 슬라브인의 선조였다는 설도 있다. 현재의 유럽을 구성하는 3대 민족인 라틴, 게르만, 슬라브 중에서 슬라브인이 역사에 등장하는 시기가 가장 늦어 문헌상에 나타난 것도 6세기다. 통설로는 슬라브인이 원래 살던 곳이 남쪽으로 카르파티아산맥, 서쪽으로 오데르강, 북쪽으로 프리파티강, 동쪽으로 드네프르강에 둘러싸인 지역, 즉 현재의 우크라이나 서부와 폴란드 동부로 추정한다. 슬라브인은 7세기 초의 평화로운 시기부터 이 지역에서 서서히 사방으로 뻗어나갔다. 게다가 그들은 여타 민족이 살던 곳을 떠나 이동한 것과 달리 고향을 떠나지 않고 세력을 확장했다. 여기에는 슬라브인이 유목과 수렵의 민족이 아닌 농경 중심의 민족이었던 요인이 크다.

슬라브인 중에서도 키예프 루스를 형성한 것은 동슬라브인이며 이들이 현재의 러시아인, 우크라이나인, 벨라루스인의 선조가 된다. 동슬라브인의 거주지는 유적을 보면 알 수 있듯 4~20가구의 귀틀집으로 이루어진 작은 마을이 2~3킬로미터마다 여기저기 흩어진 형태였을 것으로 추측된다. 이러한 마을이 모여 씨족사회가 형성됐을 것으로 보고 있다. 처음에는 농업을 중심으로 목축, 양봉, 수렵, 어로 생활을 부차적으로 영위했고 교역은 발달하지 않았다. 그러나 8세기에 이슬람교도인 하자르 상인이 이 지역에 들어오면서 상황은 급변했다. 하자르인에게 직물, 금속, 장식품 등을 사들이고 꿀, 밀랍, 모피, 노예 등을 파는 교역이 성행했기 때문이다. 동슬라브인 사회에도 상품경제가 침투해서 더욱 명료한 정치 조직이 형성되기 시작했다. 또한 유력한 지도자도 나타났다. 문헌상 최초의 기록은 12세기 초에 편찬된 『원초 연대기原初年代記』에 등장하는 키예프 도시의 창설에 관련된 전설이다.

『원초 연대기』는 키예프 루스 공국의 건국, 번영, 쇠퇴에 이르는 과정을 다룬 최초의 역사서다. 이 연대기는 그 첫머리의 내용으로 인해 『지난 세월의 이야기』로도 불리고 있으나, 이는 역사서인 동시에 생생한 묘사로 러시아, 우크라이나, 벨라루스를 포함한 동슬라브 세계의 최초의 고전문학으로 평가된다.

『원초 연대기』에는 다음과 같은 기록이 있다. 동슬라브인 중에서도 키예프 주변에 살던 것이 바로 폴랴네 씨족이었다. 거기에 키이, 쉬첵, 호리브 삼형제와 그들의 누이동생 리비드가 살고 있었다. 키이는 폴랴네 씨족의 우두머리였다. 그들은 도시를 만들어 맏형의 이

배에 올라탄 삼형제와 누이동생의 군상

름을 따서 키예프라고 이름 붙였다. 이것이 바로 키예프의 시작이다. 키이는 비잔티움 제국의 수도, 콘스탄티노플도 방문해 비잔티움 황제의 환대를 받았다고 한다. 이 연대기에는 키예프가 건설된 시대를 기록하지 않았지만 그 시기는 6세기 후반경으로 추측된다. 현재 키예프시의 드네프르강 연안에 위치한 공원에는 이 삼형제와 누이동생의 군상이 세워져 있다. 소련 시대에 만들어진 이 동상은 예술적으로도 완성도가 훌륭하여 시의 상징이 되고 있다. 이곳에서는 결혼식 시즌이 되면 꽃다발을 든 신혼부부와 종종 마주칠 수 있다.

하자르한국

키예프 루스 공국은 동슬라브인의 거주지역에 건설됐는데, 그 촉매 역할을 한 것이 하자르인과 북유럽의 바랴그인Varyagi(바이킹)이다. 먼저 하자르인부터 살펴보자. 하자르인은 원래 튀르크계 유목 민족으로 6세기 중반 이후 유럽 동부 지역에서 등장했다. 한때는 중앙아시아의 패권을 장악한 서돌궐의 종주권 아래에 있었지만 7세기 중반 서돌궐의 쇠퇴와 함께 독립하여 하자르한국Khazar Khaganate을 일으켰다. 하자르한국은 카스피해 북안을 비롯하여 흑해 연안을 지배했고 7세기 중반부터 9세기 중반에 이르는 전성기에는 비잔티움 제국, 이슬람 제국과 어깨를 나란히 하는 대국이 됐다. 그런 까닭에 하자르 제국이라고 부르는 역사가들도 있다. 당시 카스피해는 '하자르의 바다'라고도 불렸다.

하자르는 세계사에 세 가지 큰 발자취를 남겼다. 첫째는 9세기 초,

단기간이지만 유대교를 국가의 종교로 채택한 점이다. 기원후의 세계 역사에서 유대교를 국교로 삼은 국가는 유일하게 하자르뿐이다. 더군다나 아시아계 민족이 세운 국가라는 점에서 더 특별한 의미가 있다. 이 때문에 후세의 유럽인들은 하자르에 대해 낭만을 품게 됐고 동유럽 유대인의 선조들은 하자르인이라는 전설을 탄생시켰다.

둘째는 하자르가 캅카스 방면에서 침입한 신흥 이슬람 제국과 약 1세기에 걸쳐 싸워 동쪽에서 유럽으로 침입하려는 이슬람을 막았다는 점이다. 기독교 세계를 연구하는 학자 중에는 이를 프랑크 왕국의 투르·푸아티에 전투(732)와도 견줄 만한 역사적인 공적으로 평가하는 이도 있다. 또한 유럽 입장에서 보면 하자르는 동쪽 유목민의 새로운 침입을 막아주는 방파제 역할도 수행했다. 이른바 '팍스 하자리카(하자르의 평화)' 아래 동슬라브인은 역사에 등장하기까지 힘을 길렀던 것이다.

셋째로 하자르인은 원래 전투적인 유목민이었지만, 하자르의 땅이 유라시아 평원의 동서 교역로(실크로드)와 아랍 및 유럽 중부를 잇는 남북 교역로의 교차점에 맞닿아 있었기 때문에 점차 통상 무역을 보호하고 전쟁보다는 외교를 중시하는 국가가 됐다는 점이다. 결과적으로 하자르는 교역로를 적극 보호하는 세계 역사상 최초의 유목 민족 국가가 됐다. 그리고 무역을 통해 국가가 풍족해질 수 있다는 모범을 키예프 루스 공국에 보여줬다. 그리하여 키예프의 도시들도 하자르의 교역 거점으로 발전한 것으로 추측된다.

이처럼 번성했던 하자르한국도 10세기경부터 새로운 유목민과 키예프 루스 공국의 공격을 받아 쇠퇴해갔다. 하자르의 이름이 문헌에 마지막으로 등장한 때가 1075년이므로 그즈음 멸망한 것으로 보인다.

키예프 루스의 건국

하자르가 키예프 루스 건국의 토양을 정비했다면, 실제로 동슬라브인의 땅에 국가를 수립한 것은 북유럽에서 온 바랴그인이었다.

8~11세기의 스칸디나비아에서는 이유를 알 수 없는 인구 폭발이 일어났고 사람들은 바다를 건너 사방팔방으로 진출했다. 이른바 바이킹의 시대다. 동슬라브인은 스칸디나비아의 스웨덴인을 '바랴그인(또는 바랴기)'이라고 불렀으므로 이 책에서도 이에 따르기로 한다. 바랴그인은 동남쪽으로 향했다. 그들은 무력이 뒷받침된 진취적인 기질과 상인의 재능을 갖고 있었다. 그야말로 모험을 즐기는 상인들이었던 것이다.

바랴그인은 먼저 발트해 연안으로 진출했고 점차 현재의 상트페테르부르크 지역에 교역 거점을 겸한 요새를 구축했다. 그들은 강을 영리하게 이용했다. 동슬라브인의 땅은 높은 산이 없어서 강의 기울기가 작아 배의 항행에 편리할 뿐만 아니라 강과 강 사이도 배를 직접 짊어지고 이동하기가 비교적 쉬웠다. 바랴그인은 하자르한국, 이슬람 제국, 비잔티움 제국 등과 교역을 통한 이익을 목표로 강을 따라 남하했다. 처음에는 볼가강을 내려가 카스피해에 도달하는 길목이 이용됐다. 이후에는 북방의 도시 노브고로드에서 드네프르강 상류로 간 다음 드네프르강을 따라 흑해로 나온 후, 비잔티움 제국의 수도인 콘스탄티노플에 이르는 바닷길이 확립됐다. 이것이 '바랴그에서 그리스로 가는 길'로 불리는 '금고'의 경로가 됐다.

10세기의 아랍 지리학자 이븐 루스타는 바랴그인에 대해 다음과 같이 기술했다.

> 그들은 땅을 경작하지 않고 슬라브인의 땅에서 얻을 수 있는 것에 기대어 생활했다. (…) 그들의 유일한 일은 흑담비 모피, 다람쥐 모피 등을 파는 것이었고, 장사로 번 돈을 주머니에 넣어두었다. (…) 배로 여행하고, 전쟁하고, 매우 용감하며 반역적이고, 풍채가 좋고 복장이 화려했다. (…) 호신용 무기를 갖추지 않으면 용변을 볼 때도 굳이 밖에 나가지 않는 위험과 불신 속에서 생활했다.
>
> —존스, 『바이킹의 역사』

그러면 『원초 연대기』를 중심으로 키예프 루스 건국의 경위를 살펴보도록 하자. 노브고로드 지역의 동슬라브인은 바랴그인에게 공물을 바쳤지만 한때는 바랴그인을 바다 건너편으로 내쫓고 자치를 시작했다. 그러나 내분이 일어나 수습되지 않자 과거에 쫓아낸 루스(그 땅의 바랴그인은 자신을 '루스'라고 칭했다)에게 사신을 보내 공이 되어 자신들의 땅을 통치해달라고 요청한다. 이를 받아들인 루스의 수장인 류리크(?~879)가 일족을 거느리고 바다를 건너 노브고로드에 당도하여 862년에 공公(노브고로드 공)이 된다. 그들에 의해 '루스'라는 나라의 이름이 탄생했다. 류리크는 키예프 루스 공국과 그 후의 러시아를 통치하는 류리크 왕조의 선조가 됐다.

류리크의 가신이자 귀족인 아스콜드와 디르 두 형제는 류리크의 허가를 받아 콘스탄티노플로 향한다. 그들은 드네프르강을 따라 나아가던 길에 언덕 위의 작은 도시를 발견한다. 행인에게 물어보니 키이 삼형제가 만든 도시이고, 지금은 하자르한국에 공물을 바치고 있다는 이야기를 듣게 된다. 아스콜드와 디르는 이 도시를 점령하고 키예프 도시와 폴랴네 씨족의 나라를 통치하기 시작한다.

노브고로드에서는 류리크가 죽자 어린 아들인 이호르(러시아어로 '이고리', 스칸디나비아어로 '잉그바르')를 대신하여 일족인 올레흐(러시아어로 '올레그', 스칸디나비아어로 '헤르기')가 후견인이 됐다. 882년에 올레흐는 아스콜드와 디르 형제를 멸망시키고 키예프 공이 됐다(공으로서 재위 882~912). 올레흐는 주위의 부족들을 종속시키고 하자르한국에 대한 공납을 멈추게 했다. 907년에는 40명이 승선할 수 있는 배 2000척을 이끌고 콘스탄티노플을 공격하여 비잔티움 제국과 루스의 상인을 우대하는 유리한 조약 체결에 성공했다. 올레흐는 수도를 노브고로드에서 키예프로 옮기고 키예프에서 노브고로드에 이르는 광대한 땅을 지배하며 비잔티움 제국조차 두려워하는 왕국을 건설했다. 올레흐야말로 실질적인 키예프 루스 공국의 창시자라고 할 수 있을 것이다.

912년에 올레흐가 죽은 뒤, 공위에 오른 류리크의 아들 이호르(재위 912~945)가 다시 콘스탄티노플을 공격하는 등 세력 확대에 힘썼지만 그다지 뛰어난 군주는 아니었던 듯하다. 당시 키예프 루스 공국에는 조직적인 징세 시스템이 없었기 때문에 공이 직접 각 씨족을 찾아가 공물을 받았다. 같은 슬라브계의 드레블리예 씨족에게 공물을 받으러 간 이호르는 오히려 그들에게 살해당한다.

이호르의 아내인 올하(러시아어로 '올가', 스칸디나비아어로 '헬가', ?~969)는 강한 의지와 현명함을 겸비한 여성으로, 훗날 러시아 역사와 우크라이나 역사에 종종 등장하는 여걸의 선구자와도 같은 존재다. 아들인 스뱌토슬라프가 어렸기 때문에 그녀가 후견인 역할을 맡았지만 사실상 키예프 공이나 다름없었다. 올하는 다양한 책략으로 드레블리예 씨족에 대한 남편의 복수를 감행했다. 배를 타고 온 드레블리예의 사신을 배와 함께 그대로 구덩이에 묻거나 뜨거운 목욕탕에 가둬 익혀 죽였고, 연회에 초대하여 술에 취하게 만들어 죽이기도 했다.

키예프 루스 공국의 땅은 예부터 애니미즘적인 다신교가 지배적이었지만 기독교에 관심을 가진 올하는 957년에 콘스탄티노플을 방문하여 세례를 받았다. 이와 관련된 다음과 같은 삽화가 남아 있다. 비잔티움 황제는 콘스탄티노플에 도착한 올하의 아름답고 총명한 모습에 끌려 구혼한다. 올하는 황제의 구혼에 "저는 이교도입니다. 만약 당신이 저에게 세례를 받게 하고 싶다면 제게 직접 세례를 내려주세요. 그러지 않으면 세례를 받지 않겠습니다"라고 답했다. 이에 황제는 총주교와 함께 올하에게 세례를 내려줬다. 황제가 세례 후 다시 아내로 삼고 싶다고 말하자 그녀는 "제게 직접 세례를 내려주시고 딸로 부르면서 어찌 저를 아내로 삼겠다는 것입니까? 기독교에 그러한 율법은 없습니다. 당신도 아시지 않습니까?"라며 반박했다. 황제는 자신을 기막히게 속인 올하에게 감탄하여 금은, 비단 등 많은 선물을 하사했고 그녀를 자신의 딸이라 부르며 돌려보냈다. 이렇게 그녀는 키예프 공의 신분으로 최초의 기독교도가 됐다. 훗날 성聖 올하로 불리며 우크라이나와 러시아에서 최초의 성인이 됐다.

그 뒤를 이은 아들 스뱌토슬라프(재위 945~972)는 정치가라기보다 무인이었다. 그는 볼가강 어귀 부근에 자리한 하자르한국의 수도인 이틸을 파괴하고 사실상 하자르한국을 멸망시켰다. 그뿐만 아니라 발칸반도에서 불가르 왕국, 비잔티움 제국과도 싸웠다. 이러한 이유로 그는 정복공征服公으로도 불린다. 비잔티움 제국의 역사가인 레온 디아코노스는 스뱌토슬라프를 '쉽게 달아오르고 대담하며 진지하고 행동적'인 인물로 평가했고 황제와 대화 나누는 모습을 다음과 같이 기록했다.

그의 키는 중간으로, 너무 크지도 작지도 않은 정도였다. 눈썹은 진하고 눈동자는 푸르며 사자 같은 코였다. 턱수염은 깎았지만 콧수염은 길고 덥수룩했다. 씨족의 고귀한 신분이라는 증표로 머리카락은 한 움큼만 남기고 다 깎았다. 목은 굵고 어깨는 넓었으며 전체적인 체형이 실로 훌륭했다. (…) 그의 흰색 의상은 청결하다는 점을 제외하면 부하의 의상과 별반 다르지 않았다.

―존스, 『바이킹의 역사』

참고로 스뱌토슬라프가 머리를 깎던 이 방법은 후세의 코사크에게도 계승됐다.

스뱌토슬라프는 원군을 데려가기 위해 도나우강 부근에서 키예프로 돌아가던 중, 유목민인 페체네그인에게 기습을 당해 972년에 목숨을 잃었다. 비잔티움 제국과 페체네그의 결탁에 의한 기습이었다고 한다. 페체네그의 수령은 스뱌토슬라프의 두개골에 금을 입혀 잔으로 만들어 술을 마셨다고 전해진다. 우크라이나의 역사가인 흐루셰브스키는 스뱌토슬라프를 '왕관을 쓴 코사크'라고 평했다. 그는 용감하고 기사도 정신으로 가득 차 있었지만 오로지 공격만 할 뿐 수비에는 약했다.

한편 이전의 키예프 루스의 공들은 그들의 발상지 언어인 스칸디나비아어계의 이름으로 불렸지만 스뱌토슬라프 이후에는 슬라브어계 이름으로 불렸다. 그들이 슬라브인에게 동화되어가는 과정이 드러나는 부분이다. 여기서도 슬라브인은 다른 민족을 동화시키고 흡수하는 강한 힘을 갖고 있었음을 알 수 있다.

볼로디미르 성공과 야로슬라프 현공

키예프 루스 공국의 계승 방식은 키예프 공(대공)이 아들들을 지방의 공(지사)으로 각지에 배속하고, 대공이 죽으면 장남이 아니라 대공의 다음 동생이 계승하는 형제 상속이 원칙이었다. 한편 동시에 부자 상속도 이루어졌는데, 이러한 불완전한 계승 방식은 대가 바뀔 때마다 형제간, 친족 간의 싸움을 일으켰고 결국 이것이 키예프 루스 공국의 혼란과 쇠퇴를 초래하는 큰 원인이 됐다.

정복공으로 불린 스뱌토슬라프가 죽은 뒤, 최초의 형제간 싸움이 일어났다. 정복공에게는 세 명의 아들이 있었는데 장남인 야로폴크는 키예프 공을 계승했고, 둘째 올레그와 막내인 볼로디미르(러시아어로 '블라디미르')는 각각 드레블랴네 공과 노브고로드 공이 됐다. 장남인 야로폴크가 둘째 올레그를 살해하자 신변에 위협을 느낀 볼로디미르는 스칸디나비아로 도망쳤고 바랴그인의 원군을 얻어 그 힘으로 야로폴크를 무너뜨린 후, 자신이 키예프 공이 되어 루스 전체를 지배하게 된다(재위 978~1015). 키예프의 공이자 키예프 루스 국가 전체의 수장이 되는 사람은 다른 지방의 공과 구별한다는 의미에서 11세기부터 키예프 대공이라 불렸으므로 이 책에서도 이후로는 키예프 대공이라고 표기한다.

볼로디미르는 각지를 정복하여 발트해, 흑해, 아조프해, 볼가강, 카르파티아산맥으로 확장하는 당시 유럽 최대의 판도를 가진 나라를 형성했다. 이러한 업적이 뒷받침되어 볼로디미르는 '대大볼로디미르' 혹은 후술하는 바와 같이 기독교를 국교로 삼은 점에서 '성공聖公'으로도 불렸다.

볼로디미르가 죽은 뒤 다시 형제간의 싸움이 벌어졌다. 아들 중 한 명이자 노브고로드 공이었던 야로슬라프는 아버지와 마찬가지로 바랴그인의 원군을 얻어 남진한 후 키예프 대공이 됐다(재위 1019~1054). 야로슬라프는 유목민 페체네그인을 격퇴하는 등 군사적인 성과도 거두었지만 그의 진면목은 내정과 외교에서 발휘됐다.

야로슬라프 현공

내정 면에서는 관습법을 '루스카야 프라우다Russkaya Pravda(루스의 법)'로 법전화했다. 기존 법을 수록하고 개정도 단행했다. 복수에 의한 살인을 금지하고 사형을 폐지하여 벌금형으로 바꾼 것이 그 예다. 그는 교육에도 열의가 있어 책을 좋아했고 자신이 세운 성 소피아 성당(1037)에 도서관을 지어 기독교 성전 등을 번역했다. 이러한 업적이 뒷받침되어 그는 '현공賢公'으로 불린다. 또한 성벽을 강화하고 거리의 문을 웅장하게 만드는 등 키예프의 거리 정비에도 힘썼다. 그중 황금의 문만이 구시가지에 남아 있다. 19세기 러시아의 작곡가인 무소륵스키(1839~1881)는 어느 전람회에서 본 그림들에 대한 인상을 바탕으로 조곡 「전람회의 그림」(1874)을 작곡했는데, 이 황금의 문을 묘사한 그림으로부터 영감을 받은 곡도 그중에 포함되어 있다.

외교 면에서 야로슬라프 현공의 혼인 정책은 감탄스럽기까지 하다. 그의 두 번째 정부인은 스웨덴 왕의 딸인 잉기게르다였다. 야로슬라프의 딸 중 아나스타샤는 헝가리 왕 언드라시 1세(재위 1046~1060), 엘리사베타는 노르웨이 왕 하랄 3세(재위 1047~1066), 안나는 프랑스 왕 앙리 1세(재위 1031~1060)의 왕비가 됐다. 왕비가 된 안나(프랑스어명 '안')는 남편이 죽은 뒤, 아들 필리프 1세(재위 1060~1108)의 어린 시절에 프랑스 왕국의 섭정을 했다. 당시의 로마 대주교 니콜라우스 2세(재위 1058~1061)는 그녀의 영민함을 극찬했다. 야로슬라프의 아들들인 이쟈슬라프(재위 1054~1068, 1069~1073, 1077~1078)는 폴란드 왕의 딸을, 스뱌토슬라프(재위 1073~1076)는 독일의 트리어 사교의 누이동생을, 브세볼로드(재위 1076~1077,

1078~1093)는 비잔티움 제국의 왕녀를 각각 아내로 맞아들였다. 이 장의 서두에서도 기술했듯이 왕조의 위신을 혼인관계로 가늠할 수 있음을 고려할 때 야로슬라프의 명성과 덕망이 얼마나 높았는지 짐작된다.

실제로 내가 우크라이나에서 근무하던 시절, 키예프에서 함께 지낸 노르웨이 대사의 부인이 노르웨이 왕 하랄 3세와 야로슬라프의 딸 엘리사베타의 자손이라는 이야기를 들었을 때 야로슬라프의 핏줄이 슬라브를 넘어 현대까지 이어진 실물과 마주한 기분이 들었다. 과연 그는 '유럽의 아버지'였음이 실감나는 순간이었다.

기독교로의 개종

볼로디미르 성공과 야로슬라프 현공의 황금기에 키예프 루스 공국은 기독교화되어 후세에 큰 영향을 주게 된다. 크림반도 남부의 케르소네소스는 고대 이래 로마 제국·비잔티움 제국의 영토였고 그곳에는 기독교가 뿌리내리고 있었다. 크림반도에는 동東고트인의 후예가 수 세기에 걸쳐 살고 있었고 그들도 기독교로 개종했기 때문에 기독교의 오랜 전통이 있었다. 그리고 앞서 말한 바와 같이 볼로디미르의 할머니 올하가 이미 개종하여 키예프 루스 공국 내에서는 기독교가 상당히 확산된 상태였다. 이처럼 먼저 토양이 다져진 후 국가의 규모가 커졌고 이를 통치하는 대공의 통합을 정당화하며 국가의 응집력을 높이기 위한 관점에서 종교의 도움이 필요해졌다. 특히 일신교의 절대성은 군주의 절대성을 정당화하는 데 적합했다.

또한 기독교의 국교화가 외교에도 도움이 된다는 것을 경험하게 된다. 키예프 루스 공국은 기독교의 나라로서 비잔티움 제국을 중심으로 한 '문명국 공동체'의 일원으로 인정됐다. 앞서 말한 야로슬라프의 혼인 정책도 대공 일가가 기독교도가 됐기에 가능했던 일이다. 페체네크인 등 유목민과의 싸움도 이교도로부터 기독교를 지키는 성전聖戰으로 자리매김하게 됐다.

이러한 국교화 이후, 기독교는 키예프 루스 공국뿐만 아니라 후세의 러시아 제국과 코사크에 통합 이데올로기를 전수하고 민중에게는 정신적인 기반을 마련해주는 등 헤아릴 수 없는 큰 영향을 줬다. 키예프 루스 공국은 기독교를 통해 비잔티움 문화를 흡수했다. 다만 로마 가톨릭이 아니라 그리스 정교를 선택한 것은 후세 러시아가 서유럽과 폴란드와의 정치적, 문화적 단절을 초래하는 계기가 됐다는 점에서 역사적으로 의미하는 바가 크다.

한편 볼로디미르의 개종 경위에 대해 『원초 연대기』는 다음과 같은 흥미로운 이야기를 남겼다.

볼로디미르는 이전까지 이교의 우상을 세우고 제물도 바쳤다. 또한 많은 여자를 아내로 맞아들였고 지방에는 800명의 첩이 있었다. 이슬람교를 신앙하는 불가르인이 볼로디미르에게 찾아와 이슬람교를 권하며 말했다. "마호메트는 할례를 하라, 돼지고기를 먹지 마라, 술을 마시지 마라, 대신 사후에는 여자들과 음행할 수 있다고 말했습니다." 볼로디미르는 여자를 좋아했기 때문에 음행에는 만족했지만 할례, 돼지고기, 음주에 대한 부분은 마음에 들지 않았다. 그는 "루스인은 술 마시는 것이 낙인데 술을 마시지 못한다면 사는 보람이 없다"고 대답했다.

이번에는 유대인이 찾아와 유대교를 권하며 말했다. "우리 율법은 할례를 하고 돼지고기와 토끼고기를 먹지 않으며 안식일을 지키는 것입니다." 그러자 볼로디미르 대공은 "당신들의 나라는 어디에 있는가"라고 물었다. 그들은 "예루살렘"이라고 대답했다. 대공은 "그곳에 지금도 있는가?"라고 되물었다. 그들은 "신은 우리 아버지에게 화가 나 우리를 벌하기 위해 여러 나라에 흩어지게 했습니다. 그리고 우리 나라는 기독교도의 것이 됐습니다"라고 대답했다. 그러자 다시 대공은 "그런데 당신들은 왜 다른 이들에게 자신들의 신앙을 권하는가. 정작 자신들은 신에게 내쳐져 흩어졌는데, 만일 신이 당신들의 율법을 사랑했다면 당신들이 다른 나라로 흩어지는 일은 없었을 것이다"라고 대답했다.

그러고 나서 볼로디미르는 불가르인과 그리스인에게 가신들을 보냈다. 그들은 귀국 후에 다음과 같이 보고했다. "불가르인을 찾아갔더니 모스크라는 신전에서 이슬람교도가 예배하며 앉아 있었고 실성한 듯 여기저기 돌아다니고 있었습니다. 그들에게는 즐거움이 없고 슬픔과 심한 악취가 느껴졌으며 율법은 좋지 않았습니다. 그리스인이 있는 곳(콘스탄티노플)에 갔더니 그들의 교회에서 우리는 천상에 있는 듯한 기분이 들었습니다. 지상에는 그만큼의 영광도 아름다움도 없습니다. 그곳에서 신은 사람들과 함께 계셨고 그들의 근행勤行이 모든 나라의 근행에 앞서 있음이 분명합니다. 우리는 그 아름다움을 잊을 수 없습니다. 맛있는 것을 맛본 모든 인간은 맛없는 것을 받아들일 수 없습니다. 그렇듯 우리도 이제 그 신 없이는 견딜 수 없습니다."

볼로디미르는 987년의 내분으로 인해 도움을 받으러 온 비잔티움 황제에게 원군을 보내며 그 대가로 황제의 누이동생을 아내로 삼게 해달라고 요구했다. 황제는 승낙했지만 실행을 주저했다. 그러자 볼로디미르는 비잔티움령이었던 케르소네소스를 점령하고 약속 이행을 재촉했다. 황제는 어쩔 수 없이 누이동생 안나를 볼로디미르에게 보냈다. 안나는 차라리 죽는 게 낫다고 저항했지만 비잔티움 제국을 구하는 일이라는 오라비의 설득으로 마지못해 케르소네소스로 향한다. 그곳에서 볼로디미르는 세례를 받고 안나와 결혼한다. 그러고 나서야 케르소네소스는 비잔티움에 환원됐다. 키예프로 돌아온 볼로디미르는 이교 신들의 우상을 강에 던져버리고 강제로 가신들을 강으로 데려가 집단 세례를 받게 했다.

이것이 『원초 연대기』를 통해 전해진 내용이다. 무엇보다 오랜 옛날부터 루스인은 술을 끊을 수 없었다고 전해진 부분에서 절로 고개가 끄덕여진다. 또한 그리스 정교를 선택한 이유가 아름다운 전례 때문이라고 설명하는 부분은 흥미롭다. 오늘날에도 정교의 장엄한 전례를 보면 신도가 아닌 자도 매료된다는데, 하물며 당시의 사람들에게는 당연했을 것이기에 납득이 간다.

볼로디미르와 야로슬라프는 키예프에 많은 교회를 세웠다. 특히 야로슬라프가 세운 성 소피아 성당에 키예프 루스 공국 내의 정교를

성 소피아 성당(위), 페체르스크 수도원(아래)

통괄하는 부*府*주교좌가 마련되어 공국 정교의 중심이 되었다. 이곳에는 지금도 야로슬라프 현공의 관과 유골이 남아 있다. 그 후로 외관은 상당한 개보수가 이루어졌지만 내부는 거의 창건 당시 모습 그대로다. 내부에는 당시의 프레스코 벽화와 모자이크가 남아 있는데, 종교적인 모티프뿐만 아니라 축제와 대공의 사냥 등 세속적인 테마도 그려져 있다. 수도원도 많이 세워졌는데 그중에서도 키예프 교외의 페체르스크 수도원은 우크라니아와 러시아를 통틀어 가장 권위 있는 수도원으로서 현재까지도 명맥이 이어지고 있다. 앞서 인용한 『원초 연대기』는 이 수도원의 수도사가 편찬한 것이다. 성 소피아 성당과 페체르스크 수도원은 현재 유네스코 세계 문화유산으로 등재되어 있다.

또한 야로슬로프 아들의 시대에 세워졌으며 황금 돔의 아름다움으로 잘 알려진 미하일 성당은 1936년 스탈린에 의해 파괴됐다. 소련 붕괴와 우크라이나의 독립 후, 우크라이나 경제가 매우 어려웠음에도 불구하고 미하일 성당은 국가적 사업을 통해 재건됐고 황금 돔은 다시 키예프 거리에서 찬연하게 빛나게 됐다. 이 재건에는 키예프 루스 공국이 우크라이나의 기원임을 확인함과 동시에 우크라이나의 내셔널리즘을 파괴한 스탈린의 흔적을 한시라도 빨리 지우겠다는 이중의 목적이 있었을 것이다. 2000년 6월, 우크라이나를 공식 방문한 미국의 클린턴 대통령은 키예프 루스 공국의 발상지인 동시에 반소련의 상징이기도 한 미하일 성당 앞 광장을 의도적으로 선택하여 우크라이나 국민 수만 명을 향해 연설한 적이 있다.

현재의 키예프 거리는 한쪽 길 끝에 1000년의 풍화를 견디며 역사의 무게를 감당해온 성 소피아 성당이, 반대쪽 길 끝에는 예나 지금이나 같은 모습이었을 것으로 상상되는 미하일 성당의 화려한 황금 돔이 대치를 이루고 있다. 400여 곳의 교회가 이 황금 돔을 가운데에 두고 서로 경쟁하듯 늘어서 있던 루스 시대의 키예프는 당시 유럽의 수많은 도시 가운데서도 가장 아름다운 곳 중 하나로 손꼽혔는데 마치 그 모습이 재현된 듯하다.

모노마흐 공의 정훈

야로슬라프 현공 사후에 다시 일어난 아들들 사이의 싸움은 반세기 가까이 이어졌다. 그사이 페체네크인을 대신하여 대두된 유목민 폴로브치인이 집요하게 키예프 루스 공국을 휘젓고 다녔다. 폴로브치인의 영향으로 11세기 말에는 키예프와 비잔티움 제국의 교역로가 단절되기에 이르렀다.

겨우 사태를 수습한 이는 야로슬라프의 손자 볼로디미르 모노마흐였다(재위 1113~1125). 그의 어머니가 비잔티움 황제를 배출한 모노마코스 가문 출신이었기 때문에 모노마흐라 불렸다. 그는 뛰어난 용모와 지략을 지닌 인물로 알려졌으며 민중에게 인기도 있었다. 나라의 통일을 회복하여 키예프 루스 공국에 최후의 영광을 선사했다. 그의 아내는 잉글랜드 왕 해럴드 2세(1066, 헤이스팅스에서 노르망디의 윌리엄 정복왕에게 패배한 왕)의 딸 기타였다. 덴마크 국왕이 모노마흐와 기타 사이를 주선했다고 하니 이 시대에도 키예프 루스 공국과 그 발상지인 스칸디나비아 사이에는 강한 유대가 남아 있었음을 알 수 있다.

모노마흐는 그가 남긴 『모노마흐의 정훈庭訓』으로도 잘 알려져 있다. 자신의 인생을 돌아보고 군주로서 나아갈 방향에 대해 자손들에게 교훈을 남긴 저서다. 전란이 끊이지 않았던 중세에는 군주라 할지라도 스스로 심신을 다스리고 조심하지 않으면 살아남을 수 없음이 절실하게 전달되는 글이다. 그중 몇 가지를 소개하고자 한다.

> 자신의 가정에서는 (…) 만사를 두루 살펴라. 집사에게도 종에게도 맡겨두어서만은 안 된다. 전장에 임할 때는 부대장에게 의지해서는 안 된다. (…) 경솔하게 몸에서 검을 뽑아서는 안 된다. 방심하다가 허를 찔려 몸을 망치는 일이 있기 때문이다. 허언과 과음과 음란을 피하라. (…) 자신의 영내를 통과할 때는 자신의 종에게도 타인의 종에게도 마을과 논밭에서 난폭한 짓을 하게 두지 마라.
>
> 무엇보다 손님을 존경하라. (…) 좋은 일이건 나쁜 일이건 나그네는 이 나라 저 나라에 소문을 퍼뜨리기 때문이다.
>
> 사람을 만나거든 반드시 인사하고 다정하게 말을 걸어라. 자신의 아내를 사랑하라, 그러나 하라는 대로 해서는 안 된다.
>
> —나카무라 요시카즈 편역, 『러시아 중세 이야기집』

몽골의 정복

1125년 볼로디미르 모노마흐가 죽은 후, 1240년에 몽골이 키예프를 점령하기까지 한 세기가량에 걸쳐 키예프 루스 공국은 서서히 해체 과정으로 접어든다.

내정 면에서는 대공과 지방 공의 계승 방법이 형제 상속에서 부자 상속으로 바뀌었다. 따라서 지방 공에게는 부자상전父子相傳의 영지 유지와 확대가 관심사가 됐다. 그 결과, 수도로서의 키예프와 그곳에 자리한 대공의 지위가 저하됐고 공들의 키예프로부터의 분리·독립 경향이 뚜렷해졌다. 12세기에 이르자 거의 독립하다시피 한 10~15개의 공국이 나타나면서 키예프 루스 공국은 실질적으로 공국들의 연합체가 됐다. 그중에서도 동북부의 블라디미르 수즈달 공국, 북부의 노브고로드 공국, 서남부의 할리치나-볼린 공국 등이 힘을 갖게 됐다. 블라디미르 수즈달 공국에서 갈라진 것이 모스크바 공국이다. 공국들은 때로는 유목민 폴로브치인까지 끌어들여 세력 싸움에 몰두했다.

경제적으로도 정체 경향이 두드러졌는데, 교역로의 쇠퇴가 큰 원인이 됐다. 7세기 말 아랍 제국의 발흥으로 지중해가 이슬람 세력 아래 들어가면서 서유럽과 비잔티움 제국, 중동을 직접 연결하는 동서 루트는 차단됐다. 이와 함께 그 대체가 되는 남북의 '바랴그에서 그리스로의 길'이 번성하면서 키예프 루스 공국은 부유해졌다. 그러나 이후 십자군 파견 등으로 12세기까지는 지중해에서 이슬람 세력의 헤게모니가 종식되고 동지중해를 통해 서유럽과 비잔티움 제국, 중동을 잇는 루트가 부활했다. 결국 키예프를 통한 무역로의 중요성은 줄어들어 무역에 힘쓰던 공들과 귀족은 상인에서 지주로 변모해갔다. 키예프 루스 공국의 경제는 상품경제에서 농업 중심의 자급자족 경제로 변화하며 침체의 길로 들어섰다.

이러한 경향의 종착점은 몽골의 침공이었다. 몽골은 13세기 초 몽골 고원에서 부흥하여 순식간에 유라시아 평원을 석권했다. 1223년 몽골의 선견 부대는 일찍이 키예프 루스 공국에 나타나 아조프해에 가까운 칼카강에서 루스의 공들을 함락시켰다. 거의 절반인 9명의 공이 전사했고 사망자는 6만 명에 이르렀다는 기록이 있다. 루스의 공들은 대참패에도 불구하고 몽골을 페체네그인이나 폴로브치인 등 그동안의 유목민과 마찬가지로 여기고 경시했다. 그러나 몽골군은 기동력, 통제력, 파괴력, 저항했을 때의 잔혹한 보복, 그리고 정복한 후의 뛰어난 통치능력까지 기존의 유목민과는 전혀 다른 성질을 가진 존재였다. 칭기즈칸의 손자인 바투가 이끈 본격적인 정복군은 1237년 원정에 나선다. 바투는 랴잔, 수즈달, 블라디미르 등 동부와 북부의 도시들을 함락시키고 1240년에 키예프를 포위했다. 키예프 대공이 도망간 후에도 시민들은 군사 지도자 드미트로의 지휘 아래 끝까지 항전했다. 긴 농성전이 이어지다가 결국 성벽은 무너졌고 그해 말 키예프는 함락됐다. 올레흐가 키예프를 점령한 지 약 350년 후의 일이었다. 함락됐을 당시 시민들은 교회에서 농성을 이어갔지만 교회가 파괴되어 수백 명의 시민이 깔려 죽었다고 한다. 그 흔적이 지금까지도 남아 있다. 드미트로는 바투가 그의 용기를 높이 산 덕분에 목숨을 건졌다.

몽골은 러시아와 유럽에서 '타타르'라고 불렸다. 바투는 이후 볼가강 하류의 사라이를 수도로 하는 킵차크한국汗國(1243~1502)을 세웠다.

몽골의 정복으로 그때까지 명목상 남아 있던 키예프 루스 대공국은 종언을 맞이하고 기나긴 몽골 지배의 시대로 접어들었지만, 그렇다고 공국들이 곧바로 소멸한 것은 아니다. 대부분의 공국은 몽골의 지배에 복종하여 세금을 바치는 대가로 존속을 인정받았다. 몽골의 지배 아래 비교적 평화로운 시대를 보냈다.

후세의 러시아 연대기 작가와 역사가들은 몽골 지배를 '타타르의 멍에'라고 칭하며 러시아사의 가장 암울한 시대로 묘사하지만, 이 부분은 어느 정도 참작해서 받아들여야 한다. 몽골은 파괴와 살육 자체를 탐한 것이 아니라 지배와 징수가 목적이었다. 저항하면 철저하게 보복했지만 복종을 맹세하고 납세하면 자치를 인정했다. 크림과 같이 교역으로 인한 수입이 기대되는 곳은 직할령이 됐지만 루스의 땅은 그러한 이문도 기대할 수 없었기 때문에 간접 통치가 이뤄졌다. 몽골인에게는 루스 중에서도 그들의 고향과 비슷한 스텝 초원지대가 친숙했을 뿐 모스크바가 속한 삼림지대에는 관심이 없었다.

따라서 '타타르의 멍에'보다는 복종과 납세의 대가로 몽골이 평화와 질서를 보장하는 '팍스 몽골리카(몽골의 평화)'가 존재했다고 보는 편이 타당할 것이다. 13세기 중반, 로마 대주교의 사절 조반니 카르피니와 프랑스 왕의 사절 기욤 뤼브루크가 몽골을 여행했을 때도 안전상의 문제는 없었다. 에이젠시테인의 영화 「알렉산드르 넵스키」(1938)로 유명한 알렉산드르 넵스키 공(재위 1252~1263)도 스웨덴 및 독일 기사단과는 싸웠지만 킵차크한국에는 전면적으로 신하로서 복종했다. 넵스키 공의 자손인 모스크바 공들도 대대로 순종했기 때문에 킵차크한국은 이들에게 다른 공들에 대한 징세를 맡겼다. 이로 인해 모스크바는 유복해졌고 이로써 훗날 대두하는 하나의 발판을 마련했다. 이러한 측면에서 볼 때 모스크바 공국과 그 후예인 러시아 제국은 타타르를 그저 부정적으로만 평가하지는 못할 것이다.

몽골은 정교회도 보호했다. 교회와 성직자의 세금을 면제하고 교회 내부와 교회 관계자의 재판권을 교회에 맡겼다. 아이러니하게도 이교도의 지배 아래에서 교회는 풍족해졌고 루스의 땅에 기독교화가 완성됐다.

몽골의 지배하에서는 교역의 양상도 변화했다. 키예프 루스 공국에 의해 수 세기 동안 중단됐던 하자르의 무역 패턴, 즉 동서 교역의 루트가 부활했다. 이번 무대의 주역은 이탈리아 상인들이었다. 앞서 말한 바와 같이 동지중해가 자유로워진 후 이탈리아 상인의 진출이 활발해졌고 베네치아, 피사, 제노바 등은 예전의 그리스 식민도시가 있었던 크림 남안南岸에 무역의 거점을 구축했다. 특히 제노바의 세력이 강했는데 그 거점이 된 카파(현재의 페오도시야)는 중앙아시아, 카스피해, 흑해, 지중해 중계 무역의 중심이 됐다. 카파에는 중앙아시아에서 비단과 향료가 들어왔고 루스의 땅에서 곡물, 생선, 피혁, 노예 등이 수출됐다. 마르코 폴로(1254~1324)가 크림 지역을 방문했다는 기록은 없지만, 베네치아의 상인인 그의 아버지와 숙부는 크림의 도시 솔다이아(현재의 수다크)에 자신들의 지점을 갖고 있었다. 따라서 크림에 지점을 갖고 있던 폴로 일가에게는 몽골 여행이 생각만큼 터무니없는 일은 아니었을 것이다.

여기서 눈치챘을 수도 있겠지만 이 무역 패턴은 하자르뿐만 아니라 스키타이 시대와도 매우 흡사하다. 중개인 역시 그리스와 이탈리아반도의 지중해인이다. 이처럼 우크라이나의 땅은 고대부터 크림을 통해 그리스·로마(이후 이탈리아) 세계 및 바다세계와 연결되어 있었다. 다른 슬라브 국가의 역사가 내륙에 한정된 인상을 주는 것과 대조적으로 이러한 개방성은 우크라이나의 큰 특색이다.

최초의 우크라이나 국가

할리치나–볼린 공국은 키예프 루스 공국의 서남부에 있는 할리치나(러시아어로 '갈리치', 영어로 '갈리샤' 또는 '갈리치아') 공국과 볼린(러시아어로 '볼린', 영어로 '볼리니아') 공국이 병합하여 형성된 공국으로 1240년 키예프 함락 후에도 한 세기 가까이 존속했다. 할리치나–볼린 공국에 대해서는 기존에 거의 회고된 적이 없지만 우크라이나에는 더없이 중요한 존재다. 이 장의 서두에서 서술했듯 우크라이나는 키예프 루스 공국의 직계라고 주장하고 있다. 키예프 루스 공국이 멸망한 후, 우크라이나 땅에는 계승할 국가가 없었다는 러시아의 논리에 대항하기 위한 근거가 되는 것이 바로 할리치나–볼린 공국이다. 우크라이나의 역사가인 토마셰프스키는 현재 우크라이나의 인구 90퍼센트가 거주하는 지역을 지배했던 최전성기의 할리치나–볼린 공국을 '최초의 우크라이나 국가'로 평가했다.

1199년, 볼로디미르 모노마흐의 현손(증손자의 아들)에 해당되는 볼린 공 로만(재위 1173~1205)이 할리치나 공국과 볼린 공국을 병합하여 신왕조를 열었다. 로만은 1200년에 키예프를 점령했지만 얼마 지나지 않아 키예프에 흥미를 잃고 할리치나에 머물렀다. 그런데도 동시대인들은 그를 '전全 루스의 군주'라고 불렀다.

아들인 다닐로의 치세(1238~1264)는 몽골의 내습과 겹쳐 다사다난했다. 다닐로는 킵차크한국의 수도 사라이까지 출두하여 바투에게 신종臣從의 예를 보여야 했다. 바투는 호의로 마유주를 권했지만 다닐로에게는 굴욕으로 느껴질 뿐이었다고 한다. 그는 기개 있는 군주로서 로마 대주교에게 반反타타르의 십자군을 촉구했다. 이 계획은 실현되지 않았지만 다닐로는 대주교에게 '루스의 왕'이라는 호칭을 받았다. 다닐로는 할리치나─볼린 공국 사상 가장 걸출한 군주로 평가되며 이웃 나라의 침략을 막아 할리치나─볼린 공국을 당시 동유럽의 유력한 국가로 만들었다. 또한 아들 레브의 이름을 따서 리비우(러시아명 '리보프')라는 도시를 건설했다. 이곳은 후세의 우크라이나 서부의 중심이 됐고 우크라이나 내셔널리즘의 거점이 됐다. 현재 이 도시는 리비우 역사지구로 유네스코 세계 문화유산에 등재되어 있다.

다닐로가 죽자 각국의 간섭이 벌어졌고 1340년대에 볼린은 리투아니아, 할리치나는 폴란드에 각각 병합됐다. 올레흐가 최초로 키예프를 점령한 지 약 450년이 흘렀으며, 시조 류리크로부터 14세대째이자 최후의 남계男系인 레브 2세(재위 1315~1323) 때의 일이다. 이로써 '최초의 우크라이나 국가'는 소멸하고 만다. 그리고 할리치나─볼린 공국의 영역을 잇는 독립국은 더 이상 나타나지 않았다.

키예프 루스의 사회와 문화

키예프 루스 공국의 인구 대부분이 농업에 종사했지만 키예프 루스 공국을 당시 유럽 유수의 대국으로 만든 것은 상업과 무역이다. 예를 들어, 프랑스에서는 12세기까지 모든 견직물을 '루스제(製)'라고 불렀는데, 이는 루스의 상인이 견직물을 들여왔기 때문이다. 중세 서유럽에서는 왕후 귀족이 상업을 경시했지만 키예프 루스에서는 공들과 귀족이 상업을 중시하여 상업에서 부를 획득했다. 상업의 발달과 도시의 발달에 상관관계가 있다고 볼 때, 서유럽이 주로 농촌사회였던 것에 반해 키예프 루스는 도시의 비중이 높았다. 연대기에 의하면 240개의 도시가 있었고 총인구의 13~15퍼센트가 도시에 거주한 것으로 추측된다. 최대 도시 키예프의 인구는 13세기 전반 몽골 점령 시에 3만5000~5만 명에 이른 것으로 추정되는데, 이는 당시 유럽에서는 최대 규모로 런던조차 그 수준에 이른 것이 한 세기 후였다. 또한 키예프 루스의 총인구는 12세기 말~13세기 초에 700만~800만 명에 달한 것으로 추정된다.(같은 시기의 신성 로마 제국은 800만 명, 프랑스는 1500만 명으로 추정된다.)

키예프 루스의 화폐는 은괴 조각으로, 단위는 '흐리브냐'(러시아어로 '그리브나')였다. 우크라이나는 독립한 지 5년이 지난 1996년에 본격적인 통화를 도입했는데, 그 단위로는 역사적인 의미가 있는 흐리브냐가 채택됐다. 현재의 러시아 통화 단위는 '잘라냈다'라는 의미의

'루블'인데, 흐리브냐를 잘라 나눈 은괴 단위로 13세기에 도입됐다. 우크라이나인들은 진담 반 농담 반으로 루블은 흐리브냐에서 파생됐고 흐리브냐보다 작다고 말하곤 한다.

키예프 루스의 문화 수준은 기독교의 도입으로 비약적으로 향상됐다. 특히 교회 건축, 이콘화(예수나 성모, 성인들의 행적, 성서 이야기 등을 정해진 형식에 맞추어 그린 동방 정교회의 성화—옮긴이), 기독교 관련 서적의 번역, 출판 등이 두드러진다. 『원초 연대기』를 비롯한 도시들의 연대기 중에는 수도사가 직접 편찬한 것이 많다. 종교색이 매우 짙은 것 중에는 『이고르의 원정 이야기』(12세기 후반)가 있다. 이 작품은 노브호로드시베르스키(러시아어로 '노브고로드세베르스키')라는 작은 도시의 공이자 야로슬라프 현공의 현손에 해당되는 이고르 공(우크라이나어로 '이호르', 1151~1202)과 유목민 폴로브치인의 전투를 그린 서사시다. 18세기 후반 사본이 처음 발견됐을 때에는 이 작품을 둘러싸고 시기상으로도 빠를 뿐만 아니라 문학적으로도 가치가 높은 작품이 나왔을 리가 없다며 가짜라는 설까지 나돌았다. 지금은 『니벨룽겐의 노래』 『롤랑의 노래』와 견주어 칭송되는 중세 유럽의 대표적인 문학이 됐다. 19세기 러시아 작곡가 알렉산드르 보로딘(1833~1887)은 이 작품을 바탕으로 가극 「이고르 공」을 작곡했다.

이번 장을 마치며 『이고르의 원정 이야기』 중에서도 가장 서정적으로 평가되는 부분, 즉 폴로브치인의 포로가 된 남편 이고르의 몸을 염려하는 부인 야로슬라브나의 탄식 부분을 소개하고자 한다.

도나우(대하大河 전체를 가리킨다) 강가에 야로슬라브나의 목소리가 들린다. 이른 새벽, 남몰래 두견새처럼 울고 있다.

"두견새로 변신해 도나우를 날아가리. 비버로 만든 소매를 카야라(아조프 해로 흘러 들어가는 강의 이름) 물결에 적셔 늠름한 공의 몸을 아프게 한 상처의 피를 닦아주리라."

야로슬라브나는 이른 아침, 푸티블(도시 이름) 성벽에서 흐느껴 울고 있다.

"아, 바람아, 무심한 바람아. 무슨 연유로 그대는 이토록 세차게 부는가. 무슨 연유로 그 가벼운 날개에 실어 훈족의 화살을 사랑하는 남편의 병사들에게 던졌나. 그대는 구천에 붉고 푸른 바다에 떠 있는 배를 달래는 것만으로는 부족한 것인가. 왜 그대는 나의 기쁨을 나래새풀에 실어 흩날리게 했나."

야로슬라브나는 이른 아침, 푸티블 성벽에서 울고 있다.

"아, 드네프르, 번영의 강이여. (…) 사랑하는 사람을 내 곁으로 돌려보내주오. 그럼 나는 이른 아침부터 바다를 향해 남편 곁으로 눈물을 보내지 않아도 될 터인데."

—『러시아 중세 이야기집』

제3장

리투아니아-폴란드의 시대

암흑과 공백의 3세기?

14세기 중반 할리치나―볼린 공국이 멸망한 후 17세기 중반 코사크가 우크라이나의 중심 세력이 되기까지 약 300년 동안 우크라이나 땅에는 우크라이나를 대표하는 정치 권력이 존재하지 않았다. 이 기간에는 리투아니아와 폴란드가 우크라이나를 지배했다. 과연 이 시기는 우크라이나에게 완전한 암흑의 시대이자 공백의 3세기였을까?

키예프 루스 공국 시대에는 거의 전역에 걸쳐 단일 루스 민족을 이루었지만 이 시기에 이르러서는 러시아, 우크라이나, 벨라루스의 세 민족으로 분화됐다. 그 요인 중 하나로 과거의 키예프 루스 공국이 이 시대에는 모스크바 대공국, 폴란드 왕국, 리투아니아 대공국으로 분할되어 장기간 고정된 것을 들 수 있다. 키예프 루스 공국 말기부터 이미 분화가 시작됐다고 추측되는 언어도 이 시기에 러시아어, 우크라이나어, 벨라루스어로 각각 독립된 언어가 형성됐다. '우크라이나'라는 지명이 만들어지고 우크라이나의 역사를 통틀어 가장 우크라이나답다고 할 수 있는 코사크가 형성된 것도 이 시기다. 그러한 의미에서 이 시기는 냉엄한 3세기였던 동시에 우크라이나의 정체성 형성을 위해 더없이 중요한 시대였다고 할 수 있다.

리투아니아의 확장

리투아니아인은 인도·유럽어족에 속하지만 슬라브도, 게르만도 아닌 독립된 민족이다. 그들은 선사시대부터 발트해 연안에 살았다. 키예프 루스가 정교로, 폴란드가 가톨릭으로 개종한 후에도 예전 그대로의 독자적인 신앙을 지켰다.

13세기 초, 북폴란드의 가톨릭 공은 발트해 연안의 이 이교도들에게 위협을 느끼고 십자군에서 돌아온 독일의 기사들을 발트해 연안 지방에 불러 정주시켰다. 이것이 독일 기사단이다. 이 기사단은 무력과 종교적 에너지로 이교도를 압박했다. 그러나 아이러니하게도 살아남기 위해 독일 기사단과 싸우는 동안 리투아니아인은 점차 힘을 키워나갔고 주변 지역, 특히 슬라브 국가들과 맞설 수 있게 되었다. 키예프가 몽골에게 점령을 당한 13세기 중반, 민다우가스 공(재위 1240?~1263)의 지배 아래 리투아니아는 처음으로 통일을 이루었고 할리치나의 다닐로와 대치했다. 다닐로는 폴란드 및 독일 기사단과 연합하여 민다우가스에게 철저히 대항했기 때문에 이 시점에서 리투아니아는 동부와 남부로의 진출을 완전히 달성하지는 못했다.

스웨덴

발트해

신성로마제국

보헤미아

오스트리아

빈

헝가리

아드리아해

0 200 400km

리보니아

쿠를란드

그단스크

빌뉴스

비스와강

바르샤바

크라쿠프

리비우

볼린

트란실바니아

왈라키아

도나우강

모스크바

모스크바 공국

키예프

드네프르강

자포로제 시치

몰다비아

아조프해

크림한국

바흐치사라이

카파

흑해

콘스탄티노플

오스만 튀르크 제국

폴란드-리투아니아 연합국

민다우가스 공의 동남진 정책은 14세기 초 게디미나스(러시아어로 '게디민', 재위 1316~1341)에 의해 계승됐다. 게디미나스는 리투아니아의 대공이 됐고 지금의 벨라루스의 대부분과 우크라이나 북부를 지배하에 뒀다. 그는 수도를 빌뉴스로 정하고 앞날을 내다보며 자신을 '리투아니아와 루스의 왕'으로 칭했다. 또한 그는 리투아니아 왕조와 폴란드 왕조의 선조가 됐을 뿐만 아니라 러시아·폴란드 명문 귀족 대부분의 선조가 됐다. 러시아사에 빈번하게 등장하는 골리친, 트루베츠코이, 크라킨 공작 가문과 폴란드 역사에서 유명한 차르토리스키, 산구슈코 공작 가문 등이 이에 해당된다.

게디미나스의 사후에도 리투아니아는 판도를 키워 우크라이나의 볼린, 체르니히우, 키예프 지방, 드네프르강 동안의 광대한 지역을 지배하에 뒀다. 당시 키예프의 도시는 완전히 쇠퇴했다고 한다. 1362년, 리투아니아는 불패를 자랑하던 킵차크한국과 싸워 유럽에서 최초로 승리했다. 리투아니아는 우크라이나 중부 포딜리아를 정복하고 할리치 지방(훗날 '할리치나'로 불렸다)을 제외한 대부분의 우크라이나와 벨라루스, 즉 과거의 키예프 루스 공국이 가졌던 판도의 절반 이상을 지배했다. 건국 이래 한 세기 반도 되지 않는 짧은 기간에 당시 유럽 최대 규모의 판도를 거머쥐었다는 점은 실로 놀랍다.

이처럼 급속도로 세력이 확대될 수 있었던 배경은 무엇일까? 먼저 그들의 무력은 앞서 말했듯이 독일 기사단과의 전투를 통해 몸에 익힌 것이었다. 그렇다면 벨라루스와 우크라이나의 땅을 이처럼 빠르게 지배 아래에 둘 수 있었던 동력은 무엇일까? 리투아니아의 두 지역 정복은 매우 원활하게 이루어졌고 귀족과 민중 어느 쪽도 이렇다 할 저항을 하지 않았다. 루스 땅의 주민들에게 몽골인은 완전한 이 방인이었지만 리투아니아인은 그 정도로 위화감을 주지 않았기 때문 이다. 리투아니아인도 침입한 당시에는 이교도였지만 곧 슬라브 문 화에 물들었다. 귀족 대부분은 정교로 개종했고 얼마 지나지 않아 당 시의 루스 언어('루테니아어'라고도 한다)가 리투아니아의 공용어가 됐 다. 리투아니아인은 '오래된 것을 부수지 않고 새로운 것은 가져오지 않는다'는 방침으로 지배했다. 또한 소수였던 리투아니아인은 본토 의 루스계 귀족을 등용하여 그들에게 환영받았다. 이처럼 1~2세대 사이에 리투아니아인은 겉모습도 사용 언어도 모두 루스인이 되어갔 다. 이러한 점에서 후세의 우크라이나 역사가 흐루셰브스키는 키예 프 루스 공국의 전통은 모스크바가 아니라 리투아니아 공국에 의해 계승됐다고 평가했다.

폴란드의 진출

리투아니아 다음으로 우크라이나에 촉수를 뻗은 나라는 폴란드였 다. 슬라브계의 폴란드는 루스 입장에서는 리투아니아보다 가까운 관계였지만 10세기경부터 서방 기독교(가톨릭)를 받아들였기 때문에 동방 기독교(정교)를 받아들인 키예프 루스와 문화적으로는 이질적 인 관계에 있었다. 리투아니아가 루스의 문화를 받아들여 루스에 융 화되어간 것과 달리 폴란드는 루스에게 자신들의 문화를 강요했다. 이 때문에 폴란드의 우크라이나 진출은 원활하게 이뤄지지 않았지만 결국 우크라이나 땅에 훗날까지 길게 남아 우크라이나 역사에 결정적인 영향을 준 것은 리투아니아가 아닌 폴란드 쪽이었다.

폴란드는 13세기에 신성 로마 제국과 독일 기사단에 영토를 내주고 남쪽의 보헤미아, 모라비아에게도 위협받는 상황이었다. 유일한 출구는 동방이었다. 최초로 동방에 진출한 인물은 카지미에시 3세(대왕, 재위 1333~1370)였다. 그는 쇠퇴의 길을 걷던 할리치나-볼린 공국의 약점을 틈타 공위 계승에 간섭했다. 마찬가지로 할리치나-볼린 공국을 잠식하려는 리투아니아와도 싸웠다.

결국 14세기 중엽 할리치나 지방은 폴란드의 지배하에 들어간다. 이후 리비우를 중심으로 한 할리치나 지방은 제2차 세계대전까지 약 4세기 반에 걸친 긴 세월 동안 폴란드에 편입된다.(1772년 제1차 폴란드 분할부터 제1차 세계대전 종결 후까지 오스트리아-헝가리 제국의 지배 아래 있던 1세기 반은 제외한다.) 다른 관점에서 보면 할리치나 지방은 우크라이나의 일부이지만 역사상 한 번도 제정 러시아의 지배 아래 들어간 적이 없었고 소련의 일부가 된 것은 제2차 세계대전 이후이기 때문에 그런 의미에서는 러시아적인 색채가 약하고 서유럽의 영향이 강하다.

폴란드와 리투아니아 연합

카지미에시 대왕에게는 후사가 없었기 때문에 그가 죽은 뒤 폴란드, 리투아니아, 헝가리 왕(공)위의 계승은 복잡해진다. 폴란드 왕위는 조카인 헝가리 왕 러요시 1세(폴란드어로 '루드비크', 폴란드 왕으로 재위 1370~1382)가 겸하기로 했지만, 러요시에게도 아들이 없었던 터라 셋째 딸인 야드비가(폴란드 여왕으로 재위 1384~1399)와 장래의 남편에게 폴란드 왕위를 계승하기로 했다.

폴란드 귀족들은 여왕의 남편감으로 폴란드에 간섭하지 않을 사람을 원했다. 그들이 눈독 들인 이는 게디미나스의 손자이자 리투아니아의 젊은 대공 요가일라(폴란드어로 '야기에우워')였다. 귀족들은 폴란드 왕위에 요가일라를 앉혀주면 감사히 여기고 시키는 대로 할 것이라고 판단했다. 요가일라 입장에서도 일족 내의 내분과 독일 기사단, 모스크바 공국의 위협으로부터 신변을 지키기 위해서라도 폴란드의 제안은 더할 나위 없는 것이었다. 이로써 1385년에는 리투아니아를 폴란드 왕국의 왕관에 편입시킬 것을 약속하는 '크레보 합병Union of Krewo'이 성립됐다. 야드비가와 1386년에 결혼한 요가일라는 폴란드 왕과 리투아니아 대공을 겸했다.(리투아니아 대공으로 재위 1377~1392, 폴란드 왕으로 재위 1386~1434.)

하지만 크레보 합병의 결과로 즉각 리투아니아와 폴란드가 하나의 국가가 된 것은 아니다. 리투아니아는 독자적으로 대공을 옹립하여 폴란드에 대항하는 등 개별 국가로서의 독자성을 장기간 유지했다. 게디미나스의 손자인 비타우타스가 대공이던 시절(1392~1430)에는 리투아니아의 전성기라 할 수 있는 시기를 맞이하여 드네스트르강과 드네프르강에 걸쳐 흑해까지 진출했다. 그러나 점차 폴란드의 힘이 강해지면서 1569년 루블린에서 열린 회의의 결과로 '루블린 연합'이 성립됐다. 이 연합을 통해 공통의 왕, 의회, 외교 정책을 갖는 '연합

국가'(폴란드어로 '제츠포스폴리타')가 형성되기에 이르렀지만 이는 사실상 폴란드에 의한 리투아니아 병합이었다.

한편 우크라이나의 상황을 말하자면, 15세기 전반에 이미 중부 포딜리아 지방이 리투아니아에서 폴란드 지배로 옮겨졌고, 루블린 연합으로 할리치나, 포딜리아에 이어 볼린, 키예프 지방 등도 폴란드 지배 아래 들어간 것이었다. 이로써 우크라이나의 거의 전역이 폴란드 영역이 되어가던 이 시점에 리투아니아의 우크라이나 지배는 끝이 난다.

리투아니아가 폴란드에서 분리되는 시점은 200년 이상 지난 1795년의 러시아, 프로이센, 오스트리아에 의한 제3차 폴란드 분할을 통해 리투아니아가 러시아 제국의 속주屬州가 되는 때다.

리투아니아-폴란드 지배하에 놓인 우크라이나

리투아니아-폴란드의 지배, 특히 폴란드가 지배한 우크라이나 사회의 특징은 귀족의 힘이 강해져 농민이 농노화된 점을 들 수 있다. 폴란드는 왕가의 남계가 끊어지면 인척관계의 외국인이 왕위를 계승했는데, 그때마다 귀족들은 왕의 권한을 제한하고 자신들의 국사 참여와 특권 인정을 요구했다. 귀족들은 국회와 지방 의회를 조직했는데 대귀족(마그나트Magnat)뿐만 아니라 소귀족(슐라흐타Szlachta)까지 참여했다. 더군다나 의회는 만장일치제였기 때문에 귀족 한 명의 반대로 국사를 결정하지 못하는 상황이 발생했다. 16세기 초에는 국회의 귀족 대표 동의 없이 왕은 어떠한 칙령도 내릴 수 없게 됐다. 귀족들은 유럽의 어느 나라보다 왕권을 약화시키는 데 성공했고 야기에우워 왕가 단절 후에는 왕이 귀족의 선거로 선택되는 '선거왕제' 또는 '귀족에 의한 공화제'가 형성되기에 이른다.

귀족은 왕권뿐만 아니라 다른 계층의 권한도 약화시켰다. 이 시기에 우크라이나에는 대도시가 없었기 때문에 시보다는 정町(시 다음으로 작은 일본의 행정구역—옮긴이)이라고 보는 편이 적절한데, 정 전체의 인구는 총인구의 10~15퍼센트 정도였다. 리비우 등 규모가 큰 정은 독일의 자치 도시를 모방한 자치가 인정됐지만 16세기 초, 귀족은 의회에서의 정민 투표권을 박탈했다. 또한 정의 상인들이 외국과 교역하는 것을 금지했다. 외국과의 교역은 귀족이 직접 하게 되어 있어 귀족이 부유해지는 기반이 됐다. 기술자는 정에서 활동하지 못하고 귀족의 영내로 이주했다. 이로써 정은 쇠퇴의 길을 걷게 됐다.

가장 형편이 악화된 층은 농민이었다. 15세기 중반경부터 귀족은 마을의 직접적인 통치에 나섰다. 마을의 자치를 빼앗고 농민생활에도 간섭했다. 결혼할 때도 영주에게 세금을 내야 했을 정도다. 왕은 왕의 직할령 외에는 토지에 관한 주장을 들어줄 수 없었고 지방의 재판소는 모두 귀족의 지배 아래 있었기 때문에 농민들은 자신의 주장을 들어줄 곳을 잃었다. 또한 농민은 토지 소유의 권리를 빼앗겼고 귀족만이 토지 소유의 권리를 가졌다. 이전에는 영주에게 불만이 있으면 마을을 떠날 권리를 가졌지만 이젠 어떠한 이유로도 마을을 떠날 수 없었다. 키예프 루스 시대에 자유로운 민중이었던 농민은 16세기 말에 이르러 대부분이 영주의 농노가 됐다. 서유럽에서는 농노가

사라지던 시대에 동유럽과 우크라이나에서는 농노가 출현한 셈이다.

농민의 입장을 악화시킨 원인에는 외적인 요소도 있었다. 16세기 서유럽에서는 아메리카 대륙에서 유입된 은을 통해 경제가 번영했고 인구가 증가하여 곡물 부족이 일어나면서 가격이 상승했다. 이에 반응한 것이 동유럽, 특히 폴란드-리투아니아의 영주들이었다. 영주들은 이윤에 눈을 떠 상품 작물의 생산에 열을 올렸다. 그러기 위해서는 농민들을 더 심하게 착취해야 했다. 동유럽에서 일어난 곡물 붐에는 우크라이나의 곡창지대가 큰 역할을 했다. 주로 서우크라이나에서 생산된 곡물은 비스와강 어귀의 그단스크까지 옮겨졌고 그곳에서 서유럽으로 수출됐다. 1491~1492년에 1만3000톤이었던 곡물 수출은 1618년에 27만2000톤까지 증가했다. 코페르니쿠스(1473~1543)의 활약으로 대표되는 폴란드의 르네상스 문화 융성은 이렇게 출현한다. 한편 이를 지탱한 우크라이나의 농민들은 영주의 혹독한 장원 경영의 희생양이 됐다.

17세기 중반의 프랑스 축성가이자 지도 제작자인 기욤 르 바실 드 보플랑은 폴란드 왕에게 고용되어 폴란드군과 함께 우크라이나 각지를 여행하며 『우크라이나지誌』(1660)를 저술했다. 우크라이나에서 태어난 코사크의 국민성과 풍습, 관습 등을 서유럽에 상세히 소개하는 서적으로, 보플랑은 폴란드인의 성격에 대해 다음과 같이 기술했다.

폴란드 귀족은 윗사람이나 지사, 대관에게는 겸허하고 사근사근하다. 동료와도 잘 지낸다. 그러나 아랫사람에게는 거만하기 짝이 없다. (…) 그들은 용감하고 무기를 잘 다룬다. (…) 왜냐하면 폴란드인에게는 전쟁 상황이 아닐 때가 없기 때문이다. 그들은 거의 끊임없이 튀르크, 타타르, 모스크바, 스웨덴, 독일 등의 유럽 군주들, 게다가 동시에 두세 나라와 전쟁을 치르기 때문이다.

유대인의 낙원

우크라이나 땅에는 고대부터 유대인이 살았다. 하자르한국은 한때 유대교를 국교로 삼은 적도 있어 당시의 키예프에 살았던 유대인 상인들의 기록도 남아 있다. 유대인은 키예프 루스 시대에 키예프 도시에서 소금 전매를 수중에 넣었고 '유대인의 문'도 만들었다. 그러나 전체적으로 유대인의 수가 많지는 않았다. 우크라이나에서 유대인이 증가하는 시점은 폴란드-리투아니아의 시대가 도래한 이후다.

1264년에 폴란드의 볼레스와프 경건왕敬虔王(재위 1243~1279)은 유대인을 보호하는 법령(칼리슈 조약)을 반포했다. 유대인은 연대 책임을 지고 공들에게 세금을 내는 대신 공들은 유대인에게 보호를 약속하고 자유로운 경제활동을 보장했다. 유대인에게 자치를 행사할 수 있는 교구 설치의 권리도 인정했다. 또한 유대인에 대한 어떠한 공격도 엄격하게 벌했다. 14세기 카지미에시 3세(대왕)는 볼레스와프의 유대인 보호 정책을 한층 더 확대했다. 유대인이 도시와 농촌에서 토지와 가옥을 쉽게 취득할 수 있도록 했다. 카지미에시 3세에게는 '농노와 유대인의 왕'이라는 별명이 붙여졌을 정도다. 카지미에시 대왕을 비롯한 폴란드의 왕들은 몽골 침입 후의 폴란드를 재건하기 위해 외국인의 폴란드 이민을 환영했기 때문에 주로 유대인, 독일인, 아르메니아인 등이 도시로 유입되었다. 그중에서도 13~15세기에 신성로마 제국 내에서 유대인에 대한 박해가 심해지자 폴란드의 유대인 우대 정책에 매력을 느낀 유대인들이 다수 이주해왔다.

리투아니아에서는 14세기 말 비타우타스 대공이 마찬가지로 관대한 유대인 우대 정책을 내놓았다. 그 결과, 리투아니아가 지배하는 우크라이나에도 독일·폴란드의 유대인들이 이주해왔다.

유대인은 먼저 도시의 상인, 수공업자가 됐다. 다음으로 농촌에도 진출했다. 그들은 금전 감각과 사무 능력이 뛰어났기 때문에 농촌에서는 귀족의 장원莊園 관리인이 됐다. 장원 전체의 경영을 맡은 사람도 있었다. 관리인이 된 유대인은 농민을 지배하고 그들에게 돈을 빌려줬다. 영주 밑에서는 여관, 술집, 제분소, 제재소 등을 경영했다. 이처럼 유대인은 영주와 농민 사이에서 농민의 노동 성과를 영주의 주머니에 넣어주는 파이프 역할을 맡았다. 이 때문에 유대인을 영주의 앞잡이로 간주했고, 이 지역에서 훗날 유대인 대학살이 일어나는 간접적인 원인도 여기에 있었다.

유대인이 보호를 받았다고는 해도 기독교회는 유대인에게 적대적이었고 기독교도 상인은 유대인을 배제하려고 했다. 그러나 왕과 귀족은 유대인으로부터 이익을 얻고 있었기 때문에 이러한 시도는 대부분 성공하지 못했다. 이처럼 당시의 폴란드-리투아니아 영역에서는 다른 유럽 국가들에 비하여 유대인이 살기 좋은 환경이 형성됐다. 여기서 '폴란드는 농민의 지옥, 도시인의 연옥, 귀족의 천국, 유대인의 낙원'이라는 속담이 생겨났다. 1565년에 어느 대주교 특사는 폴란드에서 다음과 같이 보고했다.

> 그들(유대인)은 다른 지역에서 보이는 것처럼 멸시를 받고 있지 않습니다. 그들은 굴종 상태에서 생활하지 않으며 천한 직업에 한정되어 있지도 않습니다. 그들은 토지를 소유하고 상업에 종사하며 의학과 천문학을 배우고 있습니다. 큰 부를 소유하고 보통 사람들로 여겨질 뿐만 아니라 때로는 그들에게까지 지배력을 행사하고 있습니다. (⋯) 한마디로 말하면 시민의 모든 권리를 갖고 있습니다.
> ―하우만, 『동방 유대인의 역사』

한편 1500년경의 유대인 인구는 폴란드와 리투아니아에서 각각 약 1만8000명, 6000명으로 총인구의 약 1퍼센트로 추정됐으나 1648년경에는 전체 약 50만 명, 인구 대비 5퍼센트에 달했다.

우크라이나에서는 특히 1569년의 루블린 연합으로 폴란드가 새로운 영지를 획득하자 대귀족(마그나트)들이 신개척지의 장원화에 나섰다. 장원 관리인으로 유대인이 필요해지면서 유대인의 동방으로의 대규모 이주가 시작됐다. 그 결과, 우크라이나에서는 17세기 전반 50년 동안 유대인 인구가 4만5000명에서 15만 명으로 증가했다.

유대인의 폴란드·우크라이나 이주에 대해 조금 상세하게 기술한 이유는 이 시기의 이주가 후세에 큰 영향을 줬기 때문이다. 19세기와 20세기의 러시아 제국·소련에서 유대인이 정치·경제·문화 방면으로 화려한 활약을 펼쳤는데, 그들 대부분이 이 시기에 폴란드로 이주한 유대인의 자손이다. 모스크바 대공국과 러시아 제국에서는 시대에 따라 다소 변화는 있지만 전반적으로 유대인의 국내 거주를 금지했기 때문에 거주했다고 해도 소수였다. 한편 폴란드-리투아니아가 우크라이나와 벨라루스를 영유하게 되어 그 지역에 유대인이 퍼졌지만, 18세기 말의 폴란드 분할로 러시아가 벨라루스와 대부분의 우크라이나를 획득하면서 그 땅에 사는 유대인 대부분을 끌어안게 된다. 원칙적으로 유대인은 정주 구역으로 설정된 우크라이나와 벨라루스를 벗어날 수 없었기 때문에 러시아 제국 내의 유대인에게는 이 두 지역이 주요 거주지였다. 트로츠키, 지노비에프, 카가노비치, 샤갈, 에렌부르크와 같은 유대인이 이 두 지역 태생인 것은 그러한 이유에서다. 현재 미국에는 많은 유대인이 사는데, 그중 상당수가 구舊러시아 제국·소련에서 이주해온 유대인의 자손이다.

우니아트의 탄생

키예프 루스 시대에 루스의 땅에 뿌리내린 정교는 루스인과 정교도를 동의어라고 말할 수 있을 정도의 존재가 됐다. 몽골·킵차크한국과 초기 리투아니아에서는 지배자가 종교 면에서 관용적이었다. 그러나 우크라이나는 두 가지 방향에서 문제가 발생했다.

첫째는 우크라이나의 땅이 정치적으로 약해지자 정교의 중심이 키예프를 벗어난 점이다. 루스 전체를 통괄하는 키예프의 부주교는 '키예프 부주교'(정확하게는 '키예프와 전숲 루스의 부주교')를 자칭했지만 이미 13세기 중반 몽골에 의한 정복 이후 실제로는 루스의 동북 지방인 블라디미르와 모스크바에 거주했다. 그리고 1326년에는 '키예프 부주교좌'를 최종적이고 항구적으로 모스크바에 두게 됐다. 모스크바 공국의 융성에 따른 움직임이었다. 비잔티움 제국 이후 정교에서는 국가와 종교가 불가분의 관계로 맺어져 있었고 국가가 종교를 보호해왔지만, 우크라이나에서 정교를 보호할 강력한 정치권력이 사라진 이상 어쩔 수 없는 결과였다.

둘째는 폴란드의 가톨릭에서 기인한 문제다. 루스와 정교가 동의어인 것처럼 폴란드와 가톨릭도 동의어였다. 특히 폴란드에서는 예수회의 분투로 프로테스탄트의 공세를 누르는 데 성공하여 가톨릭의 기반이 한층 더 확고해졌다. 폴란드 귀족은 루스 귀족에 비해 많은 특권을 갖고 있었기 때문에 정교도인 루스 귀족 입장에서는 가톨릭으로 개종하여 폴란드화하는 것이 폴란드 귀족과 대등해지는 길이었다. 이러한 이유로 많은 루스 귀족이 가톨릭교도가 됐고 언어와 관습도 폴란드화됐다. 지방의 소귀족과 농민은 정교를 지켰지만 정교와 루스의 언어는 하층계급의 것으로 간주됐다. 이러한 편견은 제2차 세계대전 때까지 이어졌다. 정교도인 대귀족을 잃은 우크라이나의 민중은 지도자를 잃은 것과 마찬가지였고 정치력, 문화, 교육 면에서도 약체화되어갔다.

가톨릭과 정교로 분열된 기독교회를 통합하려는 시도는 이전부터 있었지만, 우크라이나를 지배 아래에 둔 폴란드 역시 우크라이나의 정교를 가톨릭과 통합하려고 계획했다. 로마 대주교도 우크라이나와 벨라루스를 모스크바의 영향 아래에서 배제하기 위해 통합에 힘을 썼다. 정교 측에서도 이러한 움직임에 동조하는 자가 나타났다. 그리고 이 문제를 해결하기 위해 1596년 브레스트에서 회의가 열렸지만 결론을 내지 못하고 결국 일부만이 가톨릭과 합동하게 된다. 정교는 분열됐고 기존의 정교와는 달리 '우니아트uniate(통합교회)'라는 우크라이나만의 새로운 교회가 탄생하게 된다. 우니아트는 그리스 정교와 가톨릭의 절충안이라는 의미에서 '그리스 가톨릭'이라고도 불린다.

우니아트는 정교의 전례에 따라 율리우스력을 사용하고(가톨릭은 그레고리력을 사용했다) 성직자의 결혼도 인정했지만 로마 대주교에게 복종했다. 예를 들어, 예배용 의자가 가지런하게 늘어서 있는 가톨릭 교회와는 달리 정교는 의자를 놓지 않고 서서 예배한다. 우니아트 교회도 서서 예배를 한다. 우니아트는 훗날 드네프르강 우안右岸 지방의 주요 종교가 됐다. 그러나 훗날의 일이지만 그 지역들이 러시아 제국령이 된 후에도 우니아트가 로마 대주교에 대한 충성을 멈추지 않자 러시아 제국 내에서는 금지된다. 다만 오스트리아·헝가리 제국의 통치(1772~1918) 아래 있던 우크라이나에서만 우니아트가 존속했다. 그러던 중 제2차 세계대전 후 이 지역들도 소련령에 들어가면서 우니아트는 금지됐다. 이와 같은 과정을 통해 우니아트는 우크라이나 내셔널리즘의 한 상징이 됐다. 무엇보다 우크라이나가 외세에 시달리던 시대에 지극히 우크라이나다운 우니아트의 출현은 매우 흥미롭다.

모스크바 대공국과 크림한국의 대두

키예프가 쇠퇴하는 동안, 우크라이나 동북쪽에서는 공국 중에서 모스크바 공국(훗날 대공국)이 강대해지기 시작했다. 1480년, 모스크바 공국이 킵차크한국의 지배에서 벗어나면서 2세기에 걸친 '타타르의 멍에'는 끝났다. 제2의 로마라 할 수 있는 비잔티움 제국의 콘스탄티노플이 1453년 오스만튀르크에 의해 멸망했기 때문에 모스크바는 자신들이야말로 '제3의 로마'이자 기독교 세계의 맹주가 될 것이라는 이데올로기를 만들어낸다. 이반 3세(재위 1462~1505)는 '전全 루스의 군주'를 칭하고 예전 키예프 루스 공국이었던 땅을 모두 자신의 땅이라고 주장했다. 15~16세기에 모스크바 대공국과 리투아니아 대공국은 예전 키예프 루스의 땅을 둘러싸고 장기간에 걸쳐 싸웠으며, 모스크바는 서서히 리투아니아의 영토를 도려내갔다. 이로써 리투아니아는 체르니히우, 스몰렌스크, 폴로츠크 지방을 잃는다. 이반 4세(뇌제雷帝, 재위 1533~1584)는 최초로 '차르tsar'로 대관했다(1547).

한편 우크라이나 남쪽에서는 14세기 말경부터 킵차크한국이 내부 분쟁과 리투아니아, 티무르 제국 등의 침공으로 약해졌고 변경지역에서는 카잔한국, 크림한국 등이 독립했다. 킵차크한국은 1502년에 멸망했다. 크림한국을 강대하게 만든 타타르인 맹글리 기레이(재위 1478~1514)는 칭기즈칸의 후예로 불렸다. 그러나 크림한국은 크림반도 남안에서 무역의 실권을 잡은 제노바인의 도시들을 지배할 수 없었다.

그 시기에 진출한 것이 오스만튀르크 제국이다. 콘스탄티노플을 공략하여 비잔티움 제국의 숨통을 끊은 오스만튀르크의 메흐메드 2세(재위 1451~1481)는 흑해 북안에도 촉수를 뻗어 흑해를 '튀르크의 바다'로 만들려고 했다. 오스만튀르크의 술탄은 킵차크한국의 정치적 계승자를 자처하고, 1475년에 제노바가 지배하는 카파를 비롯한 크림반도의 도시들을 손에 넣었다. 크림한국은 오스만튀르크의 강력함을 실감하자 종주권을 인정하지 않을 수 없었다. 크림한국은 오스만튀르크가 일으키는 전쟁에 병사를 보내고 제국의 북쪽을 지키는 등 오스만튀르크의 속국이 됐지만 16세기에는 비교적 독립을 이루었다.

크림한국은 타타르인의 이슬람 국가다. 타타르 중에는 크림반도에 거주하며 주로 농민으로 구성된 크림 타타르와 흑해 북안에서 유목 생활을 하는 노가이 타타르가 있었다. 노가이 타타르는 크림한국의 종주권 아래 있었지만 실제로는 자유롭게 행동했다. 앞서 이야기한 『우크라이나지』의 저자인 보플랑은 타타르에 대해 다음과 같이 기술했다.

> 그들은 용감하고 든든한 병사다. 지치지 않으며 바깥의 한기도 잘 견딘다. 일곱 살이 되면 그들의 주거인 천막에서 나와 길바닥에서 자기 때문이다. 그 나이 때부터 자신이 활로 쏘아 잡은 것만 먹게 한다. 그래서 부모는 아이에게 제대로 활을 쏘는 방법을 가르친다. 열두 살이 지나면 부모는 아이를 전장으로 보낸다. 어머니는 소금을 넣은 물로 아이를 매일 씻겨 피부를 단단하게 만들어 추위에 둔감하게 한다. 이것은 겨울에 강을 헤엄쳐 건너야 할 때를 대비한 것이다.

크림한국의 경제는 노예 무역으로 이루어졌다. 오스만튀르크는 군과 하렘을 유지하기 위해 끊임없이 노예를 필요로 했다. 새로운 속국인 크림한국은 그 노예의 주요 공급원이었다. 노가이 타타르는 슬라브의 도시와 촌락에서 사람들을 유괴하여 크림한국에 팔았다. 다만 노예로 팔린 모든 이가 비참한 생애를 보낸 것은 아니다. 예외도 있었다. 할리치나 지방 로하틴의 사제의 딸, 아나스타샤 리소프스카(1505~1558 또는 1561)는 열다섯 살에 크림 타타르인에게 붙잡혀 노예로 팔렸다. 그녀는 오스만튀르크의 술탄 술레이만 대제(재위 1520~1566)의 하렘에 들어갔다. 그곳에서 그녀는 술탄의 총애를 받아 훗날 단 한 명의 황후가 된다. 그리고 40여 년에 걸쳐 국정에 강한 영향력을 행사했다. 또한 술탄과 그녀 사이에 태어난 셀림은 후계 술탄이 됐다. 콘스탄티노플에 주재한 베네치아의 역대 대사들은 보고할 때 그녀를 '록셀라나'라고 불렀다. 그 이름은 루스 여자라는 의미의 라틴어였지만, 훗날 아예 그 이름으로 불리게 됐다. 우크라이나에서 그녀는 전설적인 인물로 남아 오페라와 연극의 소재가 되기도 했다.

이 시대에도 유목민이 유괴한 사람들을 크림 남안의 도시들을 통해 콘스탄티노플과 중근동에 노예로 파는 이 땅의 오랜 전통은 계속됐다. 또한 유괴의 횡행으로 스텝 초원지대 북쪽의 농촌지대는 인구가 희박해졌다. 풍부한 잠재력을 지녔지만 위험하고 인구가 희박한 이 지역에 대두한 것이 다음 장에서 다룰 코사크다.

크림한국은 1783년 예카테리나 2세의 명을 받은 포템킨에 의해 멸망했지만, 수도 바흐치사라이의 궁전은 지금도 남아 있다. 이곳을 방문했던 나는 지금은 유럽화된 크림 지역 산골짜기에 순수 이슬람풍 목조 궁전이 홀연히 나타나는 것을 보고 마치 마법에 걸린 듯 불가사의한 감정에 사로잡힌 적이 있다. 19세기 초 이곳을 방문한 러시아의 시인 푸시킨(1799~1837)도 이 궁전의 이국적인 분위기에 매료되어 칸의 하렘으로 잡혀 들어간 폴란드 아가씨의 비극을 서정시 「바흐치사라이의 샘」(1823)에 담아냈다. 이 시는 발표 당시부터 운율이 로맨틱하게 아름답다고 평가받았으며 지금까지도 많은 사람에게 사랑받고 있다. 그중 한 소절을 소개한다.

북쪽의 나라를 끝끝내 버리고
향연의 즐거움도 오랫동안 잊은 채
망각 속에 잠시 쉴 수 있는 궁전
나는 바흐치사라이를 찾아갔다.
고요한 회랑 사이를 나는 헤매었다.
제국 민중의 채찍이었던
광폭한 타타르인이 연회를 베풀고
습격의 공포를 안긴 후
화려한 무위에 잠긴 그곳에.
지금도 여전히 일락逸樂의 기운이 감도는
물이 아롱대고
장미가 불그스름해지고

포도 덩굴은 엉클어지고

벽은 금빛으로 빛난다.

긴 세월이 흐른 흔적을 본

그 화려했던 한때, 저편에서는

호박 염주를 만지작거리며

정적 속에 궁녀들이 한숨을 쉬고 있었다.

우크라이나의 어원

'우크라이나'라는 단어 자체가 우크라이나인의 자존심과 관련된 문제를 제기한다. 지금까지 러시아(소련)사를 바탕으로 한 학설에서 우크라이나의 원래 의미는 '변경지대邊境地帶'였다. 변경이란 당시의 폴란드와 리투아니아에서 봤을 때 변경이라는 뜻이다. 현재 우크라이나에서는 당시의 '우크라이나'라는 단어에는 변경의 의미가 없었고 단순히 '땅'(영어로 '랜드') 또는 '나라'를 의미했다는 설이 대두되고 있다. 우크라이나라는 단어가 최초로 나타난 다음 문헌들의 용례로 볼 때 변경을 의미하는 단어라면 앞뒤가 맞지 않을 뿐 아니라 자신들의 땅과 나라를 자긍심을 갖고 변경이라 불렀을 리가 없다는 주장이다.

'우크라이나'의 어간에 해당되는 'krai'는 원래 슬라브어로 '자르다, 나누다'라는 의미다. 현재 러시아어·우크라이나어에서도 명사 'krai'는 '가장자리' '지방' '나라'라는 의미가 있다. '우크라이나'가 문헌에 등장한 때는 12~13세기다. 『키예프 연대기』는 1187년 페레야슬라프 공국의 볼로디미르 공이 죽었을 때 '우크라이나는 그를 위해 슬퍼 탄식했다'고 기술했다. 이 연대기는 어느 공이 '할리치나의 우크라이나'에 도착했다고도 기록했다. 『할리치나-볼린 연대기』는 1213년 공이 되기 전의 다닐로가 '브레스트, 우프레브스크 등 모든 우크라이나를 재통일했다'고 기록했다. 이러한 용례로 볼 때 '우크라이나'는 '변경지대'라는 의미보다는 단순히 '땅'이나 '나라'를 의미하는 보통명사였다고 보는 편이 타당하다. 설령 변경이라는 의미의 단어에서 파생했다고 하더라도 모스크바 혹은 훗날 러시아 제국의 입장에서 본 변경의 의미는 아니었음이 확실하다. 12~13세기의 모스크바 지방은 동일한 혹은 그 이상의 변경지역이었기 때문이다.

16세기가 되자 '우크라이나'는 비로소 특정한 땅을 가리키게 된다. 코사크의 대두와 함께 '우크라이나'는 드네프르강 양안으로 펼쳐지는 코사크 지대를 가리키게 됐다. 예를 들어, 1622년 코사크의 지도자(헤트만)인 사하이다치니는 폴란드 왕에게 보내는 서신에서 '우크라이나, 우리의 정통이자 영원한 고국' '우크라이나의 도시들' '우크라이나의 민중' 등의 표현을 사용했다. 코사크에게 '우크라이나'는 조국이라는 의미를 담은 정치적, 시적인 단어가 됐고 코사크 지도자의 선언과 문서에는 조국의 의미로 사용된 '우크라이나'가 반복해서 등장한다.

19세기가 되어 러시아 제국이 우크라이나의 대부분을 지배하에 두게 된 즈음에는 '우크라이나'가 현재의 우크라이나 땅 전체를 가리키는 단어가 된다. 그러나 당시 러시아 제국은 우크라이나의 땅을 공식적으로 나타낼 때 '소小러시아'라는 단어를 사용했다. 19세기의 우크라이나 민족 시인 셰브첸코는 '소러시아'를 굴욕적이고 식민지적인 예속의 단어로 여겨 배제하고 '우크라이나'를 코사크 영광의 역사와 나라의 독립에 연결지어 사용했다.

'우크라이나'가 단기적이지만 독립국의 정식 명칭으로 사용되려면 무려 1917년 우크라이나 민족주의자에 의해 '우크라이나 국민공화국' 수립 선언이 이루어질 때까지 기다려야만 했다.

우크라이나는 영어로 'Ukraine'이고 현재의 국명도 관사 없이 'Ukraine'로 쓴다. 관사를 붙여 'the Ukraine'이 되면 보통명사인 '변경지대'에 정관사를 붙여 쉽게 고유명사화한 가벼운 느낌이 들어서인지, 아니면 러시아나 소련의 변경지대로 얕보이는 어감이 들어서인지, 현재 우크라이나 정부와 민족주의자들은 이 표기를 선호하지 않는다. 실제로 우크라이나 정부는 외국 정부에 'Ukraine'을 표기할 때 관사를 붙이지 말라고 한다. 그도 그럴 것이 우크라이나와 유럽, 미국의 학자가 저술한 우크라이나사는 'History of Ukraine'인 데 반해 소련 시대에 러시아 중심주의의 관점에서 쓰인 우크라이나사는 'History of the Ukraine'으로 표기되어 있다.

제4장

코사크의 영광과 좌절

코사크의 출현

15세기경부터 우크라이나와 러시아 남부 스텝 초원지대에 거주하던 이들은 출신을 따지지 않는 자치적인 무장 집단을 형성했다. '코사크'(러시아어로 '카자크')란 그 집단과 구성원들을 일컫는다.

13세기 중반 키예프 루스가 해체된 후, 남쪽 초원지대는 몹시 황폐해졌고 인구는 희박해졌다. 강대함을 과시하며 초원을 지배했던 킵차크한국도 14세기 말부터 쇠퇴하기 시작해 15세기 말~16세기 초에는 해체되기에 이르렀고 크림한국 등 몇몇 한국으로 분열됐다. 이들 한국에 복종을 다 하지 않은 노가이 타타르 등의 유목민이 스텝 초원지대에서 횡행하여 루스인의 도시와 촌락을 습격하고 노예사냥을 하기에 이르자 이 지대는 점점 더 무인의 땅이 되어갔다. 1450년부터 1586년에 걸쳐 86회의 타타르 습격이 있었다는 기록도 남아 있다.

그러나 우크라이나로 불리게 되는 이 개척지는 위험하지만 그 이상으로 풍요롭고 매력적인 땅이기도 했다. 15세기에는 이미 서북쪽의 인구 과밀 지대에서 드네프르강과 그 지류로 물고기, 들소, 말, 새 알 등을 구하러 오는 사람들이 있었다. 최초로 찾아온 이들은 폴란드-리투아니아 영내의 가난한 하급 지주와 주민들이었다. 그들은 초창기에는 이곳에 며칠 동안만 머무르더니 점차 여름철 내내 머물렀다. 여름철에만 농사를 짓는 사람들도 나타났다. 여름이 지나면 생선, 짐승 가죽, 말, 벌꿀을 챙겨 집으로 돌아갔다. 돌아가는 길에 관리인에게 몫을 떼이는 것이 억울했던 용감한 이들은 마침내 겨울이 찾아와도 돌아가지 않고 머물렀다.

변경지대가 풍요롭다는 소문은 과장되어 퍼져나갔다. 16세기의 한 문헌은 '이 땅의 토양은 비옥하여 백배로 수확한다. 풀이 빨리 자라 밭에서 괭이를 잃어버린 후 사나흘이 지나면 괭이를 찾을 수 없다. 꿀벌은 고목뿐만 아니라 동굴에도 꿀을 저장하므로 당연히 꿀샘이 있다. 물 위에 칼을 세우면 물고기가 너무 많아 칼이 수직 상태를 유지한다. 봄에 들새 알을 가지러 가면 오리, 기러기, 학, 백조의 알로 배가 만선이 된다'는 등 과장된 이야기를 전했다. 이 변경의 땅이 어떻게 보였는지 알 수 있는 대목이다.

위험에 개의치 않고 자유와 풍족함을 위해 머문 사람들은 타타르의 노예사냥에 대비하여 자신을 지켜야 했다. 16세기 초에 이르자 그들은 무장 조직을 만들었다. 무력을 익히자 이번에는 그들도 타타르를 습격할 수 있게 됐다. 타타르의 가축을 훔치고 튀르크인과 아르메니아인 대상隊商을 습격했다. 또한 크림한국과 도나우강 하구 지대의 오스만튀르크 제국 내 도시와 촌락을 습격했다. 타타르의 방식을 답습한 것이다. 그들이 타타르인과 달랐던 점은 정교의 옹호자를 임명하여 크림한국에서 노예가 된 정교도 루스인을 해방하는 데 힘을 쏟은 것이다. 그리고 이들이 '코사크'라고 불리게 됐다. 코사크는 튀르크어로 '노획품으로 생활하는 사람' 혹은 '자유의 민족'을 의미하는 단어로, 이전부터 폴로브치인들 사이에서 사용됐다. 원래는 유목 민족 타타르를 대상으로 쓰인 단어였는데 훗날 비슷한 행동을 하는 슬라브계 사람들을 지칭할 때도 사용하게 된 것이다.

타타르와의 싸움과 모험적인 생활은 많은 사람을 매료시켰다. 앞장에서 기술한 바와 같이 폴란드-리투아니아에서는 농민에 대한 영주의 억압이 혹독했던 터라 이를 견디지 못한 사람들이 도망쳐 나와 코사크에 합류했다. 또한 모험심으로 합류한 귀족과 도시 주민도 있었고 몰다비아, 유대, 튀르크, 타타르 등 슬라브계 이외의 사람들도 합류했다.

코사크 중에는 리투아니아와 폴란드의 국경 수비대나 대영주의 사병으로 쓰이는 이들도 있었다. 드네프르강 중하류에는 체르카시, 카니우, 치히린 등 그들이 거주하는 마을이 여러 곳 형성되어 '코사크 마을'로 불렸다. 16세기 말까지 코사크 마을은 왕으로 임명된 '헤트만'이 이끌었다. 훗날 코사크는 헤트만을 코사크 전체의 수령으로 선출했는데, 초기에는 대부분이 왕으로 임명된 귀족이었다. 정부의 관리인이기도 한 헤트만이 통솔하는 코사크는 종종 타타르를 습격했다.

우크라이나의 슬라브인에게 사용됐던 코사크라는 단어가 문헌상 최초로 등장한 것은 1492년이다. 키예프와 체르카시의 사람들이 타타르의 배를 약탈했다며 크림의 칸이 리투아니아 대공에게 항의하자 대공이 우크라이나의 코사크를 조사하겠다고 약속한 내용이다. 이듬해, 크림의 칸은 드네프르강 하구에 있는 크림한국의 오차키프 요새를 파괴한 체르카시의 대관과 그 부하를 '코사크'라고 불렀다.

코사크 마을에 만족하지 못하고 좀더 큰 자유를 찾아 나선 드네프르강 하류의 거주자들은 '시치'라 불리는 요새화된 거점을 구축했다. 이것이 점차 발전하여 1530년경에는 타타르와 폴란드의 관리인으로부터 안전한 곳이자, 드네프르강 하류의 급류 너머에 있는 강 안의 섬에 주요 시치가 만들어졌다. '여울의 맞은편'이라는 의미의 '자포로제'(우크라이나어로 '자포리자')가 지명이 됐고 그 거점은 '자포로제 시치', 그곳의 코사크는 '자포로제 코사크'로 불렸다. 그사이 자포로제는 우크라이나 코사크의 중심지가 됐고 러시아 변경의 돈 코사크 등과 구별하기 위해 우크라이나의 코사크 전체가 자포로제 코사크로 알려졌다.

정치적 세력으로의 성장

코사크의 수가 증대하여 군사력이 높아짐에 따라 대규모 '원정'이 이루어졌고 선단을 조직하여 멀리 콘스탄티노플과 소아시아의 해안 도시까지 습격했다.(이것은 키예프 루스 공국 시대의 루스인이 했던 방식과 같다.) 앞서 말했듯이 크림한국과 오스만튀르크는 종종 코사크의 침략에 대해 폴란드에 항의했다. 코사크는 폴란드를 위해 모스크바 공국 등과도 싸워 용맹함을 떨친 바 있다. 17세기 초에는 드네프르강 중하류 지대에서 확고한 세력을 쌓아 올렸다. 이처럼 코사크는 주변 국가들에게 두려운 존재인 동시에 기독교 세계와 이슬람 세계의 경계선에 자리한 하나의 정치·군사 세력으로서 여러 나라로부터 인정받게 됐다.

코사크의 힘이 강해지자 이를 이용하려는 세력도 나타났다. 신성 로마 제국 황제와 로마 대주교는 반反오스만튀르크 십자군을 일으키기 위해 코사크에 사절을 보낸 적도 있다. 결국 이 계획은 실현되지 않았지만 코사크를 가장 빈번하게 이용한 사람은 폴란드 왕이었다.

먼저 타타르와 튀르크로부터 폴란드 본토를 지키는 방패가 됐다. 폴란드에서는 귀족의 힘이 강했기 때문에 전쟁을 하려면 왕이 전쟁 비용을 조달하기 위해 귀족이 지배하는 의회의 승인을 받아야 했다. 그러나 의회는 좀처럼 왕의 전쟁 제안을 승인하지 않았다. 이 때문에 왕은 귀족에게 의존하지 않는 전력으로 코사크의 존재에 눈을 돌렸고 모스크바 공국, 오스만튀르크 제국 등과의 전쟁에서 코사크군에 의존했다.

한편 코사크는 다루기가 까다로웠다. 크림과 튀르크에 대한 코사크의 습격도 도가 지나치면 더는 참지 못하게 된 크림과 튀르크의 화살촉이 폴란드를 향할 우려가 있었기 때문에 적당한 통제가 필요했다. 그러나 코사크는 독립 불기의 정신이 강해 순순히 명령에 따르려 하지 않았다. 또한 폴란드의 정규군과 비교해서 대우가 낮을 뿐 아니

라 정부가 자치를 존중해주지 않는다는 불만을 품고 반란을 일으킬
수 있었다. 너무 강해서도, 너무 약해서도 안 되는 존재였던 것이다.

이러한 과정을 통해 1572년 폴란드 왕이 고안한 것은 등록제도다.
등록한 코사크에게는 왕의 군인이라는 지위를 인정하고 복무에 대
한 급료를 지급하는 대신 코사크는 왕의 통제에 따라야 한다. 코사크
는 스스로 자신들의 지도자를 선출할 수 있고, 동료가 재판을 중재할
수 있을 뿐만 아니라 토지 소유도 보장됐다. 등록제도를 통해, 특히
등록 코사크의 수를 조작(당초 300명에서 1630년에는 8000명까지 증가했
다)함으로써 폴란드 왕은 값싼 군사력을 확보함과 동시에 어느 정도
코사크를 통제 아래 두는 데 성공했다. 코사크 입장에서도 등록 자체
는 환영할 만한 일이었지만 등록 수가 한정되어 있었기 때문에 이후
로는 등록 수를 늘려달라는 코사크의 끊임없는 요구가 왕과 코사크
사이의 쟁점이 된다. 또한 토지 소유권을 갖게 된 등록 코사크가 지
주화 및 보수화되자 현상 타파를 원하는 가난한 미등록 코사크와의
사이에서 이해 충돌이 발생했고 이 역시 훗날 코사크 사회의 심각한
문제로 번진다.

조직과 전투 방법

대부분의 코사크는 평소에 드네프르강을 중심으로 한 지역의 도시
와 촌락에서 가족들과 함께 살며 농업을 영위했다. 밭을 경작하면서
도 총과 검은 손에서 놓지 않았다. 봄여름에는 수천 명이 시치로 향
했고 그곳을 거점으로 전쟁과 약탈을 위한 원정, 어로, 수렵에 종사

했다. 코사크 군단의 중심이 된 자포로제 시치는 앞서 말했듯이 드네프르강 안의 섬에 자리했고, 흙으로 쌓은 성채와 나무로 된 담으로 둘러싸여 있었다. 그곳에는 남자만 들어갈 수 있었고 중앙에는 광장, 교회, 학교, 무기 탄약고, 간부의 자택 등이 있었다. 시치의 인구는 통상 5000~6000명으로 전성기에는 1만 명에 달했다. 시치 밖에 있는 시장인 바자르Bazar에는 유대인 등 비非코사크의 상점들이 늘어서 있었다. 겨울에는 몇백 명만 시치에 남겨두고 대부분이 도시와 촌락으로 돌아갔다.

자포로제 시치의 정치는 평등 원칙에 따라 이루어졌다. 군사 행동(전쟁과 약탈을 위한 원정)이나 외국과의 동맹 등과 같은 중요 사항은 '라다Rada'라고 부르는 전체 회의에서 결정됐다.(라다는 현재 독립 우크라이나의 의회명으로 쓰이고 있다.) 코사크들은 모피로 만든 모자를 들어올리거나 던지거나 혹은 큰 목소리로 찬반 의사를 표시하기도 했다. 코사크의 수령인 헤트만은 초기에는 폴란드 왕에 의해 임명됐으나 나중에는 라다 출석 수 전원에 의해 선출됐다. 이처럼 선출된 헤트만은 특히 군사 면에서 독재적인 권한을 행사했다. 동료를 사형시키는 권한도 가졌다. 그러나 전투에서 패배하면 지휘의 과실을 이유로 헤트만이 사형되는 일도 있었다. 헤트만 아래 장로 그룹(스타르시나)을 포함하여 코사크의 조직은 헤트만, 스타르시나, 라다로 구성됐다. 또한 코사크군은 10명으로 구성된 소대, 10소대로 구성된 중대, 5중대 즉 500명으로 구성된 연대로 단계가 올라갔다. 1590년대의 코사크군 전체의 수는 2만 명이었다고 한다.

코사크는 원칙적으로 싸움의 목적을 정교의 옹호, 우크라이나 보호, 코사크의 자유와 정치의 옹호 등에 뒀는데, 16세기의 폴란드 문헌에 따르면 전쟁 전에 지원병을 모집하기 위해 도시와 촌락을 순회하던 코사크의 사자는 '기독교 신앙을 위해 찔려 죽고 싶은 자, 십자가를 위해 찢기고 싶은 자, 극형의 고통에 직면하고픈 자, 죽음을 두려워하지 않는 자는 우리와 함께 가야 한다'는 격문을 내걸었다고 한다.

코사크는 육상뿐 아니라 해상 군사 행동에도 뛰어났다. 앞 장에서도 인용한 보플랑은 코사크의 해전 모습을 다음과 같이 기록했다.

코사크는 바다로 원정을 떠날 때 왕의 허락을 받지 않고 라다에서 이를 결정한다. 그들은 길이 약 18미터, 폭 3∼3.6미터, 깊이 약 3.6미터의 용골이 없는 차이카(갈매기)로 불리는 목조 선박을 만든다. 신속하게 도망갈 수 있도록 키를 배 앞뒤에 붙인다. 한쪽 뱃전에 10∼15개의 노를 달아 젓는데 튀르크의 갤리선보다 빠르다. 타타르에 대한 대원정 시에는 60여 명이 2주 동안 80∼100척의 배를 완성한다. 한 척에는 50∼70명이 탄다. 한 명당 두 자루의 총과 한 자루의 칼을 지닌다. 각 배에는 네댓 개의 소형 대포를 싣는다. 그 밖에 식량, 탄약, 사분의四分儀(망원경 이전에 사용된 천체 관측기구—옮긴이)를 싣는다. 코사크의 배는 30∼40시간 만에 아나톨리아의 해안에 도착하여 도시를 습격하고 약탈한 후 불태운다. 그리고 노획품을 챙겨 배로 돌아온다.

코사크의 배는 수면에서 높이가 70∼80센티미터밖에 되지 않기 때문에 키가 큰 튀르크의 갤리선이 코사크의 배를 발견하기도 전에 코사크 배가 갤리선을 발견한다. 코사크의 배는 돛대를 내려 서쪽에서 접근하여 갤리선에서는 보이지 않지만 자신들은 상대가 보이는 거리를 유지하며 망을 본다. 그리고 한밤중에 전속력으로 노를 저어 가까이 다가간다. 승조원의 반은 노를 젓고 반은 전투 준비를 한다. 갤리선은 돌연 80~100척의 배에 둘러싸였음을 알아차린다. 결국 갤리선은 약탈을 당하고, 코사크가 노획품을 챙기고 나면 갤리선과 선원들은 물속으로 가라앉는다.

국민성과 생활

코사크는 아마 천으로 만든 소매가 긴 상의와 헐렁한 바지를 입고 가죽으로 만든 장화를 신었다. 머리에는 모피로 만든 모자를 썼다. 긴 콧수염을 늘어뜨리고 머리카락은 한 움큼만 남기고 깎았다. 이 방식은 타타르의 풍습을 모방한 것이지만, 같은 아시아 유목민인 만주족의 변발과도 공통된 부분이 있다. 다만 앞서 말한 것처럼 키에프 루스 공국의 스뱌토슬라프 공도 비슷한 머리 모양을 했기 때문에 어느 쪽을 기원으로 한 것인지는 정확하지 않다.

여기서는 코사크의 국민성과 생활에 대해 보플랑이 묘사한 몇 가지를 요약해서 소개하고자 한다.

그들은 몹시 튼튼해서 더위, 추위, 허기, 갈증을 수월하게 견딘다. 싸움에는 지칠 줄 모르고 앞뒤를 가리지 않으며 자신의 목숨을 아끼지 않는다. 그들은 재주가 있고 요령이 있다. 또한 아름다운 체구를 갖고 있으며 활기차다. 그리고 건강한 덕에 고령자 외에 병으로 죽는 이가 적다. 그러나 대

코사크의 국민성과 생활. 총과 술을 늘 곁에 두었다고 한다. 일리야 레핀이 그린 「답장을 보내는 자포로제의 코사크 인들」

부분은 '명예의 무대'인 전장에서 죽는다.

기독교도 중에서 그들만큼 내일을 걱정하지 않는 방법을 익힌 자는 없다. 그들은 그날 먹고 마실 것이 있으면 충분하다. 자유를 사랑한 나머지 쉽게 반항하고 군주가 그들을 거칠게 다루면 즉시 반란을 일으킨다. 따라서 반란 없이 7, 8년이 지나는 경우는 드물다.

세계의 민족 가운데 그들만 한 술고래가 있을 거라고는 믿기 힘들다. 그러나 그것도 한가할 때나 하는 이야기지, 전쟁이나 뭔가 계획이 있을 때는 놀라울 정도로 말짱해진다.

코사크의 결혼식은 다음과 같이 행해진다. 신랑 측의 여자들이 신부를 알몸으로 벗기고 귓구멍과 머릿속, 손가락 사이까지 몸 구석구석을 살핀다. 신부에게 순백의 새 잠옷을 입혀 두 장의 시트 사이에 눕히고 신랑이 오기를 기다린다. 여자들은 커튼을 친 후, 식에 참석한 사람 대부분이 방으로 들어와 피리 소리에 맞춰 춤추고 손뼉을 치며 술잔을 들고 있다가 신부가 환희의 표시를 하면 모든 이가 발을 구르고 손뼉을 치며 환성을 지른다. 신랑 신부가 그들에게 건넨 시트에 처녀의 증표가 보이면 집 안은 극도의 기쁨과 만족의 외침으로 채워진다.

반대로 명예의 증표가 보이지 않으면 모두 술잔을 바닥에 내던지고 여자들은 노래를 멈춘다. 축하 자리는 엉망이 되고 신부의 부모는 명예에 손상을 입는다. 식은 곧바로 중지되고 집 안에 있던 사람들이 난폭해진다. 신부의 어머니를 향해 갖가지 야비한 노래를 부르고 깨진 잔으로 술을 마시게 하여 딸의 명예를 지키지 않았다고 비난한다. 마지막으로 온갖 욕설을 퍼부은 뒤 각자 집으로 돌아간다. 신부의 부모는 집에 틀어박혀 당분간 나오지 않는다. 그런데도 신랑에게는 아내로 인정할 것인지 말 것인지의 선택권이 있다. 만약 아내로 인정한다면 신랑은 모든 비방을 각오해야 한다. 결혼식 이튿날에도 유쾌한 행사가 이어진다. 남자들은 신부가 걸쳤던 옷소매에 막대기를 넣어 뒤집은 뒤 마치 전쟁의 명예의 증표를 나타내는 전기처럼 펄럭이며 당당하게 거리를 누비고 다닌다. 이리하여 마을 전체가 신부의 처녀성과 신랑의 남성적 능력의 증인이 된다.

선구자 사하이다치니

코사크는 16세기 말 이후 한편으로는 폴란드 왕에게 복종하여 각지에서 싸우며 정치적인 지위를 높였지만, 다른 한편으로는 왕에게 받는 대우와 영주의 약탈에 대한 불만으로 종종 반란을 일으켰다. 전자를 대표하는 인물이 최초의 위대한 헤트만으로 알려진 페트로 사하이다치니(헤트만 재임 1614~1622)다.

소귀족 출신의 사하이다치니는 당시로서는 높은 교육을 받았으나 후에 코사크군에 들어갔다. 그는 모험을 추구하고 죽음을 두려워하지 않았으며 가장 먼저 공격하고 최후에 후퇴하는 사람이었다. 과묵하고 자제심이 깊었으며 코사크가 즐기던 술판도 벌이지 않았다. 신중하여 야영 중에도 경계를 소홀히 하지 않았으며 짧은 시간만 잠을 잤다. 한편 부하의 불복종에는 사형죄 선고도 주저하지 않았다. 그는 코사크군의 규율, 계급, 질서를 만들어 코사크군을 게릴라군에서 정규군으로 변모시켰다. 또한 폴란드를 위해 모스크바 공국, 오스만 튀르크, 타타르와의 전투에 참전하여 코사크의 지위 향상을 도모했다. 특히 1621년, 우크라이나 남부 호틴에서 3만5000명의 폴란드군과 함께 4만 명의 코사크군을 동원하여 10만 명의 튀르크군의 진격을 저지하는 데에 결정적인 역할을 하며 폴란드를 위기에서 구해냈다. 로마 대주교는 호틴의 전사들을 '세계의 수호자이자 최악의 적에 맞선 승리자'라고 치하했다.

사하이다치니는 우크라이나의 문화와 교육, 정교의 진흥에 힘썼다. 몽골과 리투아니아 지배 아래 완전히 쇠퇴한 시골 마을로 전락한 키예프는 그 덕택으로 우크라이나의 문화, 교육의 중심으로 복귀했다. 그가 비호한 정교 비성직자 단체 '에피파니 동포단'은 그가 죽은 지 10년 후(1632)에 페체르스크 수도원장이자 훗날 키예프 부주교가 된 페트로 모힐라(러시아어로 '모길라', 1597~1647)에 의해 '키예프 모힐라 아카데미'로 발전했다. 이러한 배경에서 지금도 키예프 모힐라 아카데미의 캠퍼스에는 그의 묘가 남아 있고 아카데미가 위치한 키예프의 번화가 포딜의 중심지는 우크라이나 독립 후 1992년에 '사하이다치니 거리'로 명명됐다.(참고로 이 거리는 러시아 혁명 전에는 알렉산드롭스카 거리, 혁명 후 1919년에는 혁명 거리, 1934년에는 지다노프 거리로 불렸다.)

키예프 모힐라 아카데미는 정교의 교육기관이지만 당시 융성했던 예수회의 학교를 모델로 삼아 고전과 특히 라틴어, 그리스어 교육에 힘을 쏟았다. 훗날 이 학교는 우크라이나뿐만 아니라 러시아를 포함한 슬라브 사회의 가장 중요한 정교의 교육기관으로 자리매김하여 훌륭한 성직자와 학자들을 배출했다. 표트르 대제(재위 1682~1725)

의 근대화 개혁을 뒷받침한 인재의 대부분은 이 아카데미의 졸업생이었고, 러시아의 레오나르도 다빈치로 일컬어지는 로모노소프(1711~1765)도 이곳에서 수학했다. 마제파(헤트만 재위 1687~1709)를 비롯한 많은 코사크의 자제들이 다닌 이곳은 우크라이나 내셔널리즘의 거점이기도 했다.

이 아카데미는 1817년 이후 폐쇄됐다가 1991년에 우크라이나가 독립한 후, 동일한 부지와 건물에 키예프 모힐라 아카데미 대학으로 부활했다. 현재 이곳은 러시아어를 배제하고 우크라이나어를 교육 언어로 사용하는 가장 민족주의적인 대학인 동시에 자유와 민주주의, 시장경제와 같은 서방의 가치관을 의욕적으로 흡수하는 가장 열린 대학이기도 하다. 이 대학의 창립자이기도 한 브류호베츠키 학장에게 들은 바로는 장래 희망에 관한 설문조사를 한 결과, 11퍼센트의 학생이 우크라이나 대통령이 되겠다고 답했다 한다. 학생들의 의지와 기개가 하늘을 찌를 듯하다.

1622년 사하이다치니가 죽은 뒤, 몇몇 헤트만이 폴란드에 대한 반란을 시도했지만 그들에게는 장기적인 정치 목표와 전략이 없었고 내부 항쟁으로 모두 진압됐다. 1638년 최후의 반란이 진압된 후 10년 동안 폴란드는 '황금의 평화'를 구가했다. 코사크의 자치는 제한됐고 등록 코사크의 수도 대폭 삭감됐다. 대신에 폴란드 대귀족의 압제가 강해지면서 코사크와 농민들의 불만은 쌓여갔다.

1630년대 폴란드에 대한 반란 시대의 코사크를 로맨틱하게 그린 것이 니콜라이 고골(1809~1852)의 명작 『대장 불바』(원제 『타라스 불바』, 1835)다. 고골 자신도 우크라이나의 코사크인 소지주의 후예였다. 폴타바의 소로친치 마을에는 그의 생가가 지금도 남아 있다. 19세기 말의 작곡가 미콜라 리센코(1842~1912)는 이 소설을 바탕으로 동명의 오페라를 작곡했는데, 이 작품은 우크라이나 민족주의를 고무한다는 이유에서 제1차 세계대전 이후까지 상연이 허가되지 않았다.

흐멜니츠키의 봉기

우크라이나의 역사에서 큰 자리를 차지하는 키예프 루스 공국의 볼로디미르 성공과 야로슬라프 현공 말고도, 우크라이나사의 최고 영웅으로 보흐단 흐멜니츠키를 꼽을 수 있다. 흐멜니츠키는 조직가, 군사령관, 외교관으로서의 탁월한 능력으로 우크라이나 역사에서 최초로 자신들의 국가(만약 그것이 완전하게 독립된 국가라고 할 수 없더라도 실질적으로 국가라고 할 수 있는 것)를 완성했다. 그러나 한편에서는 그가 모스크바와 맺은 보호 조약이 우크라이나를 러시아에 병합시키도록 한 계기가 되었다며 우크라이나의 배신자라고 비난하는 목소리도 들린다. 우크라이나의 운명을 바꾼 인물, 흐멜니츠키는 어떤 사람이었을까?

보흐단 흐멜니츠키는 1595년, 드네프르강 중류의 도시 치히린 근교의 수보티우에 있는 아버지의 영지에서 태어났다. 그의 아버지는 등록 코사크이자 소영주였다. 흐멜니츠키는 우크라이나에서 초등 교육을 받은 후, 서부의 예수회 학교에서 중고등 교육을 받았다. 『카르멘』『콜롱바』 등의 작품으로 알려진 프랑스 작가 프로스페르 메리메 (1803~1870)는 코사크의 애호가로 흐멜니츠키의 전기를 저술했는 데, 그 가운데 다음과 같은 내용이 있다.

> 결코 자기 생각을 겉으로 드러내지 않는 용모를 갖출 것, 타인의 생각을 간파할 것, 인심을 얻을 것 등 그가 즐겨 사용한 비결을 배운 곳은 이러한 교부들의 학교였다고 한다. (…) 그는 평소에 사용하는 고향 슬라브 지방 어 외에 폴란드어, 러시아어, 튀르크어, 라틴어를 자유자재로 구사했다.
> —메리메, 『보호단 흐멜니츠키』

고향으로 돌아간 후, 1620년에 그는 아버지를 따라 몰다비아 전투 에 종군했는데 아버지가 전사하고 그 자신은 포로가 되어 콘스탄티 노플에 2년 동안 억류되는 신세가 됐다. 어머니가 몸값을 지불하여 석방된 그는 억류된 동안 튀르크어를 배워 튀르크와 타타르 사정에 정통하게 되었다. 1622년에는 귀국하여 등록 코사크가 된 후 치히린 의 코사크 대장을 지냈다. 한때 자포로제 코사크의 이인자인 총서기 가 됐다고 기록한 문헌도 있다. 그 후 영지 경영에 전념했으나 그동 안에도 코사크의 교섭단 일원으로 바르샤바로 향했고 그곳에서 보여 준 지도력으로 폴란드 왕에게 높은 평가를 받았다. 여기까지는 영지 보전을 도모하면서 공도 세우고 명성도 얻어 여생을 보내려는 장로 코사크의 전형적인 인생의 전반전이었다.

그러나 흐멜니츠키의 인생은 쉰 살을 지나면서 완전히 달라졌다.

흐멜니츠키 동상. 뒤편으로 미하일 성당이 보인다.

그건 그가 생각지도 않던 방향이었다. 1647년에 대귀족의 비호를 받던 폴란드 귀족이자 치히린의 부(副)대관 차플린스키가 흐멜니츠키의 토지 소유권을 주장했다. 차플린스키는 흐멜니츠키의 영지를 습격하여 그의 막내아들을 살해하고 그가 재혼하려 했던 과부를 납치했다. 흐멜니츠키는 토지를 관할하는 법정, 폴란드 의회, 폴란드 왕 등 모든 평화적 수단을 동원해 호소했지만 아무도 그를 도와주지 않았고 오히려 치히린의 대관에게 체포되고 말았다. 같은 해 12월, 지인의 도움으로 감옥에서 탈출한 흐멜니츠키는 폴란드에 대한 반란을 결의하고 자포로제 시치로 몸을 피했다. 그는 웅변으로 단기간에 코사크들을 움직여 1648년 1월에 헤트만으로 선출됐다. 평소에는 조심스럽고 거만하지 않으며 정중했지만 감정이 고양됐을 때는 연설로 사람들을 도취시켰다고 한다.

당시 폴란드 귀족의 우크라이나 진출은 드네프르강 유역까지 뻗어나갔고 자유민으로서 신개척지로 이주했던 농민들은 농노화에 대한 반항심이 격화되어 있었다. 또한 1638년 반란의 참패 이후 코사크의 권리가 크게 억압되어 있었기 때문에 그들의 불만도 쌓여 있던 터였다. 이러한 상황에서 흐멜니츠키가 반란을 호소한 것은 가스가 가득 찬 방에 성냥을 던진 것이나 다름없어서 순식간에 코사크와 농민들을 흐멜니츠키의 막하로 달려오게 했다.

흐멜니츠키는 폴란드와 싸우기에는 코사크의 힘만으로 부족하다고 판단하고 발상을 전환하여 연래의 적군인 크림 타타르에게 동맹을 요청했다. 타타르 측도 폴란드와의 관계가 악화되고 있었던 터라 코사크의 요청을 받아들였다. 코사크-타타르 연합군 9000명은 1648년 5월 폴란드군 6000명을 격파했다. 여름 끝자락에는 흐멜니츠키가 이끄는 병력이 8만~10만 명으로 불어났다. 9월에는 다시 8만 명의 폴란드군을 격파했고 10월에는 서부로 진군하여 바르샤바 부근까지 압박했다. 코사크군은 폴란드를 분쇄하기 직전까지 이르렀지만, 새로 즉위한 폴란드 왕 얀 카지미에시(재위 1648~1668)가 코사크의 전통적 권리를 인정하고 코사크는 왕에게만 복종하며 토지 귀족에게는 복종하지 않는다는 조항을 약속하며 평화를 호소했다. 그러자 흐멜니츠키는 후세의 역사가들조차 의아하게 여길 정도로 쉽게 약속을 받아들이고 키에프로 돌아갔다. 아마도 이 시점까지 그는 폴란드 테두리 내에서의 자치와 코사크의 권리 향상에 만족하며 왕의 신의와 실행능력을 믿었을 것이다.

헤트만 국가의 형성

흐멜니츠키는 환대를 받으며 키에프로 개선했다. 키에프 부주교와 때마침 그곳에 체재 중이던 예루살렘 총주교는 그를 '폴란드의 예속에서 루스를 해방시킨 자' '제2의 모세'라고 치하했다. 흐멜니츠키는 처음에는 자신이 당한 부당한 일에 분개하여 싸웠지만 지금은 정교를 위해, 루스의 사람들을 폴란드로부터 자유롭게 하려 싸운다고 했고, 이 경험을 계기로 새로운 역할을 자각하게 된다.

같은 해 여름, 흐멜니츠키는 폴란드군을 즈보리우에서 포위하여 굴복시킨 후 즈보리우 휴전 협정을 맺었다. 이 협정을 통해 등록 코

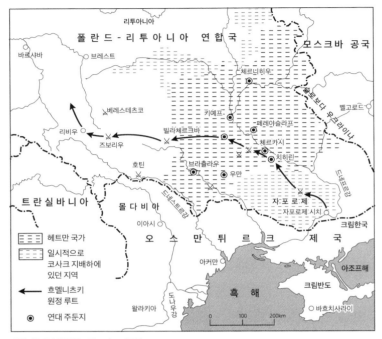

리투아니아

폴 란 드 - 리 투 아 니 아 연 합 국

모스크바 공국

바르샤바

브레스트

체르니히우

벨고로드

베레스테츠코

키예프

페레야슬라프

빌라체르크바

체르카시

리비우

즈보리우

치히린

호틴

브라슬라우

우만

트 란 실 바 니 아

몰 다 비 아

드니스테르강

자 포 로 제

자포로제 시치

크림한국

이아시

오 스 만 튀 르 크

제 국

아조프해

┌┬┬┐
│┼┼│ 헤트만 국가
└┴┴┘

┌┄┄┐
│┄┄│ 일시적으로
└┄┄┘ 코사크 지배하에
있던 지역

◀━━ 흐멜니츠키
원정 루트

◉ 연대 주둔지

아커만

흑 해

크림반도

도나우강

왈라키아

0   100   200km

바흐치사라이

흐멜니츠키의 원정 루트와 코사크 세력권

사크의 수를 4만 명으로 늘릴 것, 우크라이나(당시의 키에프주州, 체르니히우주, 브라츨라우주를 말한다)를 코사크령으로 할 것, 따라서 우크라이나에서 폴란드군, 유대인, 예수회를 배제할 것, 정교 부주교는 폴란드 의회에서 의석을 가질 것 등을 정했다. 이 결과는 큰 승리였고 이때부터 '코사크 국가' 또는 '헤트만 국가'(헤트만 시치나)가 형성됐다.

헤트만 국가는 키에프주, 체르니히우주, 브라츨라우주를 중심으로 드네프르강 양안에 걸쳐 약 25만 제곱킬로미터의 지역과 인구 약 150만 명을 지배했다. 볼린과 할리치나는 여전히 폴란드령이었다. 코사크의 군사 조직이 발전한 형태의 헤트만 국가는 유사시뿐만 아니라 평시의 통치도 겸하게 됐다. 영역을 16개의 연대 구역으로 나누고 연대장이 각 연대 구역의 군사 및 민생을 통괄했다. 연대장 아래 중대장은 중대 구역의 군사 및 행정을 담당했다. 헤트만은 참모부(헤네라르나 스타르시나) 막료의 보좌를 받아 통치했다. 우크라이나의 주요 도시는 여전히 키에프였지만 헤트만 국가의 수도는 흐멜니츠키의 사령부가 위치한 치히린이었다. 헤트만 국가가 형성되자 자포로제 시치는 코사크의 중심 지위를 잃게 된다.

정부의 수장인 헤트만은 이론상으로는 그를 선출한 전체 회의(헤네라르나 라다)를 따르게 되어 있었지만, 코사크 수가 증가함에 따라 점차 라다는 열리지 않게 됐고 헤트만, 참모부 막료, 연대장 등으로 구성된 장로 회의(라다 스타르신)를 중시하게 됐다. 처음에는 선거로 장로를 선출했으나 점차 세습화·귀족화됐다. 다만 일반적으로 사회계층 간의 경계가 모호하여, 농민이 코사크 연대에 등록하면 자비로 군 복무에 임할 의무는 있으나 세금이 면제됐고 토지 소유도 가능하며 관리직 선거에도 참여할 수 있었다. 그리고 군 복무를 할 수 없게 되면 다시 농민으로 돌아갔다. 헤트만 국가 아래서 자유민이 된 농민들은 농노로 되돌아가지 않기 위해 코사크가 되려고 했다. 17세기 중반에는 인구의 절반이 코사크였던 것으로 추정된다.

그 후 1651년 폴란드와의 전투가 다시 시작됐다. 6월의 베레스테츠코 전투에서는 결정적인 순간에 코사크의 동맹자인 타타르군이 전장을 떠났다. 그들을 다시 데려오려던 흐멜니츠키는 오히려 타타르군에 구속됐고 사령관이 사라진 이유를 알 수 없었던 코사크군은 참패했다. 사실 타타르는 폴란드에 매수됐던 것이다. 흐멜니츠키는 이후 석방됐지만 9월에 빌라체르크바에서 체결한 휴전 협정에서 등록 코사크 수를 2만 명으로 줄일 것, 헤트만의 통치 범위는 키예프주로만 한정할 것 등 양보를 강요당했다. 이듬해, 흐멜니츠키는 반격을 시도하여 바티프에서 폴란드군을 상대로 대승을 거뒀지만 교섭에는 큰 진전이 없었다. 그 후 쌍방이 모두 지쳐 결정적인 승패가 없는 상태에서 소규모 전투만 계속됐다.

흐멜니츠키는 헤트만 국가를 지키는 데 자력만으로 폴란드에 대항할 수 없으므로 외국의 지원이 꼭 필요하다고 생각했다. 타타르와의 동맹은 초기의 승리를 끌어내는 데 결정적인 역할을 했지만 앞서 베레스테츠코 전투에서도 봤듯 타타르에 대한 신뢰가 낮아진 탓에 그들에게만 의지할 수는 없었다. 흐멜니츠키는 오스만튀르크, 크림한국, 몰다비아, 트란실바니아 등 주변국과 폴란드 포위 동맹을 형성하고자 했다. 한때는 튀르크의 종주권을 인정하여 보호단이 됐지만 튀르크의 지원이 불확실했을 뿐 아니라 이교도의 보호 아래 들어가는 것에 대해 정교도인 일반 코사크의 반응은 매우 좋지 않았다. 또한 장남인 티미슈를 몰다비아 공의 딸과 결혼시켜 동맹을 강화하려 했지만 티미슈가 전사하는 바람에 동맹 구상은 좌절됐다. 당시 영국에서 독재를 펼치던 크롬웰(1599~1658)과도 접촉했다고 전한다.

모스크바의 보호 아래

이처럼 흐멜니츠키는 외국과의 동맹과 보호를 요청하기 위해 갖가지 가능성을 모색했다. 그러나 대부분은 열매를 맺지 못했고 약속이 이루어졌어도 신뢰가 없었다. 그중에서 유일하게 장기적으로 중요성을 획득한 것이 차르 아래 이루어진 모스크바 국가와의 보호 협정이었다. 같은 정교도인 모스크바의 비호를 구한 방법은 일반 코사크에게 긍정적으로 평가됐다. 당시의 모스크바는 아직 훗날만큼 강력하지 않았고 강국 폴란드와의 대결을 피하고 싶어했기 때문에 처음에는 흐멜니츠키의 제안에 신중했다. 그러나 흐멜니츠키의 승리를 통해 폴란드도 불패는 아니라는 것을 알게 된 후 마침내 동의했다. 그 배경에는 과거 폴란드-리투아니아 연합국에게 빼앗긴 영토를 회복하고 우크라이나를 모스크바와 튀르크와의 완충국으로 삼으려는 의도가 있었다. 1654년, 페레야슬라프에서 조약이 맺어졌다. 이 조약의 원본은 분실되어 불완전한 번역문만 남아 있는데, 우크라이나사 전문가 중에는 그것조차 모스크바의 입맛에 맞게 고쳐진 것으로 보는 의견도 있다.

남아 있는 번역문에 따르면 이 조약에서 코사크와 우크라이나인은 차르에게 충성을 맹세할 것, 차르는 우크라이나에 군사 원조를 할 것, 코사크는 스스로 헤트만을 선출하고 모스크바에 사후 통보할 것, 헤트만과 자포로제 코사크는 외국 사절을 받아들일 수 있지만 분쟁이 될 만한 일은 차르에게 보고할 것, 등록 코사크의 수는 6만 명으로 할 것, 우크라이나 귀족의 전통적인 권리를 인정할 것, 우크라이나의 정교도는 모스크바 총주교의 축복 아래에 있지만 간섭은 받지 않을 것 등을 정했다.

러시아·소련과 우크라이나 사이에서 이 조약만큼 평가가 엇갈리는 것도 없다. 소련 정부와 러시아의 역사가들은 러시아인과 우크라이나인은 원래 하나의 민족이었지만 몽골, 리투아니아, 폴란드 등의 지배로 멀어져 조금 달라진 민족이 된 것에 지나지 않으며, 두 민족은 예전부터 통합을 원해왔고 그것이 자연스러운 흐름을 통해 이 협정으로 결실을 맺게 되었으므로 이 조약을 러시아·소련사의 금자탑으로 평가한다. 이에 반해 우크라이나의 역사가들은 이 조약에 대해 흐멜니츠키가 무수히 시도하여 성사와 무산을 반복한 수많은 동맹과의 보호 약속 중 하나에 지나지 않으며, 이른바 단기적 군사 동맹일 뿐 흐멜니츠키도 코사크도 우크라이나의 운명을 모스크바에 영구히 맡겼다고는 전혀 생각하지 않았다고 주장한다. 실제로 흐멜니츠키는 모스크바의 고압적인 방식에 환멸을 느껴 스웨덴 등과 동맹하여 모스크바로부터 떠나려 했지만, 중도에 사망하여 의도한 바를 실현하지 못했다고 평가한다. 역사적인 사실관계를 검증해보면 우크라이나 측의 해석이 타당하고 우크라이나는 자치를 지키기 위해 모스크바의 보호를 요청한 것이며 모스크바도 체결 당시에는 병합까지 생각하지 않았을 것이다. 그러나 사후적인 맥락에서 보면 이 조약이 우크라이나사의 전환점이 되어 우크라이나가 러시아에 병합되는 과정의 첫걸음이 된 것은 부정할 수 없다.

그런데 당시 흐멜니츠키의 코사크 국가는 사실상 독립국을 형성했음에도 왜 굳이 외국의 비호를 구해야만 했는가에 대해서는 의문을 금할 수 없다. 이와 관련하여 현대의 우크라이나 사학자 수브텔니는 17세기 동유럽에는 국가의 주권에 대한 관념이 미처 존재하지 않았을 뿐만 아니라 정통한 군주 개인에게 주권이 속한다는 개념이 있었기 때문에 그 점에서 흐멜니츠키는 인기를 누렸더라도 정통성이 없었으므로 외부에서 군주를 찾을 수밖에 없었다고 분석한다. 또한 현대의 우크라이나 사학자 마고치는 그 시대에 독립을 유지하려면 중앙집권 국가를 형성해야 했고 코사크 간부 중에는 이러한 방향으로 확실한 정부 조직을 구축하려고 시도한 인물도 있었지만, 일반 코사크와 자포로제 코사크는 어디에도 구속되지 않는 사회를 유지하고자 했기 때문에 대외적인 안전과 국내적인 자유가 양립하기 위해서는 자치를 전제로 대국의 틀 안으로 들어가는 것 외에는 방법이 없었다고 지적한다.

페레야슬라프 조약은 우크라이나에게는 결과적으로 파멸의 첫걸음이 됐지만 모스크바에게는 제국으로의 길을 내딛는 큰 한 걸음이 됐다. 이 협정 이후 차르의 칭호는 '전 루스의 차르'에서 '전 대루스 및 소루스의 차르'로 바뀌었다. 여기서 대루스는 러시아를, 소루스는 우크라이나를 가리킨다.

흐멜니츠키의 최후

우크라이나가 모스크바와 동맹한 것을 알게 된 폴란드는 타타르와 연합했다. 1654년, 모스크바-우크라이나 연합군은 벨라루스에서 폴란드와 싸웠다. 이 전투 기간에 동맹군인 우크라이나와 모스크바 사이에는 많은 분쟁이 일어났다. 그뿐만 아니라 모스크바는 우크라이나를 새로 획득한 영토로 간주하여 여러 방면에서 개입해왔다. 흐멜니츠키는 모스크바와의 동맹을 끊어야겠다고 판단한다. 이즈음 우크라이나와의 전투로 약해진 폴란드에 스웨덴이 침입한다. 스웨덴 왕 카를 10세(재위 1654~1660)는 흐멜니츠키에게 모스크바의 전제군주제는 자유민을 허락하지 않으므로 코사크를 농노화할 것이고, 우크라이나의 독립과도 양립하지 않는다며 모스크바와 결별하라고 설득했다.

1656년, 불구대천의 적이었던 모스크바와 폴란드는 흐멜니츠키도 모르는 사이에 평화 협정을 맺었다. 폴란드는 지금의 주된 적인 스웨덴을 약화시키기 위해 어제의 적인 모스크바와 손을 잡고 모스크바와 스웨덴이 싸우도록 만들었다. 모스크바도 우크라이나가 스웨덴 측으로 기울기 시작한 것을 감지하고 폴란드와 손을 잡았다. 폴란드로부터 보호를 받기 위해 모스크바의 보호국이 됐는데 그 모스크바가 폴란드와 조약을 맺은 것에 흐멜니츠키는 격노했다. 그는 차르에게 페레야슬라프 협정을 위반했다며 비난하는 서신을 썼다. 흐멜니츠키는 스웨덴, 트란실바니아와 폴란드를 공격했지만 실패한다. 이 실패를 겪던 1657년 흐멜니츠키는 병으로 세상을 떠난다.

흐멜니츠키가 우크라이나의 명운을 결정짓는 역사의 정식 무대에 등장한 것이 쉰 살이 넘어서이니 너무 늦은 감이 있다. 그가 역사 무대에서 활약한 것은 고작 10년 정도로, 천부적 능력을 타고났지만 발휘할 시간이 너무나 부족했다. 19세기의 우크라이나의 국민 시인인 타라스 셰브첸코는 흐멜니츠키가 우크라이나를 러시아에 팔았다고 비난했지만 역사상 최초의 우크라이나 국가인 헤트만 국가를 형성한 사람은 흐멜니츠키이며 후세 우크라이나 재건의 상징이 된 것도 그였다.

키예프의 중심인 성 소피아 성당 앞 광장은 1649년 1월에 폴란드를 격파하고 개선한 흐멜니츠키를 키예프 시민들이 맞이한 장소다. 그곳에는 1888년 건립된 흐멜니츠키의 기마상이 세워져 있다. 그는 소련 시대에는 러시아–우크라이나 우호의 상징이 됐고 이 광장도 1944년 이후에는 보호단 흐멜니츠키 광장으로 명명됐다. 독립 후 우크라이나에서도 영웅적 존재가 된 그의 초상은 5흐리브냐 지폐에 새겨져 있다.

'황폐'의 시대

호멜니츠키 사후 약 20년 동안 모스크바, 폴란드, 튀르크, 타타르를 둘러싼 전쟁, 우안 지방(드네프르강 서안 일대)과 좌안 지방(드네프르강 동안 일대)에 헤트만의 대립 항쟁과 코사크의 반란이 빈발하여 국토는 황폐해졌다. 이 시대를 '황폐'의 시대라고 부른다.

1667년, 모스크바와 폴란드가 맺은 안드루소보 조약은 우안이 폴란드, 좌안은 모스크바 주권임을 인정하고 우크라이나의 분할을 항구적으로 확정한 조약이다. 이로써 자포로제는 쌍방의 종주권 아래에 놓인다. 이 조약으로 모스크바가 우크라이나를 폴란드로부터 지켜주겠다는 페레야슬라프 조약은 유명무실해졌다.

1686년, 폴란드는 모스크바의 자포로제 단독 종주권을 인정했다. 그리고 1700년, 폴란드 의회는 우안 우크라이나의 코사크 제도를 폐지했다. 이로써 우안의 헤트만 체제는 종식되고 다시 폴란드가 지배하게 됐다.

호멜니츠키 시대까지 좌안 우크라이나는 신개척지로 인구가 희박한 지역이었다. 그러나 좌안 우크라이나는 전란의 피해가 우안에 비해 덜했던 터라 우안만큼 황폐화되지 않았다. 이 때문에 우안에서 좌안으로 대량 이민이 이루어졌다. 또한 좌안에서는 자치를 유지한 헤트만 국가가 오랜 기간 존속했다. 이런 배경으로 우크라이나의 중심은 우안에서 좌안으로 이동한다. 자포로제는 더 이상 과거 코사크 활동의 군사적, 정신적 중심이 아니었다.

페레야슬라프 조약은 모스크바에 병합되는 첫걸음이었지만 한편으로는 코사크의 광범위한 자치도 인정했다. 우안이 폴란드의 지배에 들어간 후, 남은 좌안에는 모스크바의 종주권 아래 헤트만 국가로 불리는 자치 정부가 1764년까지 유지됐다. 좌안 헤트만 국가의 통치 체제는 흐멜니츠키 시대의 체제를 계승했지만 영역은 3분의 1, 연대 구역은 10개가 됐다. 수도는 북부 체르니히우주의 바투린이었다.

좌안 헤트만 국가의 최대 문제는 모스크바 공국, 훗날 러시아 제국과의 관계였다. 역대 헤트만은 페레야슬라프 조약에서 결정된 자치와 코사크의 권리를 지키려고 했다. 그러나 모스크바는 차르에 따라 진폭은 있었지만 장기적 관점에서는 일관되게 우크라이나의 자치를 약화시키고 간접 지배를 직접 지배로 전환하려 했다. 형세는 확실히 모스크바 쪽이 유리했다. 모스크바 및 러시아에서는 영민한 군주가 등장하여 국력 증진이 한창이었다. 이에 반해 헤트만 국가 내부에서는 스타르시나가 귀족화되고 일반 코사크는 농노화 위기에 처해 계급 간 대립이 첨예해졌다. 러시아는 일반 코사크 편에 서서 그들의 반反스타르시나 감정을 부추겼다. 대립을 격화시킨 후, 러시아가 개입하지 않으면 헤트만 국가가 돌아가지 않는 상황을 만들어냈다. 모스크바에 대립하는 헤트만은 잡아들여 시베리아로 보냈다. 결국 헤트만 국가는 하나로 뭉쳐 모스크바에 맞설 수 없었다.

헤트만 마제파

우크라이나사에서 마제파만큼 평판이 극명하게 갈리는 인물도 없을 것이다. 러시아와 소련의 지배 아래서는 희대의 배신자였다. 반면 우크라이나의 민족주의자들은 나라의 독립을 갈구한 애국자로 평가했다. 또한 마지막으로 건곤일척의 큰 모험에 나섰다가 좌절한 점에서 비극의 영웅으로도 평가된다. 우크라이나 독립 후에는 그의 초상이 신정부의 10흐리브냐 지폐에 새겨졌다.

이반 마제파는 사교 능력이 뛰어나고 환심을 사는 데 천재였다. 그는 키예프와 가까운 빌라체르크바의 소영주 가문에서 태어났다. 태어난 해는 확실하지 않으나 1634년에서 1644년 사이로 알려져 있다. 아버지는 흐멜니츠키의 반란에 가담했다. 마제파는 키예프 모힐라 아카데미에서 공부한 후, 바르샤바에서 유학하던 중 폴란드 왕 얀 카지미에시의 총애를 받았다. 왕의 총애는 마제파의 네덜란드 유학 비용을 부담할 만큼 깊었다. 유학 중 독일, 이탈리아, 프랑스를 돌며 견문을 넓혔다. 바르샤바로 돌아온 후에는 왕의 신하가 되어 코사크에 대한 외교 사절로 활약한 적도 있다. 교양이 높고 여러 언어를 구사했다고 한다.

그러나 음모였는지 모를 연애 스캔들에 휘말리면서 마제파는 궁정을 떠나 1663년에 고향으로 돌아온다. 1669년, 우안의 헤트만이었던 도로셴코(재위 1665~1676) 아래서 일하게 된 그는 곧바로 필두 부관이 되었다. 1679년, 크림한국에 사절로 파견되어 가던 중 자포로제 코사크에게 붙잡혀 모스크바로 보내진다. 그곳에서도 그는 모스크바 정부의 환심을 사게 됐고 이번에는 반대로 좌안의 헤트만 사모일로비치(재위 1672~1687)에게 파견됐다. 그는 좌안에서도 헤트만의 필두 부관이 됐다. 그 후 모스크바의 노여움을 사게 된 사모일로비치가

1687년에 시베리아로 보내지자 뒤를 습격하여 좌안 우크라이나의 헤트만으로 취임했다.

1689년, 모스크바에서 표트르 1세(대제, 재위 1682~1725)가 누나인 섭정 소피야를 밀어내고 실권을 잡자 이전까지 섭정 소피야의 지지자였던 마제파는 곧바로 표트르로 노선을 바꿨고, 얼마 지나지 않아 표트르의 신뢰까지 얻어냈다. 마제파는 흑해로의 접근 권한을 확보하려는 표트르의 남하 정책에 협력하여 몇 해에 걸쳐 병사를 파견했다. 코사크의 한 연대장은 "차르는 어느새 천사보다 마제파를 신뢰하게 될 것"이라고 말했을 정도다. 표트르는 마제파에게 호기롭게 영지를 내줬고 급기야 2만 곳의 장원을 소유하게 된 마제파는 유럽에서도 유수의 대토지 소유자가 됐을 정도다. 1705년, 표트르의 명을 받아 우안 우크라이나를 공격하여 한때는 좌우 양안을 지배하면서 단기간이나마 흐멜니츠키의 시대를 재현하기도 했다.

우안 출생의 마제파는 원래 좌안에 권력 기반이 없었기 때문에 일반 코사크에게는 폴란드인이나 가톨릭 등으로 알려져 인기가 없었다. 이 때문에 마제파를 제거하려는 코사크 내의 음모가 여럿 있었지만 그는 모든 음모를 모스크바의 힘으로 극복했다. 마제파는 인기를 얻으려는 목적도 있었지만 축적한 부를 종교와 문화 진흥에 투자했다. 좌안 각지에는 마제파 양식으로 불리는 교회가 세워졌고 모교인 키예프 모힐라 아카데미도 지원했다. 아카데미의 등록자 수는 2000명에 이르러 전성기를 맞이했다. 또한 아라비아어 신약성서의 출판 자금도 원조했다고 한다.

마제파의 초상이 새겨진 10흐리브냐 지폐

폴타바 전투

표트르와 마제파의 관계는 1700년에 정점을 맞이한다. 표트르는 중앙집권 국가를 만들기 위해 헤트만 국가처럼 애매한 존재를 정리하려 했기 때문에, 차르의 호의에 기대어 평화롭게 우크라이나의 자치를 확대하길 원했던 마제파와는 장기적인 견해가 완전히 달랐다. 또한 표트르는 국가의 근대화를 서두르기 위해 신민에게 어떠한 희생을 강요하는 것도 마다하지 않았다. 표트르는 남방 작전이 어느 정도 성과를 거두자 발트 진출을 계획했고 마찬가지로 폴란드나 발트 진출을 시도했던 스웨덴과의 전투에 돌입했다. 이것이 '대ㅅ북방 전쟁'(1700~1721)이다. 코사크는 고향에서 멀리 떨어진 발트와 중앙 폴란드에서 일어난 전쟁에 동원됐다. 이 전쟁으로 코사크의 사상률은 50퍼센트, 많을 때는 70퍼센트에 달했다. 코사크를 소모품처럼 이용하는 차르에 대한 마제파의 의구심은 증폭되어갔다.

때마침 스웨덴은 20대이지만 군사적 천재였던 카를 12세(재위 1697~1718)의 지휘 아래 호시탐탐 발트와 폴란드 정복을 노리고 있었다. 1700년의 나르바 전투에서는 카를이 이끄는 스웨덴군이 몇 배나 우수한 표트르의 모스크바군을 상대로 대승을 거뒀다. 폴란드에서는 카를이 왕으로 옹립하는 레스친스키와 표트르가 옹립하는 작센 공 아우구스트가 싸우고 있었다. 레스친스키가 우크라이나를 침입하려고 하자 마제파는 표트르에게 원군을 요청했지만 표트르는 카를과의 전투에 쫓겨 원군을 보낼 수 없다고 답했다. 이후 마제파는 표트르만을 의지할 수 없음을 깨닫고 스웨덴과도 접촉하게 된다.

1708년 가을, 카를이 이끄는 스웨덴군은 리투아니아를 공격한 후 모스크바령으로 들어갔지만 식량을 구할 수 없게 되자 이번에는 우크라이나로 들어간다. 표트르는 마제파에게 스웨덴과 싸울 군을 보내라고 명했다. 이때 마제파는 스웨덴을 선택한다. 카를은 우크라이나를 보호하기로 약속하고 우크라이나가 모스크바로부터 완전히 자유로워질 때까지는 모스크바와 화친하지 않겠다고 약속했다. 마제파는 표트르보다 카를에게 승산이 있고 우크라이나를 독립시킬 절호의 기회라고 생각했다. 또한 그는 자신이 차르와의 싸움에 나선다면 러시아로 인해 고통을 받던 코사크가 자신을 따를 것이라고 믿었다. 마제파는 이 약속을 일반 코사크에게도 밝히지 않았지만, 표트르가 일반 코사크보다 먼저 이 밀약의 존재를 알게 된다. 표트르는 심복으로 믿던 마제파가 배신한 것을 알고 큰 충격을 받았지만, 곧바로 수도 바투린을 습격하여 파괴하고 전 주민 6000명을 학살했다. 그 후 친親모스크바파를 모아 다른 헤트만(이반 스코로파즈키, 재임 1709~1722)을 선출하도록 했다.

이듬해 초여름까지는 쌍방의 지지자 확보를 위한 접전이 이어졌다. 표트르 측은 마제파가 무신론자이며 우크라이나를 폴란드에 팔아넘기려 한다고 선전했다. 한편 마제파에게는 예상한 만큼의 지지자가 모이지 않았다. 일반 코사크는 마제파의 스타르시나 옹호 정책을 불만스러워했을 뿐 아니라 스웨덴과의 약속을 비밀로 한 것에 대해 불신을 품었다. 대부분은 마제파에게 승산이 없다고 생각했다. 다만 자포로제 코사크 8000명은 마제파 측에 섰다. 이에 표트르는 자포로제 시치를 파괴했다.

1709년 7월, 우크라이나 중부의 폴타바에서 역사적인 대전투가 벌어진다. 카를이 이끄는 스웨덴군과 마제파의 코사크군 연합군 2만 8000명에 맞서 표트르가 이끄는 코사크 부대를 포함한 모스크바군 4만 명이 격돌했다. 결과는 모스크바의 압승이었다. 카를과 마제파는 오스만튀르크 영내로 도망쳤다. 마제파는 망명지인 베사라비아의 벤데리에서 사망했다. 마제파를 따라 망명한 약 4000명의 코사크는 마제파가 죽은 뒤, 오를리크를 헤트만으로 선출했다. 오를리크는 스웨덴의 원조 아래 튀르크-타타르와 동맹을 맺고 우크라이나를 해방하기 위해 계속해서 희망을 이어갔다. 이 세력은 한때 우안 우크라이나를 공격했으나 힘이 부족했고 결국 1713년에 소멸했다.

폴타바 전투는 우크라이나가 러시아와 결별하고 독립국을 만들려고 했던 마지막 시도가 됐다. 그리고 이를 계기로 그러잖아도 입지가 좁아진 헤트만 국가의 자치는 한층 더 제한됐다. 한편 러시아는 이 전투 후 유럽의 강국이 되었다. 이즈음부터 모스크바국은 '루스'의 라틴어 이름 '러시아'를 사용하게 된다. 이 책에서도 이후부터 '러시아'를 사용하기로 한다. 결국 스웨덴이 대국이 되는 꿈은 무너지고 말았다.

마제파는 우크라이나 역사에서 흐멜니츠키에 이은 강력한 지도자였다. 그는 정치적 생존 기술의 천재로 폴란드, 우안 우크라이나, 좌안 우크라이나, 모스크바(여기서는 적대시한 섭정 소피야와 표트르 대제 양쪽) 등 입장이 다른 조직 안에서 언제나 수장의 마음을 얻어냈다.

그리고 헤트만의 자리까지 올라가 헤트만으로서는 예외적으로 그 지위를 20년이라는 장기간 동안 유지했다. 그러나 마지막에 건곤일척의 승부에 나서면서 모든 것을 잃었다. 마제파의 생애는 사랑과 야심과 음모로 가득하고 최후의 클라이맥스도 있다. 이 때문에 낭만파 작가와 작곡가들은 마제파라는 인물에게서 영감을 얻어 수많은 작품을 탄생시켰다. 바이런(1788~1824), 푸시킨(1799~1837), 빅토르 위고(1802~1885)는 서정시를 썼고, 차이콥스키(1840~1893)는 오페라 「마제파」(1883), 프란츠 리스트(1811~1886)는 관현악을 위한 교향시 「마제파」(1851)를 작곡했다.

최후의 헤트만

폴타바 전투 후 표트르 대제는 차르의 대리인 자격의 러시아인을 헤트만에게 보내 대리인의 동의 없이 헤트만은 아무것도 할 수 없게 했다. 헤트만의 자리도 긴 시간 공석으로 뒀다. 헤트만 국가의 수도는 러시아 국경에서 멀지 않은 흘루히우로 바꾸게 했다. 흘루히우에는 러시아의 두 개 연대가 상주했다. 연대장이나 기타 관리직에도 러시아인이 들어왔다. 그 밖에 코사크는 신도시 상트페테르부르크의 건설, 원격지인 라도가 운하 굴삭, 캅카스 지방의 요새 건설 등 토목공사에 내몰려 대부분이 병으로 사망했다.

1725년 표트르 대제가 죽은 뒤, 억압이 조금 느슨해지면서 새로운 헤트만이 임명됐지만, 1734년 헤트만이 죽자 당시 안나 여제(재위 1730~1740)는 후임 헤트만 선출을 금지했다. 안나 여제가 통치하던

1736년부터 1739년 사이에 튀르크와의 전쟁에 수만 명의 코사크가 동원되어 3만5000명이 사망했다.

엘리자베타 여제(재위 1741~1762)가 즉위하자 사태는 의외의 방향에서 호전됐다. 좌안 코사크 출신으로 상트페테르부르크의 황실 합창대에서 노래를 불렀던 알렉세이 로주모프스키는 미모와 미성으로 엘리자베타를 첫눈에 반하게 했고 나중에는 비밀리에 여제와 결혼한다. 알렉세이 자신은 국정에 관여하지 않았으나 우크라이나에 대한 애국심을 계속 간직하여 여제가 우크라이나를 동정하도록 만들었다. 알렉세이의 동생 키릴로 로주모프스키는 차기 헤트만이 되기 위해 서유럽에서 교육을 받은 뒤 귀국하여 1750년 스물둘의 젊은 나이로 헤트만에 취임했다. 그는 대부분 시간을 상트페테르부르크에서 궁정 정치를 위해 보냈기 때문에 우크라이나에 관한 관심은 부족했다. 그러나 로주모프스키 형제에 대한 여제의 총애를 고려하여 러시아 정부의 우크라이나에 대한 간섭은 줄어들고 헤트만의 권위도 높아졌다. 키릴로는 수도 홀루히우에 상트페테르부르크를 본뜬 소궁정을 세우려고 궁전, 영국식 정원, 극장 등을 짓기도 했다.

러시아의 정치는 군주에 의해 완전히 달라진다. 예카테리나 2세(재위 1762~1796)는 표트르 대제의 유지를 이은 중앙집권, 제국확장주의자로 헤트만 국가를 폐지하려고 했다. 키릴로는 예카테리나 여제의 즉위에도 힘을 보탠 충실한 신하였지만 여제는 그러한 이유로 정책을 바꾸진 않았다. 1763년, 헤트만 국가의 어떤 사람이 로주모프스키 가문을 세습 헤트만으로 해달라고 청원했다. 여제는 이를 역으로 이용하여 키릴로에게 퇴임을 압박했다. 키릴로는 처음에는 불쾌하게 여겼지만 어차피 전제군주를 당해낼 수는 없었다. 1764년, 결국 퇴임하기에 이른다. 대신 그는 여제에게 광대한 영지를 받았다. 이후 새로운 헤트만은 임명되지 않았고 키릴로 로주모프스키는 최후의 헤트만이 됐다. 헤트만을 대신할 조직으로 러시아인을 수장으로 하는 '소러시아 참의회'가 조직됐다.

여담이지만 로주모프스키 가문(러시아어로 '라주모프스키')은 러시아의 백작이 됐고 키릴로의 아들 안드레이 라주모프스키(1752~1836)는 18세기 말~19세기 초에 러시아의 주오스트리아 대사를 역임했다. 여기서 제2차, 제3차 폴란드 분할 협상에 관여했고 1815년 나폴레옹 몰락 후, 빈 회의에서는 러시아의 전권으로 활약했다. 또한 그는 베토벤(1770~1827)의 후원자로도 알려져 있는데 그의 이름을 붙인 「라주모프스키 현악 사중주곡」(1806)을 비롯하여 5번 교향곡 「운명」(1808)과 6번 「전원」(1808)이 그에게 헌정됐다.

러시아로의 병합

1765년 예카테리나 2세는 '슬로보다 우크라이나'(정확하게는 '슬로비즈카 우크라이나')의 자치를 폐지했다. 슬로보다 우크라이나란 흐멜니츠키 시대부터 주로 우안 우크라이나의 주민이 전란을 피해 우크라이나 최동부의 인구 희박 지대인 하르키우(러시아어로 '하리코프')나 수미 지방으로 이주하여 형성한 코사크 자치 조직이다. 자유라는 의미의 슬로보다는 헤트만 국가와는 별개의 조직으로 처음부터 모스크바의 강한 통제 아래 있었다. 예카테리나는 헤트만 국가를 폐지하기 위한 시험대로 먼저 슬로보다 우크라이나를 폐지한 것이다.

다음으로 예카테리나는 자포로제 코사크를 폐지했다. 1774년, 러시아와 튀르크가 맺은 쿠추크 카이나르자 조약을 통해 러시아는 드네프르강과 부크강에 걸친 튀르크령의 흑해 연안지대를 확보했고, 튀르크에게 크림한국의 독립을 인정하도록 하여 긴 세월에 걸친 튀르크와의 분쟁에 일단 종지부를 찍었다. 이 때문에 그동안 튀르크, 크림한국과의 전쟁을 위해 필요했던 자포로제 코사크의 이용 가치가 사라졌다. 이듬해, 러시아군은 시치를 파괴했고 예카테리나는 자포로제 코사크의 폐지를 정식으로 선언했다. 이로써 200년 이상 우크라이나 코사크의 중심이었고, 중심의 지위를 잃은 후에도 코사크 정신의 상징으로 여겨져왔던 자포로제 코사크는 자취를 감추게 된다.

자포로제 코사크 소속이었던 이들은 도시와 마을에 틀어박혔다. 러시아군의 기총병 연대에 편입된 이들도 있었다. 그 밖의 7000명 남짓은 드네프르강 어귀로 이주하여 오스만튀르크의 군무를 맡게 됐다. 그러나 러시아가 항의하자 오스만튀르크는 그들을 도나우강 어귀로 이주시켰다. 이주를 원하지 않은 이들은 일단 러시아령으로 돌아간 후 최종적으로 아조프해의 동안 쿠반 지방에 정주했다. 그들은 그곳에서 쿠반 지방의 우크라이나인 선조가 됐다.

도나우강 어귀의 시치는 1828년까지 이어졌다. 도나우의 코사크들은 튀르크 아래 이슬람교도를 도와 기독교도와 싸우기를 주저했다. 1828년, 러시아-튀르크 전쟁에서 수령인 흘라드키는 러시아와 싸운다고 부하들을 속이고는 러시아-튀르크 국경까지 간 뒤 러시아 군에 투항했다. 1860년까지는 그들도 쿠반에 정주했다. 배신에 분노한 튀르크군은 시치를 파괴하고 해체했다. 도나우에 남아 있던 대부분의 코사크가 살해됐고 일부는 다른 튀르크 영내로 강제 이주하게 되었다. 도나우의 코사크와 관련된 작품인 페트로 홀라크 아르테모우스키(1813~1873)의 오페라 「도나우강 저편의 자포로제 코사크」(1863)는 우크라이나에서 인기가 높다.

쿠추크 카이나르자 조약으로 완전히 고립무원이 된 크림한국은 1783년 예카테리나의 총신 포템킨이 수도 바흐치사라이를 공략하여 멸망했다. 이것은 유목민에 대한 슬라브 민족의 최종적인 승리이기도 했다. 러시아는 크림반도 전체를 영유하게 됐다. 크림 병합 후 예카테리나는 크림을 방문했는데, 이때 포템킨은 여제가 지나는 길에 보이는 풍경만을 영화 세트처럼 꾸민 뒤 농민들을 모아놓고 어떻게든 마을이 존재하는 것처럼 보이게 했다고 한다. 이것이 그 유명한 '포템킨 파사드'의 유래다.

그리고 마지막 순서는 헤트만 국가의 폐지였다. 이즈음 좌안 헤트만 국가 내에서는 귀족과 농노로 양극화된 사회가 형성되어 있었던 탓에 과거의 코사크를 코사크답게 하는 평등과 독립 불기의 정신은 자취를 감추었다. 또한 코사크군의 장비, 전술도 시대에 뒤처져 있었다. 따라서 더 이상 코사크라는 이름의 국가를 유지할 의의가 없어졌다고 해도 과언이 아니었다. 1780년, 예카테리나는 그동안 우크라이나를 지배해온 소러시아 참의회를 폐지하고 러시아 본토와 같이 키예프, 체르니히우, 노우호로드시베르스키를 3현으로 지정하여 각각 지사를 뒀다. 1783년에는 최종적으로 코사크의 연대 제도를 폐지하고 러시아군으로 편입시켰다. 우크라이나(러시아식으로는 소러시아)는 러시아 제국의 다른 지방과 완전히 동일한 하나의 지방이 됐다. 이로써 흐멜니츠키 이후 약 130년, 좌안 우크라이나에만 한정하더라도 80년의 명맥을 유지해온 헤트만 국가는 소멸했다.

우안 우크라이나

18세기가 되자 우안 우크라이나에는 폴란드 귀족이 돌아와 있었다. 18세기 중반에는 약 40세대의 대귀족(마그나트)이 약 80퍼센트의 토지를 소유하고 있었다. 예를 들어, 포토츠키 가문의 귀족은 13만 명의 농노를 거느렸다. 어느 귀족의 만찬회에서는 60마리의 소, 300마리의 송아지, 50마리의 양, 150마리의 돼지, 2만 마리의 가금이 270배럴의 와인과 함께 소비됐다고 한다. 그들은 축소판 왕과 같은 존재로 자신의 군을 소유했다. 그리고 흐멜니츠키의 시대는 마치 존재하지 않았던 것처럼 사치스러운 생활에 빠졌다.

우안에서는 코사크가 소멸했지만 대신 18세기 초 이후 '하이다마키'로 불리는 도적과 같은 이들이 귀족의 장원을 습격했다. 하이다마키는 튀르크어로 '도적' 혹은 '방랑자'라는 뜻이다. 처음에는 산적과 비슷한 이들이었지만 폴란드 귀족의 압정에 고통스러워하던 농민들에게 강한 지지를 받았다. 그들은 쫓기는 몸이 되자 자포로제로 도망갔다. 그들의 대규모 반란은 1734년, 1750년, 1768년에 일어났는데, 그 최후의 반란이 좌안에도 영향을 미칠까봐 우려한 예카테리나 2세가 이를 진압했다. 조직화가 제대로 이루어져 있지 않았고 탁월한 지도자도 나타나지 않았으며 목표도 확실하지 않았던 탓에 결국 하나의 정치 세력이 되기 전에 사라지고 말았다. 민중에게는 강한 공감을 일으켜 많은 전설과 민요를 남겼다. 타라스 셰브첸코는 「하이다마키」(1841)라는 시를 통해 압제에 대한 영웅적 반항을 노래했다.

폴란드 귀족이 서우크라이나를 마음대로 주무르던 사이, 폴란드 자체는 약화됐다. 이웃 나라인 러시아와 프로이센 등이 중앙집권, 절대왕정의 방침 아래에서 강국의 대열에 오르던 것에 반해 폴란드는 귀족의 힘이 지나치게 강하고 왕권이 약했기 때문에 강력한 국가를 만들 수 없었다. 게다가 점차 외국의 간섭을 받았다. 특히 러시아는 과거의 키예프 루스 공국의 영역을 당연히 자국에 귀속시켜야 한다는 생각을 하고 있었다. 1772년, 1793년, 1795년까지 세 차례의 분할을 거쳐 폴란드는 러시아, 프로이센, 오스트리아 3국으로 완전히 분할되어 소멸한다. 그중에서도 러시아가 차지한 비중이 가장 컸는데, 우크라이나에서는 우안 지방(키예프와 브라츨라우 전체, 포딜리아의 대부분), 볼린의 대부분을 획득했다. 오스트리아는 할리치나, 부코비나를 차지했다. 14세기에 시작된 폴란드의 우크라이나 지배는 이렇듯 4세기를 거쳐 일단락된다. 이로써 우크라이나의 대부분은 러시아로, 서우크라이나의 일부는 오스트리아의 지배 아래 들어가게 된다. 우크라이나는 정치상으로 지도에서 완전히 사라졌다.

신新러시아현

1775년, 예카테리나 2세는 수차례에 걸친 러시아-튀르크 전쟁으로 러시아에 편입된 광대한 흑해 연안 지역을 일괄하여 '신러시아(노보로시야)'를 창설했다. 신러시아의 총독이 된 포템킨은 대담한 식민 정책을 펼쳤다. 식민지 이민자들에게 광대한 토지를 주고 최초 20~30년은 세금을 면제해주는 정책이었다. 러시아 귀족의 이민도 장려되어 25명의 농민을 동반하면 4000에이커의 토지를 하사했다. 이때 주로 우안 우크라이나의 농민들을 데리고 왔다. 1778년부터 1787년까지 10년 동안 신러시아의 전체 수확량은 다섯 배로 불어났고 1796년에는 신러시아의 인구가 50만 명을 넘어섰다.

포템킨 총독의 열의로 흑해 연안에는 많은 도시가 형성됐다. 오데사, 미콜라이우(러시아어로 '니콜라예프'), 헤르손 등의 도시가 대표적이다. 이러한 도시들은 곡물의 수출항으로 급속하게 발전했다. 남우크라이나의 스텝 초원지대는 예전부터 곡창지대였지만 수 세기 동안 연안이 튀르크와 타타르에 독점되어 해외로 접근할 수 없었다. 바야흐로 적출항을 확보한 러시아에 의해 우크라이나는 '유럽의 빵 바구니'의 길을 걷게 된다.

제5장

러시아 · 오스트리아
제국의 지배

두 제국이 지배하는 우크라이나

18세기 말 폴란드가 분할되고 튀르크가 흑해 북안에서 물러난 이후 제1차 세계대전까지 약 120년 동안 우크라이나 영토의 약 80퍼센트는 러시아 제국, 나머지 약 20퍼센트는 오스트리아 제국에 의해 지배된다.

러시아 제국에서는 차르의 전제군주제, 중앙집권제 아래 러시아화가 진행되어 17세기에 맹렬한 기세로 솟아오르던 코사크의 우크라이나 내셔널리즘도 19세기에는 완전히 사그라져 한낱 러시아의 한 지방으로 전락했다. 그러나 내셔널리즘의 기운이 완전히 꺾인 것은 아니었고 코사크를 대신할 인텔리겐치아라는 새로운 계층 아래 배양되어 제1차 세계대전 중에 우크라이나 중앙 라다 정부의 결성으로 이어진다. 한편 19세기 말부터 러시아에서 자본주의가 발흥하자 우크라이나 동남부에서는 당시 유럽에서도 전례가 없을 정도의 급속한 공업화가 진행되어 러시아 제국 최대의 공업지대를 형성했다. 고대부터 면면히 이어진 '농업의 우크라이나'가 정치적인 독립 없이 '공업과 농업의 우크라이나'로 격렬히 변모한 것이다.

오스트리아 제국에서도 황제와 관료의 권력은 강했지만, 제국 내 민족이 매우 다양하여 우크라이나 민족을 주요 민족에 동화시키려는 압력이 없었을 뿐만 아니라 서유럽에 가까운 만큼 전제의 정도는 러시아보다 약했다. 이런 이유로 오스트리아 지배하의 우크라이나는 좁은 크기에도 불구하고 내셔널리즘의 거점이 되었다. 또한 서유럽의 영향을 받은 서부 지역은 현재에 이르기까지 러시아·소련의 색채가 옅은 특이한 지역으로 남을 수 있게 된다.

러시아 제국하의 우크라이나

러시아 제국하에서는 '우크라이나'가 정식 명칭이 아니라 '소러시아'(말로로시야)가 행정상의 명칭이었다. 우크라이나인은 '소러시아인'으로 불렸다. 우크라이나는 아홉 개의 현(구베르니야)으로 나뉘었다. 과거의 좌안 헤트만 국가는 체르니히우와 폴타바현, 슬로보다 우크라이나는 히르키우현, 우안은 키예프, 볼린, 포딜리아의 세 개 현, 자포로제는 카테리노슬라우현, 크림반도는 타브리다현, 흑해 연안은 헤르손현이 됐다. 각 현에는 수도에서 지사가 파견됐다. 오데사만 중앙의 직할지였다.

좌안에서는 코사크 스타르시나, 우안에서는 폴란드인(및 폴란드화

러　　　　시　　　　아　　　　제　　　국

○ 체르니히우

볼린현　　　　체르니히우현　　　좌안

리비우　　지토미르 ○ 키예프

우주호로드 할리치나　　　　　　폴타바현　　　　　○ 히르키우

자카르파티아　　키예프현 드네스트르강　　　　　폴타바　　　히르키우현

드네스트르강　　우안

체르니우치 부코비나　　포딜리아현 부크강　　카테리노슬라우

오스만 　키시네프　　헤르손현　　카테리노슬라우현　돈 코사크 거주지역

오스트리아- 투르크 제국 오데사　　헤르손

헝가리 제국 　　　　　　타브리다현　　쿠반 코사크 거주지역

아조프해

------ 현재의 우크라이나

0　100　200　300km　　심페로폴

흑　　　해

19세기 러시아 제국하의 우크라이나

된 우크라이나인) 슐라흐타의 대부분이 귀족의 지위를 인정받았다. 그들에게는 면세 특권과 농노를 소유할 권리가 인정됐다. 19세기 초에는 좌안에서 2만4000명이 귀족으로 인정됐는데 그 대부분이 스타르시나 출신이었다. 또한 러시아 제국의 시스템에 동화되어 지방의 관료층을 형성했다. 중앙에서 활약한 이들도 있었는데, 그중에는 최후의 헤트만 로주모프스키의 아들들, 마제파에 대적했던 코사크인 코추베이 일족, 베즈보로드코, 자바도프스키, 작가 고골의 친척뻘인 트로시친스키 등이 상트페테르부르크에서 대신의 지위에 올랐다.

같은 시기, 우안에서는 26만 명의 폴란드인, 2만 명 이상의 우크라이나인이 귀족으로 인정됐다. 우안 지방은 정치적, 행정적으로는 러시아인의 지배 아래 있었지만 정작 러시아인은 거의 살지 않았고 기존처럼 폴란드인 영주들이 토지를 소유하고 있었다. 우안의 소도시 우만 교외에는 1796년 폴란드계 대귀족 포토츠키 백작이 과거 여성 노예로 알려진 그리스인 후처 소피아를 위해 만든 정원 '소피이프카'가 남아 있다. 저택은 러시아 혁명 후 파괴됐지만 150헥타르에 이르는 정원은 거의 그대로 남아 있는데 여러 개의 연못과 섬, 동굴, 폭포, 분수, 원정 등을 배치한 풍경에서 당시의 영화가 그려진다.

농민의 상황을 살펴보면, 좌안에서는 헤트만 국가 시대만 하더라도 이동의 자유가 있었지만 1783년 이동의 자유가 금지되어 완전히 농노화됐다. 우안에서는 폴란드의 지배 아래 이미 농노가 존재했고 19세기 중반에는 농민의 4분의 3이 농노가 됐다. 양안의 농민들 중에는 견디지 못하고 더욱 자유로운 돈강 어귀와 남쪽 쿠반 지방으로 도망가는 이도 많았다. 이 때문에 현재의 돈-쿠반 지방의 주민들은 민족적으로는 우크라이나인이 대부분이라고 한다. 참고로 소련 최후의 대통령 미하일 고르바초프는 돈강 남쪽의 스타브로폴 지방 태생이고 그의 외조부는 체르니히우현 출신의 우크라이나인이다. 고르바초프의 회상록에 따르면 아버지의 증조부는 우크라이나에 인접하지만 현재는 러시아에 속하는 볼로네시현에서 이주한 코사크였다. 볼로네시현에는 실제로 민족적으로 우크라이나인이 많았고 고르바초프 전기의 저자 게일 시히도 고르바초프 가문은 우크라이나 코사크였다고 언급한 바 있다.

우크라이나의 도시 주민은 대부분이 러시아인과 유대인이었다. 우안에서는 여기에 폴란드인이 합쳐졌다. 도시에 사는 우크라이나인의 수는 적었고 그들은 러시아어를 말하게 되면서 러시아화되었다. 그러나 농촌에서는 압도적 다수의 우크라이나인이 완고하게 우크라이나어와 고유의 관습을 지켰다. 도시와 농촌은 민족, 언어, 관습이 달라 마치 다른 나라인 듯했다.

발자크의 저택

이 시대의 우안 우크라이나와 관련하여 특별히 이야기할 에피소드는 프랑스의 작가 오노레 드 발자크(1799~1850)가 햇수로 3년 정도 머물렀던 귀족의 저택이 지금도 남아 있다는 점이다. 슈테판 츠바이크가 쓴 전기 『발자크』(유고遺稿, 1946)에는 발자크의 소설보다 더 기구한 사연이 상세하게 기록되어 있다.

키예프에서 100킬로미터 이상 떨어진 서남쪽의 벨히브냐라는 마을에는 2만 헥타르의 영지와 3000명의 농노를 거느린 폴란드인 귀족 한스카 백작의 대저택이 있었다. 그의 아내 한스카 백작 부인은 뛰어난 외모로 유명했다. 대저택에는 온갖 사치품이 갖춰져 있었고 아이도 많이 낳아 세간에서 봤을 때 한스카 부부는 평화롭고 행복한 생활을 하는 듯했다. 그러나 교양 있는 한스카 부인에게 시골생활은 지루하고 정서적인 자극이 없었다. 두 명의 친척 여성과 아이의 가정교사인 스위스인 여성만이 말벗이 돼주었다.

일주일에 한 번 있는 우편물의 도착이 일상의 큰 사건이었는데, 먼 동화의 나라 '서유럽'에서 편지, 신문, 신간 도서가 배달됐다. 파리의 신문에 실린 사소한 기사도 수천 킬로미터 떨어진 시골에서는 정독하고 음미하며 며칠씩 논의할 만한 중요한 사건이 됐고 파리의 작가들은 위대한 천재로 보였다. 발자크 소설의 애독자가 된 한스카 부인을 비롯한 대저택에 사는 4명의 여인은 1832년 어느 날, 심심풀이 겸 장난삼아 '이국의 여인'이라는 가명으로 발자크에게 편지를 보냈다. 발자크는 우크라이나라는 먼 나라에서 세련된 프랑스어로 적힌 편지를 받자 자신의 명성이 세상 끝까지 울려 퍼지고 있다는 증거라며 허영심에 사로잡혔다. 본명과 주소를 밝히지 않은 채 두어 번 더 일방적으로 편지를 보내던 한스카 부인은 발자크의 반응이 궁금했던지 앞으로 계속 편지를 보내도 될지 당시로서는 이례적으로 신문 광고에 신호를 내달라고 편지를 쓴다. 발자크는 파리의 신문 광고란에 당연히 계속 편지를 받고 싶다며 이니셜로 신호를 보냈다. 이리하여 한스카 부인은 가정교사를 연락책으로 삼아 발자크와 비밀 편지 왕래를 시작했고 1833년에 스위스를 여행하며 마침내 발자크와 밀회를 하게 된다.

1841년에 한스카 백작이 죽고 난 뒤, 발자크는 1847년이 되어 먼 나라 우크라이나에 사는 그녀의 대저택까지 찾아와 머물렀다. 발자크는 호화로운 대저택과 한 번도 비료를 주지 않았는데도 곡물이 자라는 우크라이나의 비옥한 토지, 수많은 하인을 마주하고 놀라움을 감추지 못했다. 발자크는 하인들에 관하여 '납작 엎드려 땅바닥에 세 번 이마를 대고 난 후 발에 입을 맞춘다. 엎드려 절하는 곳은 정말로 동양뿐이다. '권력'이라는 말이 의미를 발하는 곳은 동양뿐이다'라고 기록했다. 그들은 1850년 3월, 가까운 도시 베르디체프의 성 바르바라 교회에서 결혼식을 올렸다. 그러나 결혼생활은 길지 않았다. 결혼 후 우크라이나에서 파리로 향하던 중, 병에 걸린 발자크가 파리에 도착한 후 얼마 되지 않아 그해 8월에 세상을 떠났기 때문이다.

우크라이나에는 예전에 곳곳에 있던 귀족의 대저택이 혁명으로 파괴되어 거의 남아 있지 않다. 그러나 예외적으로 한스카 부인의 대저택은 농촌 마을의 농업고등학교로 바뀌면서 여전히 남아 있다. 나는 우연히 키예프 주재 프랑스 대사를 통해 이 대저택의 존재를 알게 되어 어느 날 방문한 적이 있다. 우크라이나의 농촌지대 한가운데에 멋진 대저택이 나타나 놀라웠지만 내부는 평범한 학교의 모습으로 변해 있었다. 다만 발자크가 거주했다는 방은 작은 박물관이 되어 약간의 유품과 저작물 등이 진열되어 있었다. 발자크가 마차를 타고 몇

날 며칠을 걸려 이곳까지 찾아왔던 열정의 진원지는 어디일까 생각하니 가슴이 벅차올랐다. '발자크의 저택'은 풀이 우거진 시골에 묻혀 외국인에게는 물론 우크라이나인에게도 거의 알려지지 않았지만 대저택을 둘러싼 정원과 숲이 남아 있어 정비만 한다면 키예프를 찾게 하는 훌륭한 관광지가 될 것이다. 발자크가 결혼식을 올린 성 바르바라 교회에도 찾아가봤는데 당시에는 많은 가톨릭교도가 보수 작업을 하고 있었다. 이유를 물었더니 소련 시대에 교회가 폐쇄되어 체육관으로 사용됐다가 최근에 교회로 바꿔도 된다는 허가가 내려져 내부 단장을 하고 있다는 것이었다. 그래서인지 바닥에는 농구를 하기 위해 그어놓았던 선이 여전히 남아 있었다.

데카브리스트의 난과 카미안카

1812년, 나폴레옹의 러시아 원정은 나폴레옹군의 일부가 볼린 지방에 침입한 정도에 불과했을 뿐, 우크라이나에 대한 직접적인 영향은 그다지 크지 않았다. 그러나 나폴레옹 전쟁에 참전하고 서유럽에도 종군하며 견문을 넓힌 러시아의 젊은 귀족들은 자국의 낙후된 상황에 놀라 1825년 전제정치와 농노제 폐지를 요구하는 이른바 데카브리스트의 난을 일으킨다. 그 무대는 수도 상트페테르부르크와 우크라이나였다. 데카브리스트에는 수도의 북방 결사와 우크라이나를 거점으로 하는 남방 결사의 두 그룹이 있었다. 남방 결사는 체르니히우 연대의 병사 1000명을 거느리고 봉기했으나 정부군에 의해 격퇴되었다. 반란 자체는 맥이 빠질 정도로 쉽게 진압됐지만, 러시아의 체제 변혁을 요구한 운동의 효시로 러시아 역사상 중요한 위치를 차지하게 된다.

키예프에서 100킬로미터 정도 남쪽에 있는 도시 카미안카(러시아어로 '카멘카')에는 귀족 다비도프 가문 저택의 흔적이 지금도 남아 있다. 건물 대부분은 없어졌지만 일부 남겨진 건물은 데카브리스트와 푸시킨, 차이콥스키를 기념하는 작은 박물관으로 탈바꿈했다. 19세기 본래 저택의 주인이었던 바실리 다비도프는 데카브리스트였고 이 저택은 남방 결사 회원들이 머물렀던 장소이기도 했다. 당시 수도에서 추방된 시인 푸시킨은 다비도프를 비롯한 데카브리스트 회원들과 친구 사이였고 수차례나 저택에 머물며 그들과 열띤 토론을 벌이기도 했다. 푸시킨은 행동으로 옮기는 일에는 적극적이었는데, 데카브리스트는 푸시킨이 개방적인 성격인 만큼 그에게 봉기에 대한 계획을 들려주면 사전에 발설될 수 있는 점을 우려해 일부러 털어놓지 않았다고 한다. 훗날 푸시킨은 자신의 시 「예브게니 오네긴」 제10장(1830) 중에 카미안카를 '나무 그늘 많은 카멘카'로 회상한 바 있다.

또한 차이콥스키의 누이동생 알렉산드라는 데카브리스트였던 바실리 다비도프의 아들 레프 다비도프와 결혼하여 카미안카의 영지에 살았다. 카미안카가 마음에 들었던 차이콥스키는 1870년대에는 해마다 그곳에 머물렀다. 그리고 그곳에서 많은 곡을 탄생시켰다. 그는 우크라이나의 민족 음악과 민요를 연구하여 자신의 작품에 도입했다. 예를 들어, 「안단테 칸타빌레」(1871)는 다비도프의 저택에서 일하던 페치카 목수가 콧노래로 흥얼거리던 우크라이나 민요를 바탕으로 만든 것이다. 「피아노 협주곡 제1번」(1875) 제1악장의 주제는 카미안카 거리에서 코브자(8현으로 된 민족 전통 악기)를 연주하는 맹인이 노래한 것을 채보한 것이라고 한다. 발레 음악 「백조의 호수」(1876)는 카미안카에 사는 조카들을 위해 만든 1막의 무용극이 그 원형이 됐다. 그 밖에 「교향곡 제2번 소러시아」(1873), 오페라 「예브게니 오네긴」(1878), 「마제파」(1883), 「피아노 협주곡 제2번」(1880) 등이 카미안카에서 만들어졌다. 차이콥스키는 다음과 같이 기록했다.

나는 카멘카의 집에 간직된 과거를 사랑한다. 이 집은 시적 영감을 불러일으킨다. 푸시킨의 모습이 떠오른다. (…) 카멘카에서는 모스크바와 페테르부르크에서 찾으려야 찾을 수 없었던 마음의 평화를 얻었다.

―칼리, 『그리고 카멘카의 추억』

크림전쟁

1853년부터 1856년에 걸쳐 크림전쟁이 일어났다. 이 전쟁은 크림이 주요 전장이 됐기 때문에 크림전쟁이라고 부른다. 동유럽과 지중해에 진출하려던 러시아를 영국과 프랑스가 튀르크를 돕는 형태로 저지하려고 한 전형적인 대규모 제국주의 전쟁이었다. 러시아는 18세기 말 크림반도에 세바스토폴 군항을 구축하고 흑해 함대를 주둔시켜 흑해, 지중해로 가는 진출 기지로 삼았다. 영국, 프랑스, 튀르크 연합군은 러시아의 흑해 함대를 괴멸하기 위해 세바스토폴 군항과 군항을 지키는 세바스토폴 요새를 공격했다. 양측에서 20만 명 이상의 병사가 동원되어 요새를 둘러싼 처참한 공격이 수개월이나 이어졌다. 분투했던 러시아군이 결국 후퇴하면서 이 전쟁은 러시아의 패배로 끝이 났다.

젊은 시절의 톨스토이(1828~1910)는 이 공방전에 참전했고 훗날 출세작인 『세바스토폴 이야기』(1855~1856)를 썼다. 영국의 시인 테니슨(1809~1892)은 「경기병단의 돌격」(1855)이라는 시를 썼는데, 크림전쟁의 한 국면인 발라클라바 전투에서 영국 경기병단이 괴멸한 것을 노래한 시로, 영웅주의적 내용과 명구名句로 지금도 영어권에서 애송되고 있다. 또한 나이팅게일(1820~1910)이 간호사로 활약하여 적십자 설립의 모태가 된 전쟁으로 알려져 있기도 하다.

크림전쟁에서의 패배는 러시아 지도층에게 심각한 타격을 입혔다. 패배의 원인은 후진적인 경제와 농노제에 있으며 이를 간과하면 혁명이 일어날 것이라는 인식이 퍼졌다. 이리하여 알렉산드르 2세(재위 1855~1881) 아래 1861년 농노제가 폐지되고 지방 행정, 교육, 사법 등의 개혁이 이루어졌다. 당시 러시아 전체 농민의 약 절반이 농노였다. 우크라이나에서는 구헤트만 국가의 좌안의 경우, 농노가 농민 전체의 3분의 1, 구슬로보다 우크라이나의 경우 4분의 1, 구폴란드령의 우안의 경우 4분의 3을 차지하고 있었다. 농노 해방으로 농민들은 지주에게서 벗어났지만 그들의 경제적 상황이 나아진 것만은 아니었다. 농노들은 토지 취득의 대가를 치러야 했고 현금이 없는 농민들은 빚투성이가 됐다. 또한 토지를 취득할 때는 예전에 경작했던 면적보다 좁은 토지가 주어지곤 했다. 게다가 의료 사정의 개선 등으로 농촌 지대의 인구가 증가하여 1인당 농민의 토지는 세분됐고 이러한 이유로 한편으로는 부유한 농민이 나타나기도 했지만, 대부분의 농민은 가난해져 농촌 내 실업이 발생했다. 이러한 빈곤과 인구 압력은 원격지로의 이민 현상을 낳았다.

러시아 제국 내의 우크라이나에서는 체르니히우현을 중심으로 하는 좌안 우크라이나의 농민들이 1880년대부터 20세기 초에 걸쳐 우랄산맥 동쪽으로 대거 이민을 떠났다. 그들은 제국의 국경을 넘는 것이 허용되지 않았기 때문에 제국 내에서 이주했다. 중앙아시아, 시베리아로도 이민을 떠났지만 가장 많은 수가 떠난 곳은 수천 킬로미터 떨어진 아주 먼 러시아의 극동 지방이었다. 1896년부터 1906년 사이에 약 160만 명의 우크라이나인이 동쪽으로 이주했다. 그 배경에는 당시 시베리아 철도의 완성(1903)도 있었지만 체르니히우현에서 이민을 간 대부분의 사람은 오데사항에서 머나먼 수에즈 운하, 인도양을 건너 배로 한 달 반이나 걸려 블라디보스토크항에 도착했다. 미국으로 가는 줄 알았더니 블라디보스토크에 도착해 있더라는 우스갯소리가 있을 정도였다. 1914년에는 러시아 극동 지방에 러시아인의 두 배에 달하는 200만 명의 우크라이나인이 정주했다. 지금도 러시아 극동 지방의 주민은 과반수가 우크라이나인이라고 한다. 실제로 극동 지방과 사할린주 주민의 이름을 살펴보면 우크라이나인 특유의 성씨인 '엔코'로 끝나는 이가 많다. 그러나 이주한 지 1세기나 지났기 때문에 우크라이나 기원이지만 자신들을 우크라이나인으로 의식하기보다는 러시아인으로 생각하는 사람이 많다고 한다. 그나저나 머나먼 극동 지역에 우크라이나인의 자손이 이렇게나 많이 살고 있었다니 참으로 뜻밖이다.

국민 시인 타라스 셰브첸코

러시아 제국 아래, 우크라이나 내셔널리즘의 싹은 코사크 스타르시나가 자신의 가문을 러시아 귀족으로 인정받으려 옛것을 두루 살펴보던 중에 틔워졌다. 이로써 우크라이나만의 역사, 관습, 민화, 민요 등에 관한 관심이 고조됐다. 그러나 대부분의 귀족 엘리트층은 러시아 문화에 동화됐기 때문에 이러한 관심은 새롭게 형성된 지식인(인텔리겐치아) 계층에 의해 계승됐다. 지식인들은 관료 양성을 위해 정부가 만든 고등교육 기관에서 교육을 받은 이들 가운데 나타났다. 1805년 하르키우에 러시아 제국 내 우크라이나 최초의 대학이 설립됐고 1834년에는 키예프대학이 설립됐다.

러시아 제국 내에서는 우크라이나어가 러시아어 방언에 지나지 않는다고 여겼다. 따라서 진실하고 고상한 것은 러시아어로 표현해야 한다는 인식이 있었다. 코사크의 후예인 고골이 대학에 지망했을 때 사용한 언어는 러시아어였다. 그러나 우크라이나의 민속 자료를 수집하고 연구하는 동안 우크라이나어를 러시아어와는 다른 독자적인 언어로 인식하기 시작했다. 그 첫 성과가 최초의 우크라이나어 문학 작품인 코틀랴레우스키(1769~1838)의 『에네이다』(1798)다. 고대 로마의 고전 작품인 베르길리우스의 『아이네이스』를 코사크 버전으로 패러디한 작품으로 그다지 심각한 내용을 다룬 것은 아니었다.

타라스 셰브첸코

이러한 분위기에서 우크라이나어 최고의 문학인으로 평가되는 타라스 셰브첸코(1814~1861)가 등장한다. 키예프의 농촌 마을에서 농노의 아들로 태어난 셰브첸코는 어린 나이에 고아가 됐다. 영주는 그림에 재능이 있던 그를 그림 교사로 고용하기 위해 상트페테르부르크로 회화 유학을 보낸다. 그림을 배우며 시 창작에도 천부적인 소질을 보인 그는 수도에서 활동하는 일류 문학인들과도 교류하게 된다. 그러던 중 수도에 있던 지인들의 모금활동으로 영주에게 돈을 주고 농노 신분에서 벗어날 수 있게 된다. 1840년에는 최초의 시집 『코브자르』를 출간한다. 코브자르kobzar란 민족 악기 코브자를 연주하며 노래하는 음유 시인인데 대부분 맹인이다. 셰브첸코는 농민의 구어와 방언, 고대 교회 슬라브어를 통합하여 힘 있는 우크라이나어를 창조했다. 셰브첸코의 출현으로 우크라이나어는 비로소 고도의 내용, 복잡한 감정을 표현할 수 있는 언어의 지위를 얻었다. 『코브자르』의 출현은 현재에 이르기까지 우크라이나 문학사상 최대의 사건으로 꼽힌다. 셰브첸코는 우크라이나의 자연과 사람들, 역사에 대한 애정, 예종隸從으로부터의 해방에 대해 진지하고 솔직한 어조로 읊었다. 러시아에 대한 분노도 컸다. 그중 「유언」(1845)이라는 작품을 소개하고자 한다.

내가 죽거든

그리운 우크라이나의

넓은 언덕 위에

묻어주오.

끝없는 논과 드네프르강

세찬 물살의 강변이 보이도록

잦아들지 않는 물결 소리가 들리도록.

드네프르강이 우크라이나에서

모든 적의 피를

푸른 바다로 흘려보낼 때

나는 논이든 산이든

모든 것을 버릴 것이오.

신의 곁으로 달려가

기도도 할 것이오 하지만 지금은

신이 계신 곳을 모르오.

나를 묻거든

사슬을 끊어 일어나고

포학한 적의 피와 맞바꾸어

우크라이나의 자유를

쟁취해다오.

그리고 나를 위대하고 자유로운

새로운 가족의 일원으로

잊지 말아주오.

다정한 말을 건네주오.

1846년, 셰브첸코는 『흐멜니츠키전』(1857)을 쓴 역사가 코스토마로프(1817~1885), 우크라이나어 성서를 완성한 작가이자 역사가 크리시(1819~1897) 등 우크라이나의 지식인 10여 명과 함께 '키릴-메토디 동포단'을 결성했다. 지식인의 문화계몽적 단체로 농노제 폐지와 전 슬라브 민족의 연대 등을 표방했지만 반정부 활동을 하지는 않았다. 그러나 1847년 단체의 회원 전원이 체포됐다. 셰브첸코는 중앙아시아에서 일병으로 무기한 근무하는 형을 받아 회원 중에서도 형이 가장 무거웠을 뿐만 아니라, 니콜라이 1세(재위 1825~1855)의 직접 명령으로 시를 쓰는 것도 그림을 그리는 것도 금지됐다. 셰브첸코는 10년 후, 즉 니콜라이 1세 사후인 1857년에 특별 사면되어 우크라이나로 돌아왔지만 얼마 지나지 않아 세상을 떠났다.

셰브첸코는 사후에 우크라이나 민족주의와 독립운동의 상징적인 존재가 됐다. 다만 소련 시대에 셰브첸코의 평가에는 모호한 부분이 있다. 소련 정부도 셰브첸코를 완전히 무시할 수만은 없었기 때문에 그를 농민의 이익을 옹호하고 차르의 전제정치와 농노제 폐지를 위해 단호하게 싸울 것을 호소한 '위대한 우크라이나의 혁명적 민주주의자'로 평가했다. 그러나 그의 또 하나의 얼굴인 반러시아, 우크라이나 민족주의의 측면은 조심스럽게 감춰졌다. 그의 작품 가운데 해당 부분은 시집에서 제외됐다. 우크라이나 독립 후에는 우크라이나 최대의 위인으로 평가되어 거리와 시설 곳곳에 그의 이름이 새겨졌다. 최고 단위의 지폐인 100흐리브냐에는 그의 초상이 새겨져 있다.

내셔널리즘의 고양과 정당의 성립

1855년, 초超보수주의자인 니콜라이 1세가 죽은 뒤 개혁주의자인 알렉산드르 2세가 즉위하자 통제는 조금 느슨해진다. 키릴-메토디 동포단의 회원이었던 지식인들은 '호로마다(사회)'라는 조직을 결성하고 활동을 재개했다. 또한 1861년에 최초의 잡지 『오스노브아(기초)』를 발간했다. 코스토마로프는 논문 「두 개의 러시아 내셔널리티」를 통해 러시아와 우크라이나는 별개의 민족이라고 주장했다.

그러나 러시아 정부는 다시 내셔널리즘에 대한 경계를 강화했고, 1863년 내무대신 발루예프(1814~1890)가 우크라이나어로 쓰인 교과서와 종교서의 출판을 금지했다. 단, 문예에 한해 우크라이나어를 사용할 수 있도록 허용했다. 호로마다는 해산됐고 『오스노브아』는 폐간에 이르렀다. 1876년에는 이른바 '엠스 칙령'으로 인해 우크라이나어 서적의 수입 전면 금지, 강연에서 우크라이나어 사용 금지(노래도 프랑스어나 러시아어로 번역하여 부를 것), 우크라이나어 신문의 발행금지, 초등학교에서 우크라이나어로 교육 금지, 학교 도서관에서 우크라이나어 서적 추방, 우크라이나 관련 단체의 폐쇄, 우크라이나 운동 활동가의 추방 등 상당히 철저한 우크라이나 민족 탄압이 이루어진다.

호로마다의 주요 회원이었던 사상가 드라호마노우(1841~1895)는 낭만적인 애국심이 아니라 실천적인 애국심을 강조하며 "진정한 민주주의자는 우크라이나 애국자여야 하고 진정한 우크라이나 애국자는 민주주의자여야 한다"고 했다. 그는 엠스 칙령으로 우크라이나에서 추방된 후, 제네바에서 잡지 『흐로마다』를 발행하여 러시아와 오스트리아의 우크라이나인들에게 호소함으로써 우크라이나 전체의 내셔널리즘 고양에 힘썼다.

19세기 말부터 20세기 초에는 온건파에서 과격파까지 각종 결사와 정당이 출현한다. 최초의 마르크스주의 조직은 1893년에 결성된 '사회민주주의자의 러시아 그룹'이었다. 1900년에는 러시아 제국 내 우크라이나 최초의 정당인 '혁명 우크라이나당RUP'이 지하 정당으로 결성됐다. 이 당은 하르키우의 학생들을 중심으로 사회민주주의자와 마르크스주의자로 구성되어 있었고 레닌에게 영향을 받은 그룹은 1905년 '우크라이나 사회민주연합Spilka'을 결성했다. 이것은 러시아 사회민주노동당(훗날 러시아 공산당)의 우크라이나 버전이었다. 그리고 이 당에서 볼셰비키와 멘셰비키 계통이 파생됐다. 또한 마르크스주의자들이 떠난 뒤, 혁명 우크라이나당은 '우크라이나 사회민주노동당USDRP'을 결성했다.

우크라이나의 민족운동이 새로운 단계에 접어든 것은 러일전쟁에서 러시아의 패배를 계기로 일어난 1차 혁명 때다. 1905년 1월, 우크라이나 출신 성직자 가폰(1870~1906)의 주도로 상트페테르부르크에서 평화롭게 청원하던 한 단체를 향해 경찰이 발포하여 많은 사상자가 발생했다. 이른바 피의 일요일 사건을 발단으로 각지에서 시위가 빈발했다. 군에서도 반란이 일어났는데 가장 유명한 사건은 오데사항에서 일어난 전함 포템킨의 반란이다. 같은 해 6월, 하르키우 출생의 마티우셴코에게 지도를 받은 수병들(대부분이 우크라이나인)은 시위 참가자에 대한 발포 명령을 거부하고 함을 점령하여 루마니아로 도주했다. 이 사건은 러시아 해군 사상 처음으로 함선에 적기가 휘날렸다는 점에서 소련 시대에는 러시아 혁명의 선구적인 행동으로 널리 선전됐다. 1925년에 이 사건을 주제로 제작한 에이젠시테인(1898~1948) 감독의 영화 「전함 포템킨」은 몽타주 기법을 처음으로 구사한 작품으로 영화 역사상 높은 평가를 받고 있다.

이 혼란의 상황에 위기감을 느낀 차르는 어쩔 수 없이 한발 물러선다. 국민에게 전면적인 시민권을 부여하고 의회(두마duma) 개최를 약속했다. 이것은 전제정치에서 입헌정치로의 전환을 의미하는 획기적인 사건이었다. 우크라이나에 한해서는 1876년 엠스 칙령에 의한 우크라이나어 사용 제한, 결사 제한이 철폐됐다. 이로써 다수의 우크라이나어 신문이 발행됐고 각지에서 결사가 이루어졌다. 그러나 두마는 몇 차례의 선출이 이루어지는 동안 점차 보수화되어갔다. 보수적인 두마의 지지를 얻어 정부는 반동화反動化하여, 우크라이나에서도 많은 단체가 해산을 당했으며 출판물도 자취를 감췄다. 러시아 좌파도 우크라이나의 민족주의를 '배신 분리주의' 혹은 '마제파주의'라고 비난하며 우크라이나의 자주성을 인정하려 하지 않았다. 이 부분에서 러시아는 정부든 좌파든 공통된 인식을 하고 있었다.

오스트리아 제국하의 우크라이나

오스트리아 제국에 편입된 우크라이나는 세 개 지역으로 이루어졌다. 첫째는 1772년에 폴란드 분할로 획득한 구폴란드령인 동할리치나 지방(주도시 리비우)이다. 둘째는 2년 후인 1774년에 오스만튀르크 제국으로부터 획득한 부코비나 지방(주도시 체르니우치)이다. 부코비나는 카르파티아산맥의 동남쪽 기슭에 자리한 비교적 좁은 지역으로 루마니아인과 우크라이나인이 함께 거주했다. 셋째는 카르파티아산맥의 남쪽 기슭에 있는 자카르파티아 지방(주도시 우주호로드)이다. 이곳의 주요 민족은 우크라이나인이었으나 중세 이래 헝가리 왕국의 영지였고, 헝가리가 오스트리아에 속한 이후에는 오스트리아의 간접 지배하에 들어갔다. 그리고 오스트리아 제국하의 우크라이나인은 종교적으로는 대부분 우니아트(그리스 가톨릭)였다. 또한 할리치나에서는 우크라이나인을 루스인이 라틴어화된 단어로 '루테니아인'이라고 불렀다.

동할리치나는 오스트리아 제국이 별도로 획득한 폴란드인 거주지역 서할리치나(주도시 크라쿠프)와 합쳐져 할리치나(영어로 '갈리샤') 주가 됐다. 이 때문에 우크라이나인이 거주하는 동할리치나와 폴란드인이 거주하는 서할리치나가 하나의 행정 단위가 되면서 같은 주 내에 거주하는 폴란드인과 우크라이나인 사이의 불화는 큰 문제로 떠올랐다. 우크라이나인은 대부분 농민이었고, 도시 주민은 주로 유대인이었다. 동할리치나의 경제는 폴란드 귀족이 거느린 농노(농민의 4분의 3)를 기초로 하는 장원농업으로 돌아가고 있었다. 할리치나는 새롭게 구성된 오스트리아 제국 안에서는 근경에 있는 가장 가난한 지역이었다.

그러나 할리치나가 오스트리아의 지배 아래 들어갔을 때는 계몽

군주인 마리아 테레지아 여제(재위 1740~1780)와 요제프 2세(재위 1780~1790)의 시대였고, 두 군주는 합리적인 근대적 관료 국가를 목표로 했기 때문에 차르 전제의 러시아에 비하면 나은 형편이었다. 두 군주 아래 18세기 말에는 고문 금지를 포함한 형법 개정과 모든 종교 간의 평등, 초등 교육의 의무화, 불필요한 수도원 영지의 세속화, 귀족의 면제 특권 폐지, 농노의 실질적 폐지(부역 제한, 결혼의 자유, 직업 변경의 자유, 이동의 자유), 우크라이나 최초의 대학인 리비우대학 설립 등의 개혁이 이루어졌다. 다만 요제프 2세 사후에 개혁 분위기가 흐려지면서 농노제는 이전에 가까울 정도로 부활했다.

1848년 프랑스의 2월 혁명을 발단으로 각지에서는 민주화와 민족의 독립을 요구하는 시위 및 소요가 발생했다. 특히 오스트리아 제국에서는 긴 세월 동안 쌓인 불만이 폭발하여 수도 빈에서 학생과 시민들은 민주화를, 각 민족은 자치와 독립을 요구했다. 제국의 와해를 방지하기 위해 오랜 세월 민족주의를 억압해온 재상 메테르니히(1773~1859)가 해임되고 검열 폐지, 입헌의회의 소집 약속, 농노제 완전 폐지 등 위로부터의 개혁이 단행됐다.

할리치나에도 1848년 최초의 우크라이나인 정치 조직 '최고 루테니아 평의회'가 설립되었다. 이 평의회는 루테니아인이 폴란드인과도, 러시아인과도 다른 민족이며 전체 1500만 명 중 할리치나에 250만 명이 거주하는 대大루테니아인의 일부라고 선언했다. 최초의 우크라이나어 신문도 발행했다.

이후로도 할리치나에서 우크라이나인의 민족 각성의 움직임은 꾸

준히 일어났다. 1860년대와 1870년대에는 민족주의적 조직이 여러 개 결성됐다. 1890년에는 작가 이반 프랑코(1856~1916) 등이 설립한 '우크라이나 급진당'이 근대 우크라이나 역사상 처음으로 우크라이나의 통일과 독립을 표방했다. 1890년대부터 1900년대 초에는 각종 문화운동도 활발히 이루어졌다. 1894년에는 리비우대학에 우크라이나 연구 강좌가 처음으로 개설됐고 키예프 출생 역사가인 미하일로 흐루셰브스키(1866~1934)가 교수직을 맡았다. 그리고 흐루셰브스키의 지도로 '셰브첸코 과학협회'가 우크라이나의 과학 아카데미 성격의 역할을 했다.

이처럼 19세기 말부터 20세기 초에는 러시아 제국 내 우크라이나 민족주의 운동이 저조했던 반면, 할리치나는 오스트리아(1867년부터 오스트리아-헝가리 이중 제국이 된다)의 비교적 자유로운 분위기 속에서 우크라이나 민족주의의 중심이 됐다.

신대륙으로의 이민

1848년에 이루어진 오스트리아의 농노 해방령이 농민의 생활을 개선시킨 것만은 아니다. 농민들에게는 영주의 토지를 취득하기 위한 자금이 없었지만 세금 납부의 의무는 있었다. 예전에는 공유지였던 산림과 목장 등이 영주의 재산으로 취급됐던 터라 그들의 땅을 이용하려면 결국 자금이 필요했다. 인구 증가로 인해 취득한 토지는 아이들에게까지 세분되면서 경영이 성립되지 않았다. 실제로 1인당 농지는 1859년 5헥타르에서 1900년 2.5헥타르까지 감소했다. 영세한 농민들은 늘 빚에 시달렸고 연간 150~250퍼센트의 고리대금을 빌려 돈을 갚지 못하면 토지를 처분했다. 그런 탓에 농노 시대와 마찬가지로 영주 밑에서 노동을 할 수밖에 없었다. 거기서 얼마간의 현금 수입이 생겨도 노동의 현금화는 주점에서만 가능했기 때문에 돈을 찾으러 주점에 갔다가 술을 마시는 데 써버렸다. 더군다나 영주는 알코올 사업을 독점하고 있었던 터라 농민들에게 음주를 권장했다. 초등학교가 1500명당 하나밖에 없었던 시절에 주점은 220명당 하나였을 정도였다고 한다. 도시로 일하러 나가고 싶어도 오스트리아 중심지나 체코처럼 공업이 발달하지도 않았다.

여기서 농민들이 활로로 모색한 것은 신대륙으로의 이민이었다. 이민은 1880년대에 시작되어 처음에는 미국 동북부의 공업지대로 향했다. 19세기와 20세기 경계에는 미국과 캐나다에 농민으로 이주했다. 미국과 캐나다의 농업지대는 고향 우크라이나와 환경이 비슷해서 적응하기 수월했다. 1881년부터 1912년까지 할리치나와 부코비나에서 43만 명, 자카르파티아에서 17만 명이 고향을 떠났다.

현재 미국에는 150만 명, 캐나다에는 100만 명의 우크라이나계 주민이 거주하고 있다고 한다. 미국에서는 우크라이나계 미국인의 세력이 폴란드계나 그리스계만큼 강하지 않지만 제1차 세계대전 중에는 우크라이나의 독립 운동을 지지했다. 또한 대전 중에 발생한 우크라이나 대기근 시기에는 세계의 주의를 환기시켰으며 제2차 세계대전 후 냉전 시기에는 소련과 싸우는 우크라이나인 파르티잔을 구조하는 활동을 펼쳤다. 미국은 우크라이나 독립 후 어딘지 모르게 우크라이나 편에 서는 자세를 취하는데 그 이유 중 하나는 우크라이나계 미국인의 존재라고 한다.

우크라이나인은 캐나다의 매니토바주, 서스캐처원주, 앨버타주의 평원지대에서 농민으로 정주하여 성공을 거뒀다. 지금으로부터 2대 전의 캐나다 총독 나티신, 전前 서스캐처원주 수상 로마노우, 전 알바 타주 수상 클라인은 모두 우크라이나계이며 정치적으로도 힘을 보유하고 있다. 캐나다에서는 TV에서 우크라이나어를 쓰는 방송도 시청할 수 있다. 우크라이나어 사전, 학습서, 우크라이나 역사서도 캐나다에서 출판된 것이 많다. 내가 우크라이나에 주재하던 시절 경험한, 이민으로 이어진 그들의 강한 결속력은 놀라웠다. 독립 후 우크라이나 정부에 파견된 여러 분야의 고문과 우크라이나와 사업을 하려는 이들 중에는 우크라이나계 미국인, 캐나다인이 많은데 그들은 마치 자기 나라 일처럼 우크라이나를 사랑하고 우크라이나 입장에 서려 했다. 그리고 독립 우크라이나 정부도 미국과 캐나다 양국에 특별히 의지하고 있음을 알 수 있었다.

곡창지대와 항구 도시 오데사

앞서 농노제도가 폐지됐어도 농민의 생활은 개선되지 않았다고 설명했지만 그럼에도 우크라이나는 최대의 곡창지대를 이루어 '유럽의 빵 바구니'가 됐다. 기존의 농촌이 피폐했던 것에 반해 18세기 말 이후 드네프르강 유역과 남우크라이나의 스텝 초원지대가 일부 귀족, 자산가 등에 의해 규모 있게 조직적으로 개간되면서 오직 수출만 목적으로 한 농업 비즈니스로 개발된 결과다. 스텝 초원지대는 당시만 해도 경작자가 없었기 때문에 광대한 토지를 저렴하고 손쉽게 취득할 수 있었을 뿐만 아니라 토양이 비옥하고 적출항과의 거리도 가까웠다. 19세기 초에는 스텝 초원지대에 80만 헥타르의 농지가 있었지만 1860년대에는 600만 헥타르까지 확대됐다. 이로써 이 지역은 러시아 제국에 가장 중요한 곡물 생산지가 됐다. 최대 작물인 밀을 보면 1812년부터 1859년 사이에 러시아 밀 수출의 75퍼센트가 우크라이나에서 수출됐다. 1909년부터 1913년까지 러시아 밀 수출의 98퍼센트, 옥수수의 84퍼센트, 호밀의 75퍼센트가 우크라이나에서 수출됐다. 또한 세계 곡물 생산의 비중에서도 우크라이나는 중요한 위치를 차지하여 1909년부터 1913년 사이에 전 세계 보리의 43퍼센트, 밀의 20퍼센트, 옥수수의 10퍼센트가 이곳에서 생산됐다.

곡물은 아니지만 수익 작물로 큰 경제적 의미를 지니는 것은 사탕무(비트) 생산과 설탕 정제 공업이었다. 유럽에서 드네프르 우안 지방만큼 사탕무 재배에 적합한 토지는 없다고 평가됐다. 설탕 산업은 폴란드 귀족 브라니츠키, 포토츠키, 러시아인 보브린스키, 우크라이나인 테레셴코, 시미렌코, 유대인 브로츠키, 할페린과 같은 백만장자를 탄생시켰다. 설탕 공업의 중심지였던 키예프에는 당시 지어진 테레셴코 가문의 '설탕 저택'이 남아 있는데 지금은 미술관으로 탈바꿈했다. 좌안의 수익 작물이었던 담배는 당시 러시아 제국 생산 전체의 절반 이상을 차지했다. 그 밖에 우크라이나는 보드카 생산으로도 유명했다. 농작물, 설탕, 담배, 보드카는 지금도 우크라이나의 주요 산물(및 그 가공품)로 꼽힌다.

주로 곡물의 수출을 위해 흑해 연안에는 오데사, 미콜라이우, 헤르손 등의 항구 도시가 18세기 말부터 건설되어 급속하게 발달했다. 최대의 항구는 오데사였다. 오데사는 고대 흑해 서북안에 있는 그리스의 식민도시 오데소스(그리스 신화의 영웅 오디세우스에서 따온 이름)의 이름을 딴 것이다. 오데사는 1794년 예카테리나 2세의 칙령을 바탕으로 건설됐고 1817년에 세금 면제의 특권을 얻은 후 눈부신 발전을 이루었다. 1865년에는 오데사와 포딜리아 지방을 잇는 우크라이나 최초의 철도가 부설되어 곡물의 내륙 수송이 가능해지자 발전에 박차가 가해졌다. 1847년에는 러시아 전체 곡물 수출의 절반 이상이 오데사항에서 이루어졌다. 그야말로 곡창과 오데사항은 때려야 뗄 수 없는 관계였다.

오데사의 인구는 1860년 11만 명에서 1897년 40만 명에 육박하여 우크라이나 최대의 도시가 됐고 러시아 제국 전체에서도 상트페테르부르크, 모스크바에 이은 제3의 도시로 급성장했다.

오데사의 초기 장관으로는 17세기 프랑스의 대정치가 리슐리외 추기경의 혈통을 잇는 프랑스인 귀족 아르망 에마뉘엘 드 리슐리외(1766~1822)가 임명되어 오데사 항구와 도시 발전에 힘을 쏟았다. 그는 1814년 프랑스로 귀국 후, 루이 18세의 재상이 됐다. 영화 「전함 포템킨」의 유명한 장면 중 하나인 유모차가 굴러떨어지는 장면에 등장하는 해안 끝의 계단을 오르면 나타나는 광장에는 리슐리외의 공적을 치하하여 동상이 세워져 있다. 시인 푸시킨은 수도에서 추

방되어 유배 중이던 한때, 오데사 주재 신러시아 총독 보론초프 백작
(1782~1856)의 부하였던 적이 있다. 보론초프 백작은 교양 있는 인
물로 오데사를 위해 공헌했지만 푸시킨이 백작 부인에게 구애한 적
이 있어 푸시킨과의 사이는 좋지 않았다. 그래서인지 푸시킨은 자신
의 작품 안에 등장하는 백작을 부정적으로 그린 듯하다.

러시아 제국에게 신흥 항구 도시 오데사는 세계로 향하는 남쪽 창
이었다. 범세계적인 도시로서 수출업은 그리스, 이탈리아, 독일, 유
대인 상인들에 의해 이루어졌다. 그 밖에 튀르크인, 아르메니아인,
서유럽 및 동유럽 민족이 잡다하게 거주하고 있었다. 같은 정교도라
는 이유로 그리스인의 수가 많아 튀르크로부터의 독립 운동의 거점
이 됐다. 러시아 혁명 직전에는 유대인의 수가 점차 증가하여 시 인
구의 거의 절반을 차지하며 러시아 및 동유럽의 유대인 세계의 중심
이 되었다. 이들 유대인 중에서 음악가 오이스트라흐(1908~1974),
밀슈타인(1904~1992), 길렐스(1916~1985), 작가 바벨(1894~1941)
등이 탄생했다. 또한 레닌, 흐루쇼프, 브레즈네프와도 친분이 있었던
독특한 미국인 실업가 아먼드 해머(1898~1990)의 아버지도 오데사
출신 유대인이었다. 바벨『오데사 이야기』(1931)에서 오데사의 유
대인 슬럼가 몰다반카를 역동적으로 그렸다. 러시아 문학 연구자인
나카무라 다다시는 당시 오데사 문학청년들의 분위기를 전하기 위해
슬라빈의 다음 구절을 소개한 바 있다.

오데사에 사는 사람들의 성격에는 반성이나 자기 성찰과 같은 요소가 조

금도 없었다. 그들에게는 추상에 대한 기호가 완전히 결여되어 있었다. (…) 이 도시의 짙고 영원히 푸른 하늘 아래 살던 이들은, 무언가를 이해하기 위해서는 모름지기 그것을 손으로 직접 만지고 이로 씹어보지 않으면 성에 차지 않는 사람들이었다. 오데사에서 도스토옙스키가 인기를 얻은 적은 한 번도 없다. 톨스토이는 애호하는 인물이었지만 그것은 그의 철학을 제외한 것에 한해서다. 이 도시 문학청년들의 뇌리에 꽃을 피운 것은 푸시킨, 발자크, 스티븐슨, 체호프 등이었다.

19세기 말에는 러시아 제국 내에 520만 명의 유대인이 거주하고 있었는데 이 중 우크라이나에 200만 명이 거주했다. 유대인은 도시민이었고 우크라이나의 도시에서는 도시 인구의 53퍼센트 이상이 유대인이었다. 그중에서도 우안의 소도시는 인구의 70~80퍼센트가 유대인이었다. 숄렘 알레이헴(1859~1916)의 『우유 배달부 테비에』(1894~1913)를 뮤지컬화한 「지붕 위의 바이올린」은 남우크라이나의 유대인 사회를 슬픈 어조로 그려냈다. 유대인 중에는 부자도 있었지만 대부분은 가난한 소상인이나 기술자, 공장 노동자였다. 그러나 마찬가지로 가난한 우크라이나인 농민들에게 유대인은 상인, 고리 대부업자, 장원 관리인 등의 직업을 가진, 자신들을 착취하는 괘씸한 인종으로 보였다. 이러한 배경에서 '포그롬pogrom'이라 불리는 유대인에 대한 집단 폭행과 약탈이 1881년과 1903년에 일어났는데, 이 사건은 러시아 제국 안에서도 특히 우크라이나에서 대규모로 일어났다. 관헌은 폭행을 묵인했다고 한다. 심각한 타격을 입은 유대인들은

19세기 말 많은 수가 신대륙으로 이주했다. 그들의 자손은 현재의 유대계 미국인의 핵심이 됐다.

공업화

우크라이나의 근대화 및 공업화를 선도한 것은 철도 건설이었다. 19세기 후반 유럽 전역에서 일어난 철도 건설 붐에서 러시아 제국도 예외는 아니었는데, 특히 러시아에서는 크림전쟁 패배의 주요 원인을 운송 인프라의 부족함으로 인식하여 군사·경제 방면에서 철도망 정비 붐이 일어났다.

앞서 말한 바와 같이 우크라이나에서는 곡물 수송을 위해 1865년에 이루어진 오데사와 포딜리아현의 발타를 잇는 공사가 철도 건설의 시초다. 1870년대에는 철도 건설이 정점에 올라 우크라이나의 주요 도시 간, 우크라이나와 모스크바를 잇는 철도망이 정비됐다. 곡창과 오데사 항, 그리고 철도는 삼위일체의 관계였다.

철도 건설과 운행에는 석탄과 철이 필요하다. 우크라이나의 동남부는 석탄과 철의 보고로 알려졌다. 석탄의 경우, 돈바스 지방에서 대규모 탄전이 발견되어 채굴 산업이 급속도로 발전했다. 1870년부터 1900년 사이에 돈바스 지방에서 생산된 석탄량은 1000퍼센트 증가했다. 1880년에는 250곳 이상의 탄전이 존재하여 러시아 제국 전체 석탄의 43퍼센트를 생산하는 최대의 산지가 됐다.

석탄 산업이 호황을 이룬 지 10년 후인 1880년대에는 제철업이 성황하기 시작했다. 크리비리흐(러시아어로 '크리보이로크')의 철광산에서 채굴한 철광석을 이용하여 드네프르-돈바스 지방에 대규모 제철업 지대가 출현했다. 1890년부터 1900년 사이의 철광석 생산을 보면 우랄 지방이 4배 증가했던 반면, 우크라이나는 158배 증가했다.

이처럼 러시아 제국 말기에 우크라이나 동남부는 제국 최대의 공업지대로 발전했는데, 이 과정은 당시 유럽 전체로 봤을 때도 가장 급속한 공업화였다. 다만 이렇게 성립된 우크라이나의 공업은 원료 및 소재 산업에 편중된 나머지 완성품을 만드는 산업은 발달하지 못했다. 1913년에는 우크라이나의 채굴 산업이 제국 전체의 70퍼센트를 차지했지만 완성품은 15퍼센트밖에 되지 않았다. 우크라이나는 더 높은 부가가치를 창출하는 완성품을 러시아에 의존할 수밖에 없었다.

우크라이나는 중공업이 급성장하자 공장 노동자가 필요했지만 이는 근교의 농촌에서 인원을 충당할 수 있는 단순한 문제가 아니었다. 앞서 언급했듯이 농민은 토지 부족과 인구 증가로 살길이 막막해져 상당수가 공업지대로 흘러 들어간 것이 사실이지만 그 이상으로 공장 노동자가 된 쪽은 러시아인이었다. 전술한 바와 같이 우크라이나의 도시는 이전부터 폴란드인, 유대인, 러시아인이 살던 곳으로, 그들의 언어와 생활 양식은 농촌에 사는 우크라이나인과는 크게 달랐던 탓에 농민들에게 도시는 살기 불편한 이질적인 세계였다. 따라서 공업화와 함께 노동자가 필요해졌다고 해서 농민들이 일을 찾아 무조건 도시로 나간 것은 아니었다. 오히려 농업을 고집하며 새로운 토지를 찾아 극동 지방 등으로 이주한 사람도 많았다. 고용자도 농민

출신 우크라이나인보다는 즉각 현장에 투입할 수 있는 숙련된 노동자인 러시아인들을 데려오는 것을 선호했다.

러시아인이 우크라이나에 처음 들어왔을 때는 헤트만 국가의 관료나 도시 주민의 자격이었지만 그 수는 한정되어 있었다. 그들이 대규모로 들어온 것은 19세기 후반의 공업화에 의해서다. 1897년 러시아 제국하의 우크라이나에 거주하게 된 러시아인 인구는 300만 명으로 그 비율은 12.4퍼센트까지 치솟았다. 이처럼 한쪽은 관료, 지주, 지식인, 예술가, 실업가 등 지도 계층, 다른 한쪽은 공장과 광산의 노동자가 주로 러시아인에 의해 채워졌다. 예를 들어, 흐루쇼프는 러시아인이지만 그의 아버지도, 본인도 젊은 시절에는 돈바스 광산 도시에서 노동자로 일했다. 남부 중공업 지대의 숙련 노동자 가운데 석탄 산업의 경우 25퍼센트, 제철 등 금속 산업의 경우 30퍼센트만이 우크라이나인이었다. 도시의 러시아인 비율도 증가하여 19세기 말 드네프르강 지역은 34퍼센트, 특히 미콜라이우, 하르키우, 키예프 각 도시에서는 러시아인의 인구 비율이 절반을 넘었고 오데사, 카테리노슬라우 각 시에서도 절반 가까이 증가했다.

이렇게 1860년 8만2000명이었던 공장 노동자의 수는 1914년 630만 명으로 불어났다. 특히 단기간에 생긴 공장의 근로 조건은 열악했고 임금이 낮았을 뿐만 아니라 안전 대책, 의료 대책 등은 거의 전무했다. 이로 인해 노동자와 고용자 사이의 분쟁이 증가했다. 노동자는 프롤레타리아(노동계급)화되어갔다. 이러한 상황에서 우크라이나도 1917년의 러시아 혁명을 맞게 된다.

우크라이나 출생의 예술가와 학자

러시아 제국 지배하의 우크라이나에서는 많은 예술가와 학자가 배출됐다. 그중 몇몇에 대해서는 앞서 언급했지만 다시 한번 소개하고자 한다. 그들의 대부분은 20세기에 활약했으나 모두 이 시대에 태어났으므로 함께 다루기로 한다.

먼저 작가 중에 우크라이나인으로는 고골, 타라스 셰브첸코, 러시아인으로는 『백은 공작』의 저자인 알렉세이 톨스토이(1817~1875), 키예프 출생의 미하일 불가코프(1891~1940)가 있다. 유대인으로는 『지붕 위의 바이올린』의 원작자 숄렘 알레이헴, 오데사 출생의 이삭 바벨, 키예프 출생의 일리야 에렌부르크(1891~1967)가 있으며 폴란드인으로는 조지프 콘래드(1857~1924)가 있다.

콘래드의 본명은 코제니오프스키이며, 슐라흐타 계급 출신으로 우안 키예프의 베르디체프 근교 텔레호베 마을에서 태어났다. 그의 아버지와 큰형, 둘째 형 모두 폴란드 독립 운동의 투사였다. 어린 시절에 아버지를 여읜 콘래드는 열여섯 살에 선원이 됐고 1886년에는 영국 배의 선장 자격을 취득하여 영국에 귀화했다. 뒤늦게 배운 영어로 문단에 등장한 그는 현재 20세기 초를 대표하는 영국 문학인으로 평가되고 있다.

음악가로는 러시아인이자 좌안 폴타바의 손초프카 출생의 작곡가 세르게이 프로코피예프(1891~1953)가 있다. 어린 시절에 우크라이나 민요를 접한 경험이 훗날 발레곡 「드네프르 강가에서」(통칭 「보리스테네 강가에서」, 1930), 오페라 「세몬 콧코」(1939), 영화 음악 「우크라이나 초원의 파르티잔들」(1942) 등에 반영됐다고 한다.

그 밖에 유대인으로 키예프 출생의 피아니스트 블라디미르 호로비츠(1904~1989), 좌안 카테리노슬라우(현재의 드네프로페트로프스크) 출생의 첼리스트 그레고르 피아티고르스키(1903~1978), 우안 크레메네츠 출생의 바이올리니스트 아이작 스턴(1920~2001), 오데사 출생의 바이올리니스트 다비트 오이스트라흐(1908~1974), 바이올리니스트 나탄 밀슈타인(1904~1992), 피아니스트 에밀 길렐스(1916~1985), 우안 지토미르 출생의 독일계 피아니스트 스뱌토슬라프 리흐테르(1915~1997)가 있다.

화가로는 하르키우 근교 출생의 러시아인으로 러시아 역사상 최고의 화가로 사랑받는 일리야 레핀(1844~1930), 아조프 해안 마리우폴 출생의 그리스계로 이 책 첫머리에도 언급한 아르히프 쿠인지(1842~1910), 크림의 페오도시야에서 출생한 아르메니아계인 해양화가 이반 아이바조프스키(1817~1900), 키예프 근교 출생의 폴란드·우크라이나계로 아방가르드 예술의 창시자 카지미르 말레비치(1878~1935)가 있다.

무용가로는 키예프 출생의 폴란드인 바츨라프 니진스키(1890~1950)가 있다.

과학자와 기술자 중에도 많은 인재가 있다. 하르키우 출생의 유대인 일리야 메치니코프(1845~1916)는 세균학자다. 그는 면역학의 창시자로 1908년에 노벨 생리학·의학상을 수상했다. 만년에는 불가리아에 장수하는 사람이 많은 이유가 요구르트를 마시기 때문이라며 요구르트를 권장한 학자로도 알려졌다. 셀먼 왁스먼(1888~1973)은 체르니히우주 프릴루키 출생의 유대인으로 결핵 치료에 극적인 효과를 가져온 항생물질인 스트렙토마이신을 발견하여 1952년에 노벨 생리학·의학상을 수상했다. 항생물질이라는 단어를 창시한 사람도 셀먼 왁스먼이다. 이고리 시코르스키(1889~1972)는 키예프 출생의 우크라이나인으로 헬리콥터의 실용화에 공헌했다. 미국의 헬리콥터 선두 기업인 시코르스키 항공은 그가 설립한 헬리콥터 제작사다. 오데사 출생으로 러시아인 아버지와 우크라이나인 어머니 사이에서 태어난 물리학자 조지 가모(1904~1968)는 우주 창생의 빅뱅 이론을 제창하고 DNA 연구에도 선구적인 역할을 했다. 러시아인이자 지토미르 출생의 세르게이 코롤료프(1907~1966)는 로켓 기술자다. 그는 소련의 비밀주의로 인해 아직 세계적으로 잘 알려지지 않았지만, 소련의 폰 브라운이라 불릴 만한 로켓 기술자의 최고봉으로 대륙간탄도미사일, 인공위성 보스톡, 소유즈, 코스모스 등의 발사에도 가장 공적이 큰 인물이다.

이상으로 간략하게 이름만 소개했으나 열거할 만한 가치가 있는 인물이라는 점에는 독자들도 동의할 것이다. 무엇보다 식민지 상황에 놓여 있던 이 땅에서 세계적으로 역사에 이름을 남긴 인재가 이렇게나 많이 탄생했다는 것이 그저 신기할 따름이다.

제6장

중앙 라다

짧은 독립

우크라이나의 독립은 왜 유지되지 못했는가

제1차 세계대전과 러시아의 볼셰비키 혁명은 러시아 및 동유럽의 지도를 완전히 뒤바꿨다. 러시아에서는 제정이 무너지고 소련(소비에트 사회주의 공화국 연방)이라는 새로운 국가가 탄생했다. 민족 자결의 원칙에 따라 구러시아 제국의 지배 아래 있던 리투아니아, 라트비아, 에스토니아, 핀란드의 발트·북유럽 국가들이 독립하고 오스트리아–헝가리 제국하의 폴란드, 체코슬로바키아, 헝가리도 완전한 독립을 이루었다.

우크라이나는 독립을 달성한 국가들과 비교해도 압도적으로 큰 에너지를 독립 운동에 투여했을 뿐만 아니라 절대적인 희생을 치렀다. 제1차 세계대전으로 유럽에서 우크라이나만큼 각국 군대에 의해 유린당한 땅도 없을 것이다. 그런데도 우크라이나의 독립은 한순간의

꿈으로 끝났고 결국 대부분은 러시아를 계승한 소련, 그리고 나머지
는 오스트리아를 계승한 폴란드의 지배 아래(결국 대전 전과 거의 같은
상황)로 되돌아갔다. 당시 벨라루스에 독립 운동이 거의 존재하지 않
았다는 점을 고려하면 오직 우크라이나만이 이 지역에서 제1차 세계
대전, 러시아 혁명, 파리강화회의의 몫을 챙기지 못한 것이 된다. 이
러한 결과를 가져온 경위와 원인을 살펴보도록 하자.

제1차 세계대전과 러시아 혁명

제1차 세계대전에서 러시아는 영국과 프랑스 측의 '연합국'(또는
'협상국')이 됐고 오스트리아는 독일 측의 '동맹국'이 됐기 때문에 우
크라이나인은 서로 적과 적으로 나뉘어 싸워야 했다. 우크라이나인
은 러시아군에 350만 명, 오스트리아군에 25만 명이 동원되어 자신
들을 억압하는 나라를 위해 싸웠다.

동서 우크라이나 중 독립을 향한 움직임이 앞섰던 쪽은 오스트리
아의 지배 아래 있던 우크라이나인들이었다. 그들은 대전 발발 직후
인 1914년 8월 '전全 우크라이나 평의회'를 결성했다. 이 평의회는 입
헌군주제의 오스트리아가 승리하고 전제군주제의 러시아가 패배하
는 것이 우크라이나 민족의 해방으로 나아가는 길이라는 전제 아래
러시아와의 싸움을 호소하며 우크라이나인 의용군을 모집했다. 2만
8000명이 의용군 모집에 지원하자 오스트리아 정부는 오히려 많은
지원자 수를 경계하여 2500명으로 제한할 정도였다. 오스트리아 정
규군으로 편입된 이 부대는 근대 최초의 우크라이나군 조직으로 훗

날 '우크라이나 시치 사격대'로 불리며 대활약을 펼치게 된다. 시치란 자포로제 코사크의 본거지를 의미하는 단어로, 할리치나의 땅에서도 코사크의 전통이 강하게 의식되고 있었음이 엿보인다.

그러나 독립의 움직임이 활발해지기 전인 같은 해 9월, 러시아군이 할리치나에 침입하는 바람에 우크라이나 민족주의 활동가들은 빈으로 피신해야 했다. 오스트리아군은 퇴각하면서 친러시아파로 보이는 다수의 우크라이나인을 체포하여 수용소로 보내거나 처형했다. 한편 할리치나를 점령한 러시아도 우크라이나의 문화와 우니아트파를 탄압했다. 1915년 5월, 오스트리아군은 반격에 나서 할리치나의 대부분을 되찾았다. 이후로는 전선의 교착 상태가 지속됐다.

할리치나의 독립 운동이 정체되는 동안, 러시아 제국하의 우크라이나에 절호의 기회가 찾아왔다. 바로 1917년 2월, 수도 페트로그라드('상트페테르부르크'가 독일어라는 이유로 대독일전 개시 후 개명됐다)에서 일어난 2월 혁명이다. 식량 부족에 항의하여 일어난 노동자 시위에 대한 병사들의 발포 거부를 발단으로 전국적으로 시위가 일어나고 군대의 불복종이 확산됐으며, 결국 니콜라이 2세가 퇴위하면서 러시아의 제정은 맥없이 종언을 고했다. 차르의 정부를 계승한 것은 국회(두마)의 자유주의파 중심의 '임시정부'였지만, 사회주의자들이 주도권을 잡은 노동자 및 병사 대표 '소비에트(평의회)'가 이에 첨예하게 대립하면서 사실상 이중 권력 상태가 형성됐다.

키예프에 2월 혁명의 소식이 전해지자 3월에 곧바로 우크라이나의 정당과 사회, 문화, 직업 단체의 대표가 모여 '우크라이나 중앙 라다'를 결성한다.('라다'는 회의, 평의회를 의미하는 우크라이나어로 러시아어 '소비에트'에 해당되는데, 향후 관례에 따라 민족주의적 조직은 '라다', 러시아어를 사용했던 볼셰비키 조직은 '소비에트'라고 부른다.) 중앙 라다는 각 조직의 정치 신조를 일시 보류하고 러시아 연방의 틀 내에서 우크라이나 자치라는 공통의 목표를 달성하기 위한 조직 간의 조정 기관으로서 결성됐다. 중앙 라다의 의장에는 우크라이나사의 권위자이자 민족주의 운동의 상징적 존재였던 미하일로 흐루셰브스키가 선출됐다. 중앙 라다의 주요 세력은 볼로디미르 빈니첸코(1880~1951)와 시몬 페틀류라(1879~1926)가 이끄는 '우크라이나 사회민주노동당USDRP'과 흐루셰브스키가 이끄는 '우크라이나 사회혁명당UPSR'으로, 양쪽 모두 사회주의 정당이었다. 이와 동시에 하르키우를 비롯한 러시아화된 도시에는 볼셰비키 주도의 노동자 및 병사 소비에트가 결성됐다. 노동자 및 병사 소비에트에는 러시아인과 유대인이 많았는데, 그들은 우크라이나 내셔널리즘을 혁명의 배반이라며 비난했다.

중앙 라다 결성 후 전국 단체들의 대표를 집결시킨 '전 우크라이나 국민대회'와 노동자, 병사, 농민을 중심으로 한 직능대회가 연이어 열렸는데, 이들은 모두 중앙 라다를 지지하며 라다로 대표를 보냈다. 이로써 중앙 라다는 권위를 높여 우크라이나의 의회로서 기능을 수행하게 된다. 중앙 라다는 페트로그라드에 빈니첸코 등의 대표단을 보내 자치를 요구했지만 임시정부는 이를 거부했다. 임시정부는 우크라이나에 자치권을 주면 전쟁을 계속할 수 없게 될 것을 우려했다.

그러나 이에 반발한 중앙 라다는 6월, '제1차 우니베르살(선언)'을 발표하고 우크라이나는 연방 러시아 내 자치의 땅임을 선언했다. '우니베르살'이란 흐멜니츠키나 마제파 등과 같은 코사크의 헤트만이 제창하는 호소를 일컫는 말로, 대부분이 사회주의자인 중앙 라다의 회원들도 자신들이 코사크의 유지를 계승한다는 생각을 하고 있었음을 알 수 있다. 다만 이 시점에서는 우크라이나의 민족주의자들도 러시아 내에서의 자치를 요구하는 데 머물렀을 뿐 완전 독립까지는 염두에 두지 않았다.

같은 달, 중앙 라다는 내각에 해당되는 집행 기관으로 '총서기국'을 설치했고 수장으로 작가 빈니첸코가 취임했다. 군사는 페틀류라가 맡았다. 페틀류라는 옛 코사크와 성직자 가문 출신으로 폴타바 근교에서 태어났다. 폴타바 신학교에서 민족주의, 혁명 사상의 이유로 퇴학을 당한 후 당 활동가 및 잡지 편집자 겸 작가로 민족주의 운동에 전념했다.

페트로그라드의 임시정부는 우크라이나에서 내셔널리즘의 열기가 끓어오르고 중앙 라다가 우크라이나의 주요 정치 세력이 됐음을 알게 된다. 때마침 러시아에서는 코르닐로프 장군(1870~1918)에 의한 반혁명 기운이 거세져 임시정부는 취약한 처지에 놓인다. 임시정부는 우크라이나의 독립을 염려하여 7월 케렌스키 육해군 장관(1881~1970)을 중심으로 한 대표단을 키예프로 파견했다. 교섭 결과 임시정부는 중앙 라다를 승인하고 그 지배 지역을 키예프, 체르니히우, 폴타바, 볼린, 포딜리아 5개 현에 한해 인정하지만 임시정부의 지배 아래 머물며 그 이상의 자치 요구를 하지 않겠다는 합의가 성립됐다. 그 결과는 제2차 우니베르살에 포함됐다. 임시정부의 힘이 약해지고 중앙 라다의 권위가 높아진 결과로 성립된 이 합의를 통해 처음으로 우크라이나의 자치가 인정됐을 뿐만 아니라 중앙 라다와 총서기국이 우크라이나의 정부로 인정됐다.

우크라이나 국민공화국

다음으로 일어난 것이 10월 혁명 혹은 볼셰비키 혁명이다. 1917년 10월, 레닌이 이끈 볼셰비키는 페트로그라드에서 무력으로 임시정부를 제압하고 소비에트 정부를 수립했다. 우크라이나 중앙 라다는 폭력에 의한 권력 탈취를 인정하지 않으며 볼셰비키를 비난했다. 임시정부의 소멸에 따라 중앙 라다와 총서기국은 11월, 제3차 우니베르살을 발표하고 '우크라이나 국민공화국'의 창설을 선언했다. 우크라이나는 국가의 수립을 선언했지만 러시아와의 연방 유대는 유지하기로 했다. 라다는 페트로그라드의 볼셰비키 정권을 인정하지 않았는데, 그렇다고 해서 러시아 중앙에 다른 민주적 정부도 존재하지 않는 상황이었으므로 이는 사실상 우크라이나의 독립 선언이었다. 실제로 당시 우크라이나에서 중앙 라다가 압도적인 지지를 얻고 있었다는 점을 고려하면 이 시점부터 독립국 우크라이나가 존재하기 시작했다고 봐도 무방하다.

제3차 우니베르살을 통해 주창된 우크라이나 국민공화국의 원칙은 사회주의적인 요소를 포함하지만 매우 민주적인 것이었다. 즉, 언론, 출판, 신념, 집회, 시위의 자유, 개인의 불가침, 사형 폐지, 정치범 사면, 소수민족의 자치 권리, 8시간 노동, 토지의 사유 제한, 생산 수단의 규제, 전쟁의 종결 등이다. 또한 영역도 앞서 언급한 5현에 하르키우, 카테리노슬라우, 헤르손, 타우리다(크림 제외)를 포함한 9현으로 편성되어 러시아 제국 시대에 있었던 우크라이나 영역 대부분을 회복했다.

각국은 우크라이나 땅에 중앙 라다의 권위가 확립되어가는 점에 주목하여 키예프로 참관인을 보냈다. 특히 영국과 프랑스는 중앙 라다 정부가 독일, 오스트리아와 독자적으로 평화 교섭을 진행하는 것을 막기 위해 우크라이나 국민공화국을 승인하고 키예프로 대표를 보냈다.

여기서 일본의 존재가 잠깐 등장한다. 우크라이나 사학자인 주코브스키는 영국과 프랑스 등 연합국의 일원이었던 일본도 1917년 7월, 페트로그라드에 위치한 일본대사관의 아시다 관원館員을 중앙 라다로 보내 우크라이나 정세를 관찰하게 하고, 같은 해 11월에는 일본대사관 소속의 부무관 다카야나치 장군(러시아 대본영大本營 소속 무관 다카야나기 야스타로 소장을 말한다)을 단장으로 하는 군사 사절단을 키예프에 설치했다고 기술했다. 다카야나기 사절단의 목적이 단순한 정보 수집이었는지 혹은 일본의 입장에서도 좀더 적극적으로 볼셰비키를 무너뜨리기 위해 중앙 라다를 분기시키려던 것이었는지 그 상세한 내막은 명확하지 않다.

일본인의 키예프 방문기

앞서 언급한 아시다 관원은 전후 일본 수상이 된 아시다 히토시 (1887~1959)를 가리킨다. 아시다는 젊은 시절 혁명 직전의 페테르부르크에 위치한 일본대사관에 외교관보로 부임하여 2월 혁명과 10월 혁명을 직접 현지에서 지켜본 인물로 『혁명 전야의 러시아』(1950)라는 뛰어난 회상록을 남겼다. 이 회상록에는 20대 후반의 나이로 러시아의 고관과 귀족, 재벌 실업가들과 교류하며 정보를 얻기 위해 공작가문 영애들의 트럼프 놀이 상대가 되기도 하고, 음악회에 자주 드나드는 등 러시아 제국 멸망 직전의 최후의 빛나는 시대를 어떻게 보냈으며, 그 우아한 시대가 갑자기 끝나고 격동의 혁명기를 맞이하여 신변의 위협을 느끼면서도 긴장된 나날을 어떻게 보냈는지 생생하게 그려져 있다.

아시다가 기록한 페테르부르크 시절의 회상은 매우 흥미진진한데, 여기서는 우크라이나 방문기만 간략히 소개하고자 한다. 이 여행이 공무 출장이었는지 사적인 여행이었는지는 회상록에도 확실하게 기록되어 있지 않다. 아마도 양쪽 모두의 의미가 있었을 것이다. 먼저 우크라이나의 모습을 묘사한 부분이다.

> 기차가 러시아의 수도를 빠져나온 지 하루 하고도 이틀째 밤, 지금 아침 이슬이 촉촉하게 내려앉은 스텝 초원지대를 가로질러 키예프를 향해 달리고 있다.
>
> 아아, 우크라이나, 길게 뻗은 풀이 가득한 남러시아!

(…)

체르니고프에서 오데사로 펼쳐지는 드네프르 평야의, 북러시아와 다른 특별한 모습은 유달리 나그네의 눈에 들어온다. 흙, 풀, 사람 하나하나에 스며 있는 남쪽 나라다운 정취가 검은 토대의 구름에 이어지는 녹색 파도와 곳곳에 검게 자란 포플러와 백양나무 잎사귀, 소러시아인의 소탈하고 정열적인 눈빛에 감출 수도 없이 드러난다.

(…)

100년, 200년 전 옛날, 고골이 쓴 『타라스 불바』에 등장하는 당시의 스텝은 강렬한 햇살이 조화의 여세를 마음껏 초목 위에 비추고, 평원을 달리는 아이의 마음에 원정의 피를 솟구치게 했다. 길게 자란 풀밭 사이로 코사크가 쓴 검은 털모자의 꼭대기가 보일 듯 말 듯한 것은 그때쯤이다.

아시다는 키예프의 제당업 재벌 기업인 갈페린(우크라이나어로 '할페린') 가문 및 동료인 벨닌슨 가문과는 종종 페테르부르크에서 함께 식사하거나 연회에서 만난 것이 셀 수도 없을 정도로 많은 사이였기 때문에 키예프를 방문할 때는 양가를 찾아가 그들의 부인, 딸들과도 식사하며 세상사 이야기를 나누기도 했다. 그 인연으로 그곳의 유력 인사들과도 만나 우크라이나의 자치 운동에 대한 정보를 얻었다. 그러나 키예프 거리는 어수선했다. 아시다가 체재한 지 이틀째 되던 날, 키예프에 주둔 중이던 소러시아 연대가 전선으로 향하기를 거부하며 군관구 사령관을 체포하는 등 소동을 일으켰기 때문이다. 사흘째 아침에는 아시다가 강 건너로 철수한 소요병騷擾兵이 쏘아올린 포성에 잠에서 깨는 일도 있었다.

그러나 아시다가 키예프에서 만난 사람들은 러시아 제국의 기득권익의 수혜자들이었기 때문인지 그는 정작 우크라이나 자치 운동에 대해서는 냉정한 반응을 보였다.

오늘날 우크라이나 운동이 다소 세력을 점하는 것처럼 보이는 이유는 전쟁 반대의 분위기가 민족 독립의 이름을 빌려 우민을 선동하고 있는 결과에 지나지 않기 때문이다. 다만 친독당이 북방 러시아에서는 반동 보수로, 남방에서는 내셔널리스트로 불리는 것은 독일-오스트리아 세력이 침투했다는 증거라고 할 수 있다.

아시다는 불과 며칠 키예프에 머물렀음에도 불구하고 그에게는 특별히 깊은 추억을 남긴 듯한 기록이 있다.

드네프르강 위 증기 갑판에서 뱃전에 부서지는 파도 소리를 들으며 나는 점점 멀어지는 키예프 사원의 첨탑을 우두커니 바라봤다.
내가 본 러시아 중에서 가장 그리움이 깊은 이 오래된 도시를 지금 떠나면 언제 또다시 올 수 있을지에 생각이 미치자 불과 나흘, 닷새 만에 정이 들었다지만 한 줄기 애수가 가슴에 차오르는 것을 느낀다.
(…)
드네프르강의 물결은 좌우로 굽이감아 누런 파도에 소용돌이치며 거침없이 흘러간다. 오른쪽 물가에는 높직한 언덕이 이어진다. 곳곳에 석양에 빛

나는 사원 지붕이 보이고 민가의 검붉은 벽이 나타난다. 왼쪽에는 수확이
끝난 한쪽 평야에 콩을 파종한 것처럼 묶어놓은 마른 풀들이 여기저기 흩
어져 있다. 한가로이 강기슭을 거니는 소와 양들 곁을 지키던 양치기 아이
가 배를 발견하고는 두건을 흔들며 큰소리로 외친다. 마른 풀을 쌓은 나룻
배의 사공이 부르는 한가롭고 쓸쓸한 가락이 강 위를 흐른다. 태곳적 그대
로 고즈넉한 경치를 가만히 지켜보고 있자니 내 눈에는 어느샌가 눈물이
차올랐다.

아시다는 이후 10년이 지나 튀르크 주재 대사관에서 근무하던 시
절 오데사를 거쳐 크림으로 여행을 간 적은 있지만, 눈물을 머금고
떠나온 키예프를 다시 찾은 일은 없었던 듯하다.

볼셰비키의 등장

다시 본론으로 돌아와서 한편에서는 러시아에 볼셰비키 정권이 수
립되고, 다른 한편에서는 우크라이나에 민족주의적인 중앙 라다 정
부가 성립되자 필연적으로 양자 대립이 발생했다. 볼셰비키 정부는
우크라이나를 당연히 러시아의 틀 내에 두어야 한다며 중앙 라다의
내셔널리즘을 반혁명의 부르주아·분리주의자로 간주했다. 곡물, 설
탕, 석탄, 금속 등의 산업에서 우크라이나는 러시아에 있어 불가결한
존재이며 우크라이나를 러시아에서 분리하는 것은 왕정파든 공산주
의자든 러시아인에게는 있을 수 없는 일이었다. 당초 볼셰비키는 소
비에트 세력을 중앙 라다에 침투시켜 내부부터 점령하려고 했으나

1917년 12월 시점에는 우크라이나에서 볼셰비키 세력이 전체의 10 퍼센트 정도였기 때문에 의회를 통해 권력을 잡는 데는 실패했다. 그러자 볼셰비키는 무력을 이용해서라도 단독으로 우크라이나를 수중에 넣으려는 방침으로 전환했다. 이를 위해 하르키우에 '우크라이나 소비에트 공화국'을 수립하고 흡수처로 삼았다.

볼셰비키는 철의 규율을 자부심으로 여겼고 선전과 모략에 뛰어났다. 그리고 무엇보다 러시아의 볼셰비키라는 강력한 배경과 레닌이라는 희대의 전략가를 지도자로 두고 있었다. 우크라이나의 볼셰비키는 처음에는 러시아의 볼셰비키와 상당히 독립적으로 행동했으나 점차 러시아에 흡수되어 결국에는 소비에트 정부가 중앙집권적으로 우크라이나의 현안을 결정하게 됐다.

1917년 12월, 페트로그라드의 소비에트 정부는 레닌, 트로츠키가 서명한 최후 통첩을 우크라이나 정부에 보내 우크라이나에서 볼셰비키군의 자유행동 인정 등을 요구하는 대신 우크라이나 국민공화국을 승인한다고 통고했다. 우크라이나 정부는 이를 거부했다. 그러자 볼셰비키는 무력으로 우크라이나를 점령하기로 한다. 볼셰비키는 한편에서는 선동자를 키예프로 보내 반란 준비를 시키고, 다른 한편에서는 러시아에서 편성된 안토노프 오프세옌코(1883~1938)와 무라비요프(1880~1918)가 지휘하는 볼셰비키군 1만2000명을 키예프를 향해 진격시켰다. 이후 중단을 거듭하며 1921년 말까지 4년 동안 이어지는 우크라이나 민족주의자와 볼셰비키 간의 장렬한 전쟁이 시작됐다.

중앙 라다군은 시치 사격대, 자유 코사크 민병단, 러시아 포로가 됐던 할리치나의 우크라이나인 부대, 학생대 등 잡다한 부대 약 1만 5000명으로 구성됐다. 그러나 이마저 볼셰비키의 선동으로 이탈이 이어졌다. 볼셰비키군은 각지로 진격했다. 그 기세는 1917년 12월에 4만 명까지 확대됐다. 1918년 1월, 키예프에서는 라다 측과 볼셰비키 측 사이에서 하루에도 몇 번이고 승자가 뒤바뀔 정도로 치열한 시가전이 벌어졌다. 볼셰비키군이 시를 포위하자 중앙 라다는 1월 제4차 우니베르살을 발표하고 우크라이나는 완전한 독립국임을 선언했다. 그러나 중앙 라다는 끝까지 항거하지 못하고 결국 2월 키예프에서 철수하여 130킬로미터 떨어진 서쪽 지토미르로 물러났다. 마침내 볼셰비키군은 키예프의 주인이 됐다. 이것이 볼셰비키의 첫 번째 키예프 점령이자 이후 몇 차례에 걸친 키예프 공방전의 시작이었다. 볼셰비키군은 우크라이나의 좌안, 남부, 우안의 일부 등 우크라이나의 대부분을 수중에 넣었다. 그러나 볼셰비키의 키예프 점령은 불과 몇 주 동안의 짧은 점령이었다.

중앙 라다 정부가 볼셰비키에 대항할 수 있는 유일한 수단은 독일-오스트리아 등 동맹국의 지원을 얻는 것이었다. 우크라이나에서 러시아 제국과 임시정부의 뒤를 이은 중앙 라다 정부는 여전히 독일-오스트리아와는 전쟁 상태에 있었지만, 우크라이나에게는 전쟁을 계속할 의사도 힘도 없었다. 볼셰비키는 정권 획득 후 전쟁을 종결시키기 위해 브레스트리토프스크에서 독일-오스트리아 등 동맹국과 평화 교섭을 시작했지만, 중앙 라다 정부는 볼셰비키가 우크라이나를 대표하는 것을 용납할 수 없다며 자신들의 대표단을 브레스트리토프스크로 보냈다. 그리고 독자적으로 독일-오스트리아와 교섭한 결과, 1918년 2월에 러시아와 별개의 강화조약을 체결한다. 이 조약의 골자는 독일-오스트리아가 우크라이나 정부를 지원하여 볼셰비키와 싸우는 대가로 우크라이나 측이 식량 100만 톤을 공급하기로 한 것이다. 독일은 물론 특히 오스트리아는 극단적인 식량 부족에 시달리고 있었던 터라 그들은 우크라이나의 곡창을 너무 갖고 싶어했다.

브레스트리토프스크 조약에 따른 요청을 받아들인 독일-오스트리아군은 45만 명의 군대를 모아 우크라이나에 진주한다. 독일군은 지토미르에서 태세를 정비한 중앙 라다군과 함께 3월에 키예프로 향한다. 볼셰비키는 몇 주 동안 거리를 약탈하고 파괴한 후 독일-우크라이나군과의 충돌을 피해 키예프에서 철수했다. 독일-오스트리아군은 4월에 우크라이나 땅 대부분을 볼셰비키로부터 회수했다.

우크라이나를 되찾았지만 독일군의 존재에 대한 우크라이나인의 평판은 몹시 좋지 않았다. 독일군은 주인이라도 된 양 내정에 간섭했고 무엇보다 엄청난 양의 곡물을 농민들에게서 거두어들였다. 한편 독일 측에게 중앙 라다 정부는 젊고 경험 없는 인텔리 집단으로, 식량 조달이라는 중요한 업무를 수행할 행정능력이 부족해 보였다. 이내 중앙 라다 정부에 대한 독일군의 신뢰도 사라졌다. 4월이 되어 독일군은 중앙 라다 회의장에 난입하여 흐루셰브스키 대통령의 항의에도 불구하고 중앙 라다를 해산시키고 정부를 폐지했다. 이로써 14개월 동안 우크라이나의 민족주의를 주도했던 중앙 라다는 소멸한다.

그리고 여기서 우크라이나의 독립 투쟁 제1기가 막을 내린다.

독일군의 꼭두각시

독일군이 대신 옹립한 인물은 파울로 스코로파즈키 장군(1873
~1945)이었다. 그는 18세기 초, 표트르 대제가 마제파 이후에 앉힌
헤트만인 이반 스코로파즈키 동생의 후예이자 러시아 제국의 귀족이
며 우크라이나 최대 지주 중 한 명이었다. 또한 군인 신분으로 니콜
라이 2세의 부관을 지내는 등 구체제를 대변하는 인물이었다. 그는
선조의 후광을 업고 코사크의 이미지로 국민을 사로잡기 위해 헤트
만 칭호를 내세웠다. 헤트만 스코로파즈키는 입법, 행정, 군사의 전
권을 잡겠다고 표명하고는 우크라이나 국민공화국을 '우크라이나국'
으로 개명했다. 또한 행정 조직은 중앙과 지방 모두 차르 시대로 되
돌렸다. 이 헤트만 국가의 지지 모체는 과거의 지주와 러시아인들이
었고 헤트만 정부는 중앙 라다가 농민들에게 분배했던 토지를 다시
지주들에게 돌려줬다.

그러나 실제 주인은 독일군이었다. 독일군은 남부에 진주한 오스
트리아-헝가리군을 합쳐 80만 명이나 됐고 우크라이나 전역에 배치
됐다. 독일군의 총사령관 아이히호른 원수元帥(1848~1918)와 참모장
그뢰너 장군(1867~1939)이 실제 지배자였다. 독일군의 최대 관심사
는 곡물 조달이었다. 스코로파즈키의 회고록에 따르면 독일군은 우
크라이나의 비옥한 흑토까지 화물차로 실어 독일 본국으로 가져갔
다. 곡물 조달을 시킨 독일군도, 조달을 수행한 헤트만 정부도 우크

라이나의 정당과 국민으로부터 큰 반발을 샀다. 각지에서는 불복종과 반란이 일어났다. 7월에는 아이히호른 총사령관이 암살당하는 사건도 일어났다. 가을 무렵에는 대전에서 독일군의 패배가 불가피해지자 헤트만 정부는 정당을 수중에 넣으려 시도했는데, 사태를 개선시키지는 못했다.

그리고 11월 11일, 독일군이 연합국에게 패배하면서 휴전이 이루어진다. 독일군이 우크라이나에서 철수하자 독일의 지배는 돌연 끝난다. 중앙 라다의 잔당들은 남겨진 헤트만 정부에 대한 반란을 이끌기 위해 '디렉토리아(지도부)' 조직을 만들었다. 디렉토리아의 수장은 빈니첸코였고, 군사는 페틀류라가 장악했다. 군은 주로 시치 사격대로 구성됐다. 디렉토리아군은 키에프로 진군하던 중 헤트만군과 싸워 승리를 거뒀다. 페틀류라가 이끄는 디렉토리아군은 12월 키에프에 입성했다. 헤트만 스코로파즈키는 독일로 망명했다. 헤트만 정부의 수명은 불과 8개월밖에 안 됐다. 여기서 우크라이나의 독립 투쟁 제2기가 막을 내린다. 디렉토리아는 우크라이나 국민공화국을 부활시켰다.

서우크라이나의 독립

할리치나 등 서우크라이나에서는 한때 독립의 움직임이 정체되어 있었으나 1918년 10월부터 오스트리아군이 붕괴하기 시작하자 다시 독립의 움직임이 활발해졌다. 그러나 독립을 위해 싸우는 상대는 오스트리아가 아닌 서우크라이나를 병합하려고 한 폴란드였다. 10월,

할리치나와 부코비나의 우크라이나 지도자들은 '우크라이나 국민 라다'를 결성하고 할리치나, 부코비나, 자카르파티아의 국민국가 수립을 선언했다. 그리고 10월 말, 이를 지지하는 시치 사격대가 리비우의 시청사 등을 점령했다. 파란색과 노란색으로 구성된 우크라이나의 깃발이 시청사에 펄럭이자 우크라이나인들은 환희로 들끓었다.

이처럼 동할리치나의 대부분이 우크라이나인의 지배 아래 들어갔고 11월 13일에는 '서우크라이나 국민공화국'의 수립이 선언됐다. 그러나 이 공화국의 정부가 리비우에 존재했던 것은 불과 일주일 정도밖에 안 됐다. 당시 리비우 거리에는 폴란드인이 많았던 까닭에 이를 계기로 리비우 시내에서 폴란드인과 우크라이나인 사이에 격렬한 시가전이 시작됐다. 결국 폴란드인 세력의 공세에 견디지 못하고 리비우에서 물러난 서우크라이나 국민공화국은 1919년 1월, 정부 소재지를 약 100킬로미터 떨어진 동남쪽의 스타니슬라비우(현재의 이바노프란키우스크)로 옮겨야 했다. 이 정부의 수명은 8개월 남짓이었다.

서우크라이나 국민공화국은 폴란드와 끝까지 싸우다가 결국은 패배했지만, 전투과정에서 민족 자결을 지지하는 영국과 프랑스 등 협상국에 기대를 걸고 파리강화회의에 대표를 보내는 등 외교적인 노력을 거듭했다. 그러나 독일이 다시 강력해질 것을 우려한 프랑스는 독일의 이웃인 폴란드가 강해지길 바랐기 때문에 폴란드의 동할리치나 병합을 용인했다. 폴란드는, 우크라이나 민족은 독일이 발명한 것이고 서우크라이나 정부는 볼셰비키와 같은 부류라고 선전했다. 이러한 전략이 협상국들 사이에서 먹혀들었다.

서우크라이나는 대외적인 지지를 얻지 못한 채로 폴란드와 불리한 싸움을 계속했지만, 6배에 달하는 인구를 보유한 폴란드를 도저히 당해내지 못한 채 1919년 7월 동우크라이나로 물러났고, 마찬가지로 카미아네츠포딜스키로 대피했던 디렉토리아 정부와 합류한다. 이로 써 동할리치나를 둘러싼 서우크라이나 국민공화국과 폴란드의 싸움 은 끝난다.

디렉토리아 정부와 내란

우크라이나 국가의 세 번째이자 최후의 국면인 우크라이나 국민공 화국의 디렉토리아 정부는 중앙 라다 정부의 후신이다. 그러나 이 정 부는 중앙 라다보다 취약했다. 정부 스스로가 조직을 제대로 형성하 지 못했고 군 역시 의지할 만한 존재가 아니었다.

무엇보다 심각했던 것은 디렉토리아 정부도, 서우크라이나 정부 도 적대적인 세력에 둘러싸여 있었던 데다 그들 모두 우크라이나에 침입해왔다는 점이다. 북쪽과 동쪽에서는 적군(볼셰비키), 서쪽에서 는 폴란드군, 동남쪽 돈강 방면에서는 데니킨 장군(1872~1947)이 이 끄는 반혁명의 백군(의용군), 서남쪽 드네스트르강 방면에서는 루마 니아군, 남부 오데사 방면에서는 백군을 도와 볼셰비키를 치기 위해 간섭한 프랑스군 등이 있었다. 게다가 국내에서는 네스토르 마흐노 (1889~1934)가 이끄는 아나키스트군과 그 밖의 파르티잔들의 반란 이 각지에서 일어났다. 이처럼 1919년과 1920년의 우크라이나는 여 러 군이 뒤섞여 근대 유럽사에서도 유례를 찾을 수 없을 만큼 무질서

한 내란 상태에 빠졌다. 2년 동안 각 세력의 움직임과 상호관계는 굉장히 얽혀 있었으므로 이해를 돕기 위해 각 세력의 성쇠에 대해 따로따로 살펴보고자 한다.

먼저 디렉토리아 정부다. 디렉토리아 정부의 우크라이나 국민공화국과 서우크라이나 국민공화국은 1919년 1월 합병하고 키예프에서 식전을 치렀다. 전체를 아울러 우크라이나 국민공화국으로 칭하고 페틀류라가 이끄는 디렉토리아가 주축이 되어 서우크라이나는 국민공화국의 서부 지방으로서의 위치를 갖게 됐다. 동서 우크라이나의 일원화라는 수 세기에 걸친 비원이 실현됐다는 점에서는 역사적인 의의가 있지만 이는 명목상의 일원화일 뿐 실제로 개별 정부가 공존한다는 점에는 변화가 없었다. 합동 식전을 치른 지 며칠 지나지 않아 볼셰비키군에게 키예프를 포위당한 디렉토리아 정부는 키예프에서 철수하여 약 200킬로미터 떨어진 서남쪽의 빈니차로 도피했다. 볼셰비키의 두 번째 키예프 점령이었다. 한편 키예프 출생의 러시아인 작가 미하일 불가코프는 헤트만 국가 말기부터 볼셰비키의 키예프 탈환까지 약 2개월 동안의 키예프의 모습을 『백위군』(1925)이라는 작품을 통해 그려냈다. 키예프는 이 혁명기에 열네 번이나 주인이 바뀌었고 불가코프는 그중 열 번을 체험했다고 한다.

1919년 7월에는 페틀류라가 이끄는 디렉토리아 정부와 서우크라이나 정부가 리비우 서남쪽 200킬로미터 지점의 카미아네츠포딜스키에서 합류했다. 우크라이나 정부는 동쪽으로 볼셰비키군, 서쪽으로 폴란드군에게 공격을 당해 곤경에 처한다. 이때 볼셰비키군이 데니킨이 이끄는 백군의 공세로 무너진다. 페틀류라군은 이 기세를 몰아 볼셰비키를 추격하여 그해 8월 말 키예프에 입성한다. 그러나 거의 동시에 데니킨군이 키예프에 입성하자 페틀류라군은 충돌을 피하려고 즉각 키예프에서 퇴각한다.

비극은 그해 10월에 일어났다. 티푸스가 창궐하여 우크라이나군은 병력의 70퍼센트를 잃고 사실상 괴멸돼버렸다. 군의단장은 '우리 군은 이제 군대가 아니다. 병원도 아니며 그저 떠도는 사체의 창고일 뿐'이라고 보고했다. 협상국의 경제 봉쇄로 의약품이 부족했던 요인도 컸다. 10월 말에는 전투 가능한 페틀류라군이 2000명, 서우크라이나군은 4000명까지 감소했다. 페틀류라와 디렉토리아 정부는 폴란드로 대피했고 페트루셰비치(1863~1940) 등 서우크라이나의 지도자들은 빈으로 망명했다. 서우크라이나군 대부분은 데니킨의 백군에 합류했다.

다음은 데니킨이 이끄는 백군(백위군 또는 의용군)이다. 데니킨은 러시아인으로 니콜라이 2세의 장군이었다. 그는 돈 지방을 거점으로 차르의 군대 잔당과 돈 코사크를 모아 러시아 제국의 부활을 목표로 반혁명군을 일으켰다. 영국과 프랑스 등의 협상국도 이를 지원했다. 페틀류라는 공통의 적 볼셰비키와 싸우기 위해 데니킨에게 공동 전선을 펴자고 호소했지만, '하나의 불가분의 러시아'를 믿는 데니킨에게 사회주의자이자 우크라이나의 독립을 표방하는 페틀류라와의 공동 전투는 논의할 가치가 없었다. 또한 데니킨의 디렉토리아에 대한 적대시는 데니킨을 지원한 협상국들이 디렉토리아를 지원하지 않은 이유 중 하나이기도 했다. 데니킨의 디렉토리아 적대시 정책은 모두가 반볼셰비키를 궁극의 목표로 하면서도 공동 전투를 불가능하게 했다는 점에서 백군, 우크라이나 국민공화국, 협상국에게 하나같이 불행한 일이었다. 결국에는 백군도, 우크라이나군도 볼셰비키에 의해 무너진다.

　1919년 여름에 전성기를 맞은 데니킨의 백군은 볼셰비키를 우크라이나에서 거의 몰아내고 한때는 모스크바를 공략했다. 그러나 후방의 무기 탄약 보급지를 마흐노의 파르티잔에게 빼앗긴 후 급속도로 힘을 잃었고, 1920년 2월에는 볼셰비키에 의해 우크라이나에서 밀려난다. 데니킨의 후계자이자 크림반도에 웅거하던 브란겔(1878~1928)도 11월 최종적으로 프룬제(1885~1925)가 이끄는 볼셰비키군에 의해 크림반도에서 밀려나면서 백군은 우크라이나에서 소멸된다. 데니킨과 브란겔은 미국과 서유럽으로 망명했다. 숄로호프(1905~1984)의 장편 『고요한 돈강』(1928~1940)은 백군과 적군이 충돌하는 이 시기의 돈 지방을 무대로 한 작품이다. 또한 한때 오데사에서 데니킨군의 진영에 참여한 적이 있는 알렉세이 톨스토이(1883~1945)는 그의 대표작 『고난의 길』(1922~1941)을 통해 데니킨군, 독일군, 마흐노군, 페틀류라군, 적군이 뒤엉킨 우크라이나의 내전 상황을 상세히 그려냈다.

　세 번째는 협상국, 특히 프랑스다. 협상국은 볼셰비키 혁명을 저지하고 하나의 러시아를 부활시키기 위해 러시아에 무력으로 간섭했다. 일본과 미국이 시베리아에 출병한 것도 그 일환이다. 우크라이나에서는 프랑스군이 1918년 12월 6만의 병사를 오데사 등에 상륙시키고 드네스트르강에서 부크강에 이르는 우크라이나 서남부를 점령했다. 페틀류라는 협상국들의 지원을 얻고자 했지만 특히 프랑스가 '하나의 러시아'를 고집한 탓에 지원은 성사되지 않았다. 결국 프랑스군은 파르티잔군에 밀려 목적을 달성하지 못하고 1919년 4월 물러나고 만다. 그 후 볼셰비키가 들어왔다.

네 번째는 폴란드다. 1918년 11월, 제1차 세계대전의 종결과 함께 폴란드에서는 피우수츠키(1867~1935)라는 단호한 신념을 가진 지도자가 군 최고사령관 겸 초대 대통령으로 선출되어 신속하게 독립 정부가 확립됐다. 피우수츠키는 서우크라이나 국민공화국을 할리치나에서 몰아냈다. 그는 과거 대폴란드의 신봉자로 우크라이나의 드네프르강까지 병합하고자 러시아의 내전을 틈타 볼린, 포딜리아를 공격했다.

역사적인 경위에서 서우크라이나 정부와 군이 철저하게 반폴란드였던 것에 반해, 페틀류라 등 동우크라이나는 볼셰비키가 주된 적이었기 때문에 폴란드와의 연계에는 위화감이 없었다. 1920년 4월 폴란드로 망명한 페틀류라는 폴란드와 비밀 협정을 맺었다(바르샤바 조약). 이 협정의 골자는, 폴란드는 페틀류라의 정부가 우크라이나를 대표함을 승인하고 볼셰비키를 몰아내기 위해 페틀류라 정부에 군사 원조를 하여, 상호 승인 없이 제3국과 평화 조약을 맺지 않으며 마지막으로 그 대가로 동할리치나를 폴란드에 양도함을 인정하는 것이었다.

같은 달, 바르샤바 조약에 입각하여 6만5000명의 폴란드군과 1만 5000명의 우크라이나군이 우크라이나에 진격했다. 소비에트-폴란드 전쟁의 서막이었다. 키예프는 앞서 말했듯이 1919년 8월 말에 데니 킨군이 점령했지만 이후 10월에는 볼셰비키가 한때 탈환한 후, 같은 달 다시 데니킨군이 탈환했고 12월에는 볼셰비키가 다시 탈환했다. 1920년 5월, 폴란드-페틀류라 연합군은 볼셰비키로부터 키예프를 탈 환했다. 페틀류라가 키예프를 탈환한 것은 이번이 네 번째였고 볼셰 비키가 키예프를 포기하는 것도 이번이 네 번째였다.

　　그러나 독일과 연계한 헤트만 국가가 민중의 지지를 얻지 못한 것 처럼 폴란드의 비호 아래 있던 페틀류라 정부 역시 민중의 지지를 얻 지 못했다. 6월부터 볼셰비키에게 반격을 당하자 폴란드도 페틀류라 를 버렸고, 볼셰비키는 같은 달 다섯 번째이자 최후의 키예프 탈환 을 이루었다. 부됸니(1883~1973)가 이끄는 볼셰비키군은 폴란드군 을 물리치고 8월에는 바르샤바 근처까지 진격했지만, 그 후 전선이 교착되어 1920년 10월 폴란드는 소비에트러시아 및 소비에트우크라 이나 정부와 평화 조약을 맺는다(리가 조약). 폴란드가 바르샤바 조약 을 위반하면서 페틀류라를 무시하고 소비에트우크라이나 정부를 승 인한 것이다. 이때 그어진 군사경계선이 양국의 국경선이 되어 동할 리치나는 폴란드령이 됐다. 페틀류라는 서유럽으로 망명할 수밖에 없었다. 결국 우크라이나 국민공화국은 최후를 맞이했고 우크라이 나 독립 투쟁의 세 번째 국면이자 최후의 국면이 막을 내린다. 전장 에서도 언급한 이삭 바벨은 부됸니의 제1기병대 종군 기자로 참전한 경험을 바탕으로 『기병대』(1926)라는 작품을 발표했는데, 이는 소련 시대 문학의 걸작으로 꼽힌다. 흐루쇼프도 부됸니의 제1기병 군단에 속해 있었다.

다섯 번째는 파르티잔이다. 우크라이나에는 예부터 농민 반란의 전통이 있었다. 코사크, 하이다마키, 그리고 러시아 제국하의 반란도 따지고 보면 농민 반란이었다. 농민들의 최대 관심사는 땅이었다. 이 혁명의 시대에도 농민들은 자신을 토지 소유자로 만들어주는 정부를 지지했고 기대를 저버리는 정부에는 반대했으며 반란을 일으켰다. 코사크 이래의 전통을 가진 이 땅의 농민들은 반란을 일으키면 강력해졌다. 반란의 지도자는 마치 역사상의 코사크 수령이라도 된 듯 행동했다. 농민 반란이 활발해진 것은 스코로파즈키의 헤트만 국가가 반동적인 토지 정책을 취한 후부터인데, 이때는 10만 명의 농민이 대항에 나섰다. 당시로서는 우크라이나의 최대 무력 세력이었으나 통일이 되어 있지 않았다. 또한 그동안 지지했던 디렉토리아 정부에 문제 해결의 능력이 없다고 판단되자 대부분이 볼셰비키로 돌아섰다. 실제로 볼셰비키군의 중심을 구성한 것은 이와 같은 농민 반란에서 출현한 마흐노와 흐리호리에프(1888~1918) 등의 부대였다.

그중에서도 마흐노의 흑군黑軍은 유독 출중했다. 도형수徒刑囚였던 네스토르 마흐노는 아나키즘의 흑기를 들고 3만 명의 농민을 규합했다. '마흐노 대부'로 불리며 농민들이 따랐고 그의 기마대는 신출귀몰했다. 그는 페틀류라를 부르주아, 데니킨을 반혁명, 레닌과 트로츠키를 새로운 제국주의자이자 압제자로 여기며 혐오했다. 그러나 전반적으로는 볼셰비키를 도와서 주로 데니킨과 맞섰다. 앞서 언급한 데니킨의 몰락의 계기가 된 데니킨군의 보급 기지 점령은 마흐노에 의한 것이었다. 데니킨군의 와해 이후 마흐노는 우크라이나 남부, 특히 흑해-아조프해 연안, 하르키우, 폴타바의 주인이 됐다. 백군과 페틀류라를 제압한 볼셰비키군은 남아 있는 마흐노까지 무너뜨렸다. 볼셰비키에 협력한 흑군은 자신들을 공격하지 않을 것이라고 믿었지만 볼셰비키는 누구와도 권력을 나눌 마음이 없었다. 1921년 8월, 볼셰비키군은 한 마을에서 흑군을 포위해 남녀노소를 가리지 않고 학살했다. 20만 명이 희생됐다고 전해진다. 달아난 마흐노는 파리로 망명하여 르노의 기계공으로 여생을 보냈다.

최후의 승리자, 볼셰비키

마지막은 볼셰비키다. 볼셰비키는 1918년 3월 이후 공산당으로 개칭했으나 이 장에서는 볼셰비키로 부르기로 한다. 또한 그해 같은 달 러시아의 수도가 모스크바로 이전됐다.

1919년 8월, 데니킨군과 페틀류라군에 패배하여 우크라이나의 대부분의 땅을 잃은 볼셰비키는 그동안의 대大러시아 지상주의를 반성하고 우크라이나의 민족적 요소를 가미하게 됐다. 물론 레닌은 우크라이나에 진짜 독립을 선사할 생각은 털끝만큼도 없었지만, 우크라이나인들의 마음을 사로잡기 위해서는 어느 정도 우크라이나적 요소가 필요하다는 전략에서 전술적 전환을 도모한 것이다. 1919년 12월에는 '우크라이나 소비에트 사회주의 공화국'이 설립되어 우크라이나인이 높은 지위에 올랐고 가능한 한 우크라이나어를 사용하고 우크라이나 문화를 존중해야 한다는 지시가 내려졌다. 또한 러시아보다 우크라이나에서 저항이 거셌던 토지의 집단화도 중단했다.

이와 같은 노력도 있었지만 무엇보다 러시아볼셰비키 정부의 우크라이나를 제압하려는 굳은 결의 아래 볼셰비키군은 계속해서 팽창해나갔다. 1919년 가을에는 150만 명이었던 적군이 1920년 봄에는 약 350만 명으로 불어났다. 1919년 12월에는 총력을 다해 우크라이나를 공격했다. 그리고 1920년 가을, 페틀류라의 우크라이나군, 데니킨-브란겔의 백군을 괴멸시키고 폴란드군을 몰아내어 화평을 달성하자 주된 적이 사라졌다. 우크라이나인 작가 니콜라이 오스트롭스키(1904~1936)의 『강철은 어떻게 단련됐는가』(1932~1934)는 주인공이 폴란드와의 전쟁과정에서 볼셰비키의 모범청년으로 성장해가는 모습을 그린 장편소설이다. 이야기 자체는 감동적이지만 소련 시대에는 이야기의 주인공이 소련인의 이상적인 모습으로 숭배의 대상이 되기까지 했다.

이후로도 반볼셰비키의 파르티잔은 100개의 조직, 4만 명의 규모로 활동했다. 특히 마흐노의 세력이 강대했는데, 1921년 8월 진압됐다. 키예프 지방에서는 디렉토리아계 추추니크(1891~1929)가 이끄는 1000~2000명의 세력이 폴란드에 있는 페틀류라의 망명 정부와 연락하면서 게릴라 활동을 계속했으나 1921년 말에는 이마저 진압됐다. 이처럼 격렬한 각축전이 벌어졌던 우크라이나의 내전은 볼셰비키의 완전한 승리로 종결됐다. 이후 페틀류라는 파리로 망명했지만

1926년 파리에서 소련의 첩보원에게 암살당했다.

재고: 독립 운동은 왜 실패했는가

여기서 다시 처음의 의문점으로 돌아가자. 우크라이나인은 중·동유럽의 어느 민족보다 긴 시간 독립을 위해 싸웠고, 지금까지 살펴본 것처럼 많은 희생을 치렀음에도 결국 독립에 실패한 이유는 무엇일까.

우크라이나계 캐나다인 사학자 수브텔니는 다음과 같은 요인을 들었다. 먼저 국내적 요인으로 차르 정부하에서 민족주의가 억압되어 있었던 점이다. 우크라이나는 러시아에 비해 인텔리의 비율이 낮았고 적은 수의 인텔리나마 러시아 문화에 푹 빠져 있었다. 많은 인텔리가 사회 개혁이냐 민족 독립이냐를 고민하는 상황에 놓였다. 따라서 자치와 독립의 기회가 주어졌을 때는 전략도 이데올로기도 충분히 형성되지 않은 채로 정부 수립에 임할 수밖에 없었다. 실제로 중앙 라다를 구성했던 대부분의 정치가가 겨우 이삼십대로 경험이 부족한 이들이었다. 또한 혁명의 주도권을 쥔 도시 주민 중에는 우크라이나인이 적었을 뿐만 아니라 도시 주민들은 우크라이나 독립에 반감을 품고 있었다. 볼셰비키를 지지하는 공장 노동자들은 한곳에 집중적으로 살고 있어 조직화하기 수월했던 반면에 독립을 지지하는 농민들은 흩어져 살고 있었기 때문에 조직화가 어려웠다. 또한 농민들은 낮은 교육 수준 상태에 억눌려 있었던 탓에 독립의 의미를 잘 이해하지 못했다.

국내적 요인 이상으로 결정적이었던 것은 국외적 요인이다. 서우크라이나의 민족 운동은 다른 동유럽과 마찬가지로 강했지만 폴란드의 압도적인 힘으로 인해 무너졌다. 동우크라이나에서는 그 정도가 한층 더 심하다. 우크라이나의 볼셰비키라기보다는 러시아의 볼셰비키의 인적, 물적인 차이에 압도됐다. 물론 레닌 등의 뛰어난 지도력은 있었지만 그것은 러시아가 공급하는 방대한 인적, 물적 뒷받침이 있어야 비로소 발휘되는 것이다. 또한 협상국과 미국은 일반적으로 민족 자결을 표방하면서도 독일과 연계하는 중앙 라다와 헤트만 국가에 대해 의문을 가졌고 본래 디렉토리아 정부의 좌파적 경향을 탐탁지 않게 여겼다. 그리고 이러한 정보와 상황을 폴란드와 백군이 흘리면서 한층 더 우크라이나 민족주의자에 대한 동정심이 옅어졌고 결국 우크라이나는 버려졌다.

나는 수브텔니 교수의 설명에 전적으로 동의하며 다음의 두 가지를 추가하고자 한다. 첫 번째는 지도자의 문제다. 러시아에서도 세력들이 경합을 벌인 점은 같다. 러시아에서는 볼셰비키의 이데올로기, 규율 있는 당 조직이 큰 강점이었지만 결국 레닌의 전략적 능력, 지도력이 다른 조직의 지도자보다 걸출했던 점이 결정적이었다. 폴란드에는 철의 의지를 가진 피우수츠키가 있었고 체코슬로바키아에는 마사리크(1886~1948), 베네슈(1884~1948)가 있었기 때문에 미국의 지지를 확보했다. 그러나 이 시기의 우크라이나에서는 결국 제2의 호멜니츠키가 탄생하지 못했다. 중앙 라다의 초대 대통령 호루셰브스키는 훌륭한 역사가였으나 이처럼 혼란한 정국에서는 적합한 인물이 아니었다.(현재 독립 우크라이나의 50흐리브냐 지폐에는 그의 초상이 새

신생 우크라이나의 국장이 된 '삼지창'

겨져 있다.) 초대 수상인 빈니첸코도 소설가의 재능을 훨씬 뛰어넘는 능력을 보여주지 못했다. 페틀류라에게는 리더다운 면이 엿보였으나 너무 늦게 권력을 잡았다. 또한 마사리크나 폴란드의 피아니스트이 자 수상이 된 파데레프스키(1860~1941)처럼 외국에서 자국에 대한 지지를 이끌어내는 뛰어난 외교가를 갖지 못했던 것도 우크라이나에 게는 큰 손실이었다.

두 번째는 우크라이나 지역 자체가 갖는 중요성이다. 볼셰비키와 같은 좌파든 데니킨 등과 같은 우파든 러시아 입장에서는 우크라이 나를 면적·인구 면에서나 공업·농업 면에서나 없어서는 안 될 일부 분으로 여겼기 때문에 어떠한 희생을 치르더라도 우크라이나를 러시 아의 틀 안에 두려는 굳은 결의가 있었을 것이다. 이 부분이 핀란드 나 발트 지역과는 달랐다. 풍요로운 땅을 가진 자의 비극이다.

그러나 이 독립은 무의미한 것이 아니었다. 물론 단기간으로 끝났 지만 우크라이나는 틀림없는 독립을 경험했다. 그리고 그 기억은 소 련 시대에도 면면히 이어져 제2차 세계대전 중 여러 차례의 독립 운 동으로 연결됐고 마침내 소련이 붕괴하자 본격적인 독립을 추진해 결실을 이루었다.

그러한 의미에서 과거 독립국가였다는 기억은 현대 우크라이나인 에게 큰 자긍심과 버팀목이 되고 있다. 현재 독립 우크라이나의 국 기, 국가, 국장은 모두 1918년 중앙 라다가 정한 파란색과 노란색으 로 구성된 2색기, 베르비츠키가 작곡한 「우크라이나의 영광은 사라 지지 않으리」(1865), 블로디미르의 성공의 '삼지창'인 점을 보아도 현대 우크라이나 국가는 자신을 중앙 라다의 정통 후계자로 인식하고 있는 것이다.

제7장

소련의 시대

4개국으로 갈라진 우크라이나

제1차 세계대전, 혁명, 내전과 격동의 7년을 지나 우크라이나는 어떻게 변화했을까? 제1차 세계대전 이전에는 대부분이 러시아 제국의 지배 아래 있었고 나머지는 오스트리아–헝가리 제국의 지배 아래 있었으나 새로운 체제에서 우크라이나는 소련, 폴란드, 루마니아, 체코슬로바키아 4개국으로 분할 통치됐다. 이 결과는 대전 후의 체제를 결정한 파리강화회의와 이를 조약화한 베르사유 조약 등이 기본적으로는 다음과 같은 기정사실을 추인한 것에 기인한다.

소련(볼셰비키 정부)과 폴란드의 관계의 경우, 1920년 리가 조약에 의해 소련–폴란드 전쟁이 종결됐으나 우여곡절 끝에 그 휴전선이 연합국으로부터 추인됐다. 그 결과 폴란드는 전통적 지배지인 동할리치나 외에 러시아 제국령이었던 서북부의 서볼린, 폴리시아 등 우크라이나 지역을 자국령으로 편입시켰다. 폴란드의 군사 및 외교적인 승리였다.

1919년에 생제르맹 조약으로 구오스트리아-헝가리 제국의 영역이 정해졌고 그 가운데 우크라이나인 거주지역인 부코비나는 루마니아, 자카르파티아는 새롭게 독립한 체코슬로바키아에 편입됐다. 루마니아는 이미 부코비나를 점령하고 있었던 터라 이는 기정사실의 추인이었다. 자카르파티아는 중세 이래 헝가리의 지배 아래 있었고 오스트리아-헝가리 이중 제국이 된 후에도 헝가리의 지배에 맡겨져 있었다. 하지만 헝가리가 제1차 세계대전의 패자敗者가 되자 자카르파티아는 헝가리로부터 반환됐다. 훗날 체코슬로바키아의 초대 대통령이 된 마사리크가 미국에 좋은 인상을 준 덕분에 이 지역은 체코인 혹은 슬로바키아인의 거주지역은 아니었지만 같은 슬라브인이라는 점에서 체코슬로바키아에 편입됐다.

소련 안에서 우크라이나의 위치는 다음과 같이 정해졌다. 앞서 살펴본 것처럼 일찍이 볼셰비키는 중앙 라다에 대항하여 1917년 12월 하르키우에서 '우크라이나 소비에트 공화국'을 수립했다. 우크라이나 소비에트 공화국은 우크라이나에서 볼셰비키 세력의 성쇠와 함께 사라지기도 하고 부활하기도 했다. 이 공화국은 형식상으로는 러시아 소비에트 공화국과 독립된 존재였다. 따라서 앞서 말한 리가 조약에서도 우크라이나 소비에트 공화국은 러시아 소비에트 공화국과 나란히 당사자 중 하나가 되었고 폴란드로부터 국가로 승인받았다. 그후 1920년 12월, 우크라이나 소비에트 공화국과 러시아 소비에트 공

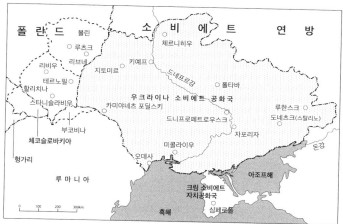

두 차례 세계대전 중의 우크라이나 소비에트 사회주의 공화국. 현재는 볼린, 할리치나, 부코비나, 크림 등
도 우크라이나령에 속한다.

화국 사이에 동맹 조약이 맺어졌다. 이 조약으로 군사, 경제, 대외 무역, 우편 등의 통합이 결정되어 군사 및 경제 동맹은 강화됐지만 서로 독립되어 있음을 전제로 한 것이었다.

그리고 1922년 12월에 '소비에트 사회주의 공화국 연방'(이하 '소련')이 성립됐다. 소련은 러시아 연방, 우크라이나, 벨라루스 등 각 소비에트 사회주의 공화국이 자유 의지로 결합하여 형성된 다민족 연방 국가였고, 제도상으로는 각 공화국의 연방 탈퇴도 인정됐다. 이처럼 우크라이나는 소련을 구성하는 공화국의 하나로 이후 약 70년 동안 존속하게 된다. 우크라이나 소비에트 사회주의 공화국(이하 '우크라이나 공화국')의 수도는 민족주의의 여열이 남아 있던 키예프를 피해 하르키우가 됐다.(키예프는 1934년에 다시 수도가 되었다.)

그러나 소련에서 정부는 공산당이 세력을 쥐고 결정을 실행하는 기관에 지나지 않았다. 즉 실권은 공산당에 있었다. 공산당은 모스크바가 전권을 갖는 중앙집권 체제 아래 있었고 각 공화국의 공산당은 실제로는 러시아 공산당의 지부에 지나지 않았다. 다만 초기 단계의 우크라이나 공산당은 상당히 자유롭게 자신들의 주장을 모스크바에 전달했고 이를 관철시켰다. 하지만 스탈린의 권력 장악과 함께 우크라이나의 자치는 좁아졌고 결국 모스크바에 의해 완전히 통제되어 소련의 일개 행정 단위가 됐다. 이런 측면에서 볼 때 러시아 제국에서 소련으로 이름은 바뀌었어도 똑같이 러시아인의 지배라는 점에서는 결국 혁명 전이나 후나 그다지 달라진 게 없었다.

우크라이나화 정책

내전의 종결기, 즉 공산당의 권력 확립기에 기근이 일어난다. 기근은 1920년부터 1921년에 걸쳐 우크라이나 남부를 중심으로 발생했다. 유럽의 곡창으로 불리는 우크라이나에서 기근이 일어난 것은 믿기 힘든 사실이다. 우크라이나에서도 특히 곡물 생산이 활발한 남부의 스텝 초원지대는 몇 년 동안 이어진 내전과 공산당에 의한 농업 집단화 등으로 생산량이 현격히 떨어진 상태였다. 공산당은 현지 사정을 고려하지 않고 강제로 식량을 징발하여 식량 부족에 허덕이는 러시아 본토로 보냈다. 이 부분만 봐도 러시아 공산당의 러시아 우선주의가 잘 드러난다. 농민의 편이어야 할 공산당에 대항하여 빈농을 포함한 농민들이 반란을 일으킨 것은 토지를 받을 수 있으리라는 기대가 농업 집단화로 꺾인 점과 가혹한 징발이 원인으로 작용했다. 이 기근으로 약 100만 명이 사망한 것으로 추정된다. 그럼에도 1932년부터 1933년에 걸쳐 스탈린 체제하에서 일어난 대기근에 비하면 그나마 피해 규모가 작았을 뿐만 아니라 10년 후 발생한 기근과 달리 소련 정부도 기근의 존재를 인정하고 원조활동을 펼쳤다.

공산당은 혁명과 내전 중에 '전시 공산주의'의 일환으로 앞서 언급한 곡물의 강제 징발, 토지 국유화, 식량 및 물자의 배급 등을 실시하여 그러잖아도 내전으로 취약해진 경제를 한층 더 피폐하게 만들었다. 이것이 기근의 원인으로 작용하기도 했다. 전시 공산주의는 혹평을 받으면서 시위와 농민 반란이 일어나게 하는 원인이 됐다. 레닌은 어쩔 수 없이 전술적으로 후퇴하여 1921년 '신경제 정책NEP'을 통해 사회주의 정책을 일시 중단하고 자유주의 경제를 부활시켰다. 농민들은 소정의 세금을 지불한 후 자유시장에서 원하는 가격으로 수확물을 팔 수 있게 됐고 집단 농장도 중지됐으며 이미 국유화된 토지는 빈농들에게 분배됐다. 산업 면에서는 개인 기업을 부활시키고 외자도 도입했다. 신경제 정책은 큰 성공을 거뒀고 우크라이나의 경지 면적과 농업 생산성도 순식간에 회복됐다. 소비주도형 산업도 전쟁 이전의 수준을 넘어섰다. 다만 민영화되지 않은 중공업만은 침체 상태에 머물렀다. 농민들은 신경제 정책을 통해 다시 공산당을 받아들이게 됐다.

앞서 언급했듯이 혁명 및 내전기에 볼셰비키 공산당은 우크라이나에서 인기가 없었다. 공산당의 지지 기반은 도시의 비우크라이나인, 즉 러시아인과 유대인 인텔리, 노동자였다. 그들은 우크라이나 민족주의를 거부하고 러시아와의 통합을 원했다. 한편 우크라이나에서 다수를 점하는 우크라이나인은 농촌에 거주했다. 우크라이나 농민들은 러시아 농민보다 개인주의적이고 토지에 대한 집착이 강했다고 한다. 따라서 공산당이 표방하는 토지 국유화나 집단 농장에는 오히려 반대했다. 또한 우크라이나어, 우크라이나 문화의 전통은 농촌에 기반을 두고 있었기 때문에 농촌은 우크라이나 민족주의의 모체가 됐다.

공산당은 우크라이나에서 획득한 권력이 우크라이나인의 지지로 이루어진 것이 아니라 도시 주민들의 지지와 러시아 적군의 무력에 의한 것임을 잘 알고 있었던 터라 공산당의 지배를 정착시키기 위해서는 일반 우크라이나인들을 사로잡아야 할 필요성을 느꼈다. 앞서 언급한 신경제 정책과 마찬가지로 '우크라이나화' 정책도 그러한 목적을 띠고 있었다.

1923년 소련 전체에 '토착화' 정책이 도입되어 각 공화국의 민족, 문화에 따른 시책이 종용되었다. 그야말로 우크라이나를 겨냥한 정책이기도 했다. 이전까지는 우크라이나 공산당이지만 모스크바에서 보낸 러시아인이나 현지 유대인이 간부가 됐고 그들은 우크라이나 문화에 관심이 없었다. 그 자리에 우크라이나인들이 등용됐다. 1922년 정부 직원의 35퍼센트, 공산당원의 23퍼센트였던 우크라이나인 비율이 1926년부터 1927년에는 각각 54퍼센트, 52퍼센트로 상승했다. 그러나 우크라이나인들은 대체로 낮은 직급에 만족했다.

우크라이나어의 사용도 장려됐다. 정부 직원 가운데 우크라이나어를 하지 못하는 직원은 우크라이나어 코스를 이수하여 1년 내에 습득하지 못하면 해고됐다. 정부 문서, 간행물의 우크라이나어 작성으로 1922년에 20퍼센트였던 우크라이나어 문서가 1927년에는 70퍼센트로 상승했다. 또한 당의 업무도 우크라이나어로 이루어졌다.

교육 면에서는 그 효과가 두드러졌다. 차르 시대와 달리 소련은 교육에 힘을 쏟아 식자율이 현저히 향상됐다. 학교 교육에서도 우크라이나어화가 이루어졌다. 1929년에는 일반 교육의 80퍼센트, 대학 교육의 30퍼센트가 우크라이나어만으로 이루어졌다. 신문과 서적의 우크라이나어화도 추진되어 전체 출판물 가운데 우크라이나어 출판물이 차지하는 비율은 1922년 27퍼센트에서 1927년 50퍼센트 이상이 됐다. 문화 면에서는 우크라이나 문화 및 문학이 일제히 꽃을 피워 '문화 르네상스'를 맞이했다. 이러한 우크라이나화의 영향으로 외국으로 망명했던 학자와 문화인들이 귀국하기도 했다. 역사학자이자 중앙 라다의 대통령이었던 흐루셰브스키도 귀국하여 아카데미의 정식 회원으로서 우크라이나사 연구에 착수했다.

종교 면에서도 우크라이나화가 나타났다. 우크라이나의 정교도는 예전부터 모스크바로부터의 독립을 원했고 1920년에 '우크라이나 독립 정교회'가 설립되어 1921년에는 키예프 및 전 우크라이나 부주교가 임명됐다. 독립 정교회의 의식에는 교회 슬라브어가 아닌 우크라이나어가 사용됐다. 정교회는 급속도로 세력을 넓혀 1924년에는 신도 수가 100만 명에 이르렀지만 기존의 러시아 정교를 능가할 정도의 수준까지는 미치지 못했다. 소비에트 정부는 처음에는 독립 정교회를 용인했지만 점차 규제를 강화하여 1930년 해산을 명했다.

스탈린의 권력 장악

우크라이나화는 1930년대 전반까지 계속됐으나 이미 1920년대 후반부터 단속이 시작됐다. 원칙적으로는 완고하지만 전술에는 유연했던 레닌이 1924년 53세의 나이로 사망하자 트로츠키(1879~1940), 지노비예프(1883~1936) 등 라이벌을 추방하고 1927년에 스탈린(1879~1953)이 권력을 장악한 것이 전환점이 됐다. 참고로 러시아 혁명에 레닌에 이어 큰 발자취를 남긴 트로츠키와 지노비예프는 모두 우크라이나 출생의 유대인이었다. 그루지야(조지아)인 스탈린 자신은 러시아 중심의 중앙집권주의자이자 예전부터 민족의 자치 확대에 반대한 인물이었다. 그는 농민을 믿지 않았으며, 농민은 혁명을 이끌어가는 사람들이 아닌 극복해야 할 대상이라고 여겼다. 농민의 나라이자 민족주의가 강한 우크라이나에 특히 시기심과 의심을 품고 있었다. 또한 외국의 위협으로부터 소련을 지키는 것을 지상 명령으로 여기는 '일국사회주의'의 입장에서 어떠한 희생을 치르더라도 근대화, 공업화된 사회주의 국가를 조속히 형성해야 한다는 생각을 품고 있었다. 그 수단이 된 것이 수차례에 걸친 5개년 계획과 농업 집단화다.

제1차 5개년 계획(1928~1932)에서는 우크라이나가 중점 지역이 됐다. 우크라이나는 소련 전체에 대한 투자의 20퍼센트를 받았다. 소련 전체에 1400곳의 새로운 공장이 설립됐는데 그중 400곳이 우크라이나에 지어졌다. 그중 몇 곳은 대규모였다. 드네프르강의 댐과 수력 발전소는 유럽 최대의 규모였다. 자포리자의 제철 공장과 하르키우의 트랙터 공장도 유럽 최대의 규모였다. 돈바스에서 드니프로페트로우스크(카테리노슬라우의 개명)를 지나 크리비리흐에 이르는 지역은 소련 최대의 콤비나트가 됐다. 생산력 약진을 위한 스타하노프 운동의 모델이 된 스타하노프(1906~1977)는 도네츠 탄전의 채탄공이었다. 그는 개인 할당량의 14배에 달하는 석탄을 채굴했다고 한다.

이 공업화의 결과 중 하나가 우크라이나인들의 도시 이주다. 혁명 전의 공업화 때는 주로 러시아인과 유대인을 노동자로 고용하여 그들이 대부분의 도시 주민을 이루었다. 이번에는 러시아에서도 노동력 부족으로 여유가 없자 농촌의 우크라이나인들을 공장 노동자로 고용하면서 그들을 도시에 정착하게 했다. 1926년 우크라이나의 도시 인구 비율은 전체의 5분의 1이었으나 제2차 세계대전 직전에는 3분의 1까지 상승했다. 도시의 우크라이나인 비율도 1926년 6퍼센트에서 1939년 30퍼센트까지 상승했다.

농업 집단화와 대기근

앞서 기술한 것처럼 스탈린은 오히려 농민을 사회주의에 대한 저항 세력으로 여긴 때가 있어, 농민을 자신이 생각하는 사회주의 체제에 편입시키기 위해서는 거친 수단을 동원할 수밖에 없다고 생각했다. 즉, 정치적으로는 개인주의적이고 독립의식이 강한 농민을 상의하달 방식의 조직 안에 봉쇄할 필요가 있었다. 또한 경제적으로는 국가의 기본 방침인 공업화를 서두르기 위해 저렴한 식량을 농촌에서 조달하여 공장 노동자에게 공급해야 했고 기계 수입에 필요한 외자를 벌기 위해 곡물을 수출해야 했다. 그 수단이 된 것이 1928년에 시작되어 1929년부터 강제화된 '농업 집단화'다.

농업 집단화란 지금까지 자신의 토지를 경작하여 자활해왔던 농민을 국영 농장(우크라이나어로 '라도호스프', 러시아어로 '솝호스')또는 집단 농장(우크라이나어로 '콜호스프', 러시아어로 '콜호스')에 넣어 그 일원으로 만드는 것이었다. 다시 말해, 농민을 토지에서 분리하여 농업 노동자나 프롤레타리아트로 바꾸는 것이었다. 농민들은 저항했다. 어쩔 수 없이 집단 농장에 들어가게 된 농민들은 기르던 가축을 도살하여 식용으로 삼거나 팔아버렸다. 1928년에서 1932년 사이에 우크라이나는 가축의 절반을 잃었다. 그러나 당과 정부는 온갖 수단을 동원하여 집단화를 추진했다. 저항하는 이는 체포되어 시베리아로 보내졌다. 또한 자활自活 농민이 될 수 없도록 높은 세율을 부과하거나 갖은 방법으로 괴롭혔다. '쿨라크kulak'로 불리는 비교적 부유한 농민들은 농민 중의 부르주아라는 이유로 농민계급, 나아가 인민의 적으로 몰아 토지를 몰수하거나 수용소로 보내거나 처형하는 등 철저히 탄압했다.

우크라이나에서 이 집단화는 1930년과 1931년에 급속도로 진행됐다. 그 결과 우크라이나에서 집단화된 농가 비율은 1928년 3.4퍼센트에서 1935년에는 91.3퍼센트에 달했다.

집단화는 스탈린과 당 지배의 영속화에는 이바지했을지언정 우크라이나에는 참혹한 결과를 초래했다. 그 결과가 바로 1932년~1933년에 일어난 대기근이다.

1930년 우크라이나의 곡물 생산은 2100만 톤으로 비교적 양호했고 정부 조달량은 760만 톤이었다. 이 조달량은 이미 1920년대의 두 배에 달하는 규모였다. 1931년은 흉작으로 전년 대비 65퍼센트인 1400만 톤에 그쳤지만 조달량은 달라지지 않았다. 1932년에도 생산량은 1400만 톤으로 전년과 같은 흉작이었다. 이러한 수확량 감소는 집단화에 의한 혼란이 주된 원인이었다. 또한 우크라이나는 소련 전체 곡물의 27퍼센트를 수확했으나 정부 조달 할당량은 전 소련의 38퍼센트에 달했다는 문헌도 있다.

이삭을 소중하게 쥐고 있는 깡마른 소녀의 동상

농민들은 이러한 조달 방식에 저항했지만, 모스크바의 당과 정부는 무리하게 밀어붙였다. 당 활동가는 농가에서 곡물을 압수할 법적 권리를 가졌다. 도시의 당 활동가 무리는 농가로 찾아가 집집마다 돌며 마루를 부수면서까지 곡물을 찾아냈다. 굶지 않은 이는 음식물을 숨긴 것으로 간주했다. 음식물을 감춘 이는 사회주의 재산을 절도한 것으로 간주하여 사형에 처하는 법률이 제정됐다.

이로써 기근은 1933년 봄이 되어 절정에 달했다. 기근은 소련 안에서도 우크라이나와 북캅카스 지역에서 발생했다. 도시 주민이 아니라 식량을 생산하는 농민이 굶주리고 곡물 생산이 적은 러시아 중심부가 아니라 곡창 우크라이나에서 기근이 발생한 몹시 비정상적인 사태였다. 농민들은 빵이 없어서 쥐, 나무껍질, 잎사귀까지 먹었다. 인육을 먹었다는 이야기도 다수 전해진다. 마을 전체가 절멸한 곳도 있었다. 흐루쇼프의 회상록에는 한 대의 열차가 굶어 죽은 사람들의 사체를 가득 싣고 키에프 역으로 들어왔는데, 폴타바에서 키에프까지 계속해서 사체를 실었기 때문이라는 일화가 실려 있다.

이 기근으로 발생한 아사자의 수는 소련 정부가 감추고 있었던 탓에 정확히 알 수 없다. 어느 학자는 300만 명에서 600만 명 사이로 추계했다. 독립 후, 우크라이나의 공식 견해와 쿠치마 대통령(1938~)의 머리말이 실린 『우크라이나에 대한 모든 것』(1998)에 따르면 이 기근으로 우크라이나 공화국에서는 350만 명이 아사했고 출산율 저하를 포함한 인구 감소는 500만 명에 달했으며 그 밖에 북캅카스에 거주한 우크라이나인 약 100만 명이 목숨을 잃었다고 한다.

북캅카스 출신이자 외가 쪽이 우크라이나계로 추정되는 고르바초프 (1931~)에 따르면 자신의 마을에서도 이 기근으로 3분의 1이 사망했다고 한다.

이 기근의 첫 번째 특징은 강제적인 집단화와 곡물 조달로 인해 발생한 인위적인 기근이며 필연성은 없었다는 점이다. 그러한 의미에서 이 기근은 유대인에 대한 홀로코스트에 필적할 만한 제노사이드라고 지적하는 학자도 있다. 두 번째 특징은 러시아 자체는 이 기근을 거의 겪지 않았다는 것이다. 이 때문에 스탈린이 우크라이나의 민족주의를 약화시키려고 의도적으로 자행했다는 설이 제기됐다. 그 증거로 "민족 문제는 농민 문제를 말한다"라는 스탈린의 발언과 1930년 『프라우다』지의 "우크라이나의 집단화는 우크라이나 민족주의(개인 소유 농가의 농업)의 기반을 파괴하는 특별한 임무를 갖는다"라는 구절을 들었다. 세 번째 특징은 이 기근이 소련에서는 가능한 한 감춰져 있었다는 것이다. 공식적으로는 존재하지 않는 것으로 되어 있었다. 여기에 영향을 받은 서방의 역사서에도 최근까지 이 기근에 대한 언급은 없었다. 1986년에 이르러서도 소련 관제의 우크라이나사는 '지독한 식량 문제가 있었다'고만 서술했을 뿐 기근 사실에 대해서는 전혀 언급하지 않았다. 당시 소련은 대외적으로 약점을 보이고 싶지 않았을 것이다. 외국의 원조 제안까지 거절한 점이 피해를 더 확산시켰음은 의심할 여지가 없다. 나아가 더 놀라운 것은 이 시기에도 소련은 태연하게 곡물 수출을 계속했다는 점이다.

스탈린의 숙청

스탈린의 권력 장악으로 우크라이나 자치에 제한이 가해지기 시작했고 우크라이나인들이 농업 집단화와 곡물 조달에 저항하자 그 흐름은 더욱 강화됐다. 1920년대에 활약한 인텔리 문화인에 대한 공격도 시작됐다. 1931년에는 흐루셰브스키 아카데미의 역사 부문도 폐쇄됐다. 그는 러시아로 추방되어 1934년 캅카스에서 외롭게 생을 마감했다.

1932년 즈음부터는 공산당원에 대한 숙청이 시작됐다. 소련 전체의 대숙청은 1936년부터 1938년에 걸쳐 일어났으므로 우크라이나에 한해서는 몇 년 앞서 시작된 셈이 된다. 집단화와 곡물 조달에 대한 우크라이나의 강한 저항을 목격하고 저격을 가했을 것으로 여겨진다. 스탈린은 1933년에 발생한 기근의 책임을 우크라이나 공산당원들에게 전가했다. 그는 우크라이나 공산당원에 대한 공공연한 비판을 용인했다. 1933년에는 교육의 우크라이나화를 촉진한 고참 볼셰비키이자 우크라이나 공화국의 교육 코미사르Komissar(각료)였던 스크리프니크(1872~1933)를 자살로 내몰았다. 그 밖에 우크라이나화를 추진한 유력 당원들이 자살하거나 유형流刑을 당하는 등 홀연히 사라졌다. 1933년부터 1934년에 걸쳐 우크라이나 공산당은 10만 명의 당원을 잃었다고 한다.

1930년대 중반에는 민족 악기인 코브자와 반두라를 연주하는 맹인 음유시인들이 대거 살해됐다. 코브자 연주자는 민족의 서사시를 코브자 반주에 맞춰 부르는데 당국은 민족주의적이라는 이유로 이를 적대시했다. 그들에 대한 탄압이 거론되기 시작한 것은 우크라이나 독립 이후다. 1930년대 중반 하르키우에서 열린 코브자 연주 대회 후, 하르키우에서 끌려 나온 연주자들은 교외의 산골짜기로 보내져 살해당했다. 이에 대한 문헌상의 증거는 아직 찾지 못했다. 1997년에 하르키우시(市)는 박해를 당한 코브자 연주자들을 기리는 비석을 세웠다.

1930년대 전반에 숙청의 대상은 주로 우크라이나인이었지만 1936년부터 1938년에는 숙청의 대상이 우크라이나인을 포함한 소련인 전체로 확대됐다. 우크라이나 정부의 각료 17명도 체포된 후 처형됐고 류브첸코 수상(1897~1937)은 자살했다. 우크라이나 공산당원의 37퍼센트에 해당되는 17만 명이 숙청됐다. 이로써 우크라이나의 공산당은 괴멸 상태에 빠졌다. 1930년대 말에는 각 공화국의 자치가 대부분 완전히 사멸됐다. 스탈린은 부하들을 보내 각 공화국을 통치했다. 1938년 우크라이나에는 스탈린이 호의적으로 평가한 흐루쇼프가 우크라이나 공산당 제1서기로 보내졌다.

소련 전체의 교육과 문화는 일률화, 러시아화됐다. 우크라이나에서도 러시아어 교육이 필수가 됐다. 우크라이나어의 알파벳, 어휘, 문법은 러시아어와 가까워졌다. 우크라이나인도 푸시킨, 톨스토이, 도스토옙스키 등 러시아 작가의 문학을 읽도록 장려됐다. 신문과 잡지에서도 우크라이나어의 비중이 줄어들었다. 이로써 1920년대에 꽃피웠던 우크라이나 문화는 이 시기에 완전히 자취를 감추게 된다.

폴란드 지배하의 서우크라이나

한 번이라도 독립을 경험한 민족을 다른 민족이 통치하는 일은 쉽지 않다. 동할리치나의 우크라이나인들은 극히 단기간이지만 서우크라이나 국민공화국이라는 독립국을 가진 경험이 있다. 대전 후 유럽의 질서를 결정한 연합국도 조건 없이 동할리치나를 폴란드에 넘겨주는 것에는 물론 주저하면서, 그 조건으로 폴란드에 우크라이나인의 자치와 민족적 권리의 존중을 내걸었다. 폴란드는 그나마 입헌민주주의 국가이고 소련에 비하면 훨씬 상황이 나았지만 그럼에도 우크라이나인의 자치에 대한 약속을 지켰다고는 볼 수 없다. 폴란드 정부는 한편으로 동할리치나의 망명 정부를 지원하면서도 다른 한편으로는 자국 내 우크라이나인의 민족 자결을 인정하려고 하지 않았다. 또한 우크라이나인과 폴란드인 사이에는 수 세기에 걸친 반목의 역사가 있었던 탓에 우크라이나인은 폴란드의 지배를 더욱 기피했다.(폴란드의 총인구 2700만 명 중 우크라이나인은 약 500만 명이었다.)

폴란드 정부와 우크라이나인 사이에는 공존의 길을 걷고자 한 움직임도 여러 차례 있었고 우크라이나인이 폴란드 의회의 부의장이 된 적도 있었지만 전체적으로는 성공하지 못했다. 합법적인 수단을 취한 우크라이나 정당도 궁극적으로는 독립을 추구했다.

좀더 뚜렷한 움직임은 비합법적인 무장 투쟁으로 나타났다. 1920년, 프라하에서 망명 우크라이나인으로 구성된 '우크라이나 군사 조직UVO'이 결성됐다. 곧 UVO의 수장으로 시치 사격대의 정예 부대를 이끌고 온 예브헨 코노발레츠 대령(1891~1938)이 취임했다. 할리치나인 코노발레츠는 리비우대학 재학 시절부터 민족주의자로 두각을 나타냈다. 제1차 세계대전에서는 오스트리아군으로 참전했다가 러시아의 포로가 됐다. 1917년 석방된 후 중앙 라다에서 페틀류라와 함께 시치 사격대를 조직하고 폴란드, 데니킨, 볼셰비키와 싸웠다. 내전이 종료된 후 할리치나로 돌아왔다. 그는 뛰어난 조직자이자 노련한 정치가였다. UVO의 목적은 지하 조직으로서 정치 테러와 사보타주를 일으켜 폴란드 정부를 동요시킴으로써 서우크라이나의 독립을 쟁취하는 것이었다. 실패로 끝나긴 했으나 피우스츠키 대통령의 암살을 시도하기도 했다.

UVO는 1929년 빈에서 학생 조직과 함께 '우크라이나 민족주의자 조직OUN'을 새롭게 결성하고 단순한 파괴활동을 넘어 선전 및 계몽 등 더 넓은 활동을 전개한다. 이번에도 코노발레츠가 계속해서 리더가 됐다. OUN은 젊은이들의 지지를 얻어 제2차 세계대전 직전에는 회원 수가 2만 명에 달하기도 했다. 1930년대에 활동한 OUN은 요인 암살, 정부 시설의 파괴 등 무력 투쟁도 적극적으로 펼쳤다. 폴란드 각료, 리비우 경찰서장, 재在리비우 소련 영사들이 OUN의 손에 암살됐다. 그러나 코노발레츠도 무사하지는 못했다. 그는 1938년 로테르담에서 소련의 첩보원에게 암살된다. 후계자 자리를 두고 시치 사격대 이후 원로들의 지지를 받아온 안드리 멜니크(1890~1964)와 젊은이들의 지지를 얻은 스테판 반데라(1909~1959)가 첨예하게 대립하여 OUN은 두 파로 갈라진다. 급기야 양쪽은 서로 무력으로 투쟁하기에 이른다. 이 같은 상황에서 폴란드로부터 독립을 목표로 한 투쟁은 서광을 보지 못한 채 제2차 세계대전이 닥치고 말았다.

일본 군부와 우크라이나 독립파의 접촉

제5장에서 서술한 바와 같이 많은 우크라이나인이 러시아 극동 지방으로 이주하면서 제1차 세계대전 후 일본과 우크라이나의 독립파가 접촉한 흔적이 구만주(중국 동북부)에서 나타난다. 다음은 우크라이나사 연구가인 주코프스키가 작성한 내용을 바탕으로 기술한 것이며, 현재 그 이상 확인된 내용이 없어 보충할 수는 없지만 우크라이나 독립파와 일본군 사이에 접촉이 있었다는 사실 자체로 흥미를 불러일으킨다.

1918년 일본에 거주한 우크라이나인 B. 보브리는 우크라이나 국민정부가 공인하는 산업의 대표가 됐다. 소련군이 돌아왔을 때 200명의 우크라이나인은 소련 측에 체포됐고, 분리주의자 및 일본에 대한 협력자로 재판에 회부되었다.

이후에도 많은 우크라이나인이 소련의 지배를 피해 구만주, 특히 하얼빈으로 도망갔다. 그곳에서 우크라이나인과 일본군은 긴밀한 연락을 취했다. 일본군은 중국 측에 접수된 우크라이나인 클럽의 건물을 회수해줬고 우크라이나어 신문 발행과 우크라이나인 사회단체들의 활동을 용인했다. 일본 측의 연락 장교 K. 호리에는 우크라이나인을 위해 종종 힘을 보탰다. 또한 1920년대 말부터 1930년대에 걸쳐 우크라이나 국민공화국의 망명자와 일본 정부 관계자가 유럽에서 접촉했다. 바르샤바에서 사르스키 장군은 재폴란드 일본대사관부 무관

야나키타 대좌(야나키타 겐조. 관동군 참모, 하얼빈 특무기관장. 관동군 정보부장 역임)에게 극동 시베리아의 우크라이나인 상황에 관해 설명한 적이 있고 야나키타 대좌는 신경(당시의 만주국 수도, 지금의 창춘)으로 전임한 후, 만주국의 우크라이나인이 당국과 충돌했을 때 우크라이나인을 원조했다.

1930년대 우크라이나 민족주의자 조직OUN은 일본 측과 정치, 군사적으로 접촉했다. 일본 측은 극동의 반소비에트 활동이 고조되는 것에 관심이 있었기 때문이다. 1934년 OUN의 몇몇 조직원은 유럽에서 도쿄를 거쳐 도착한 하얼빈에서 반소비에트 활동을 활성화했고 소련 극동에서 비밀 정치활동을 전개했다. OUN의 마루키우 등은 하얼빈에서 청년 조직 '우크라이나 극동 시치'를 결성했다. 그러나 1937년부터 일본 당국이 러시아인 망명 파시스트 조직을 지지하게 되면서 우크라이나인 조직과의 협력은 중지된다. 제2차 세계대전 중에 협력을 부활시키려는 시도가 있었지만 결국 이루어지지 않았다. 소련의 대일 선전 후 구만주에 거주하던 우크라이나인의 일부는 상하이나 일본을 경유하여 미국과 캐나다로 망명했다.

제2차 세계대전

1938년 9월, 뮌헨회담에서 독일의 체코령 주데텐 합병이 인정되자 나머지 체코슬로바키아는 연방 국가가 됐다. 이로써 체코슬로바키아 내에서 우크라이나인이 거주하는 자카르파티아는 자치를 인정받게 됐다. 이 자치주는 '카르파토 우크라이나'로 개명됐다. 카르파토 우크라이나에서는 우크라이나어가 정부, 학교의 사용 언어가 됐다. 또한 '카르파티아 시치'로 불리는 독자적인 군대도 조직됐다. 그러나 이 자치주는 오래가지 못했다. 1939년 3월 15일, 독일군이 프라하에 침입하여 체코슬로바키아는 소멸했다. 히틀러는 카르파토 우크라이나를 동맹국인 헝가리에 넘겼다. 헝가리에 병합될 것이 명백해진 카르파토 우크라이나 의회는 같은 날 후스트시市에서 독립을 선언했다. 그러나 몇 시간 후 카르파토 우크라이나는 헝가리에 점령돼, 그들의 자치는 불과 수개월, 독립은 몇 시간 동안에 그쳤다. 이 지역은 이후 5년 반 동안 헝가리의 지배하에 들어간다. 그리고 이것은 제2차 세계대전에서 우크라이나가 겪게 될 격동의 서막이었다.

1939년 8월 23일, 독소 불가침 조약(몰로토프–리벤트로프 조약)이 체결됐고 이 비밀 협정으로 독소 양국은 폴란드를 해체하여 절반으로 나누기로 한다. 9월 1일, 독일이 폴란드를 침입했다. 영국과 프랑스가 이에 대항하여 9월 3일 독일에 선전포고를 하면서 제2차 세계대전이 발발한다. 독일군의 전격 작전으로 폴란드는 3주 만에 붕괴됐다. 소련은 9월 17일부터 국경을 넘어 폴란드 동쪽 절반을 점령했다. 11월 우크라이나인이 거주하는 동할리치나, 서볼린, 서폴리시아는 형식상 주민 투표를 거쳐 우크라이나 소비에트 사회주의 공화국에 편입됐다. 소련은 이를 '재통합'이라 불렀다.

1940년 6월, 소련은 더 나아가 루마니아령 북北부코비나와 베사라비아를 병합했다. 그사이 우크라이나인이 거주하는 북부코비나, 남베사라비아는 우크라이나 소비에트 사회주의 공화국에 편입됐지만 루마니아인이 거주하는 북베사라비아는 우크라이나에서 분리되어 '몰다비아 소비에트 사회주의 공화국'이 됐다. 이 공화국은 현재 독립 몰도바 공화국으로 계승되고 있다.

1941년 6월 22일, 독일은 독소 불가침 조약을 파기하고 소련을 기습했다. 여기서 이후 4년 동안 역사상 가장 많은 희생자를 낳은 독소 전쟁이 시작된다. 충분한 전쟁 준비를 한 독일군은 바르바로사 작전을 개시하여 파죽지세로 진격했다. 반면 준비가 부족했던 소련은 독일군의 공세에 손쓸 도리도 없이 후퇴했고 4개월 후인 그해 11월, 전 우크라이나가 독일의 점령 아래로 들어갔다. 소련은 시작부터 허를 찔려 혼란에 휩싸였다. 소련은 서우크라이나에서 퇴각하는 과정에서 형무소에 수감된 수형자 1만~4만 명을 죄의 경중을 불문하고 살육했다고 한다. 그러나 이내 스탈린은 이 땅의 전통인 철수와 초토화 작전을 전개하여 우랄 저편으로 동우크라이나 주민 약 380만 명 (1000만 명이라는 설도 있다)을 피란시키고 850여 곳의 공장 설비를 이동시켰다. 우랄 산록의 도시 우파는 우크라이나 소비에트 공화국 정부의 전시 수도가 됐다. 또한 우크라이나에서 옮길 수 없는 공장 시설, 철도, 수력발전소 등은 현지에서 파괴됐다. 도네츠의 탄갱 대부분은 침수됐다. 사상 최대의 퇴각 작전은 그 후 소련의 전쟁 지속능력을 유지하는 데 크게 공헌했다.

독일은 동부 전선에서 식량과 노동력의 공급원이 되어준 우크라이나를 중시했다. 독일이 소련 점령지역에서 징발한 식량의 85퍼센트는 우크라이나에서 가져온 것이었다. 독일은 소련 점령지역에서 '오스트 아르바이터(동방 노동자)'라 불리는 노동자들을 독일로 강제 연행하여 가혹한 노동을 시켰다. 독일 경찰은 우크라이나의 시장과 교회, 영화관 등에서 젊은이들을 닥치는 대로 잡아들여 독일로 보냈다. 전체 280만 명으로 추정되는 구소련령에서 보내진 오스트 아르바이터 중 230만 명이 우크라이나에서 온 노동자였다.

나치 독일은 우크라이나인에게도 몰인정했지만 유대인에 대한 조치는 철저했다. 유대인 사냥은 조직적으로 이루어졌고 강제수용소로 보내진 후 대다수가 살해됐다. 강제수용소로 보내지기 전에 살해되는 경우도 부지기수였다. 그중 가장 규모가 큰 학살로 꼽히는 것은 바비 야르 사건이다. 1941년 9월, 유대인 3만4000명을 키예프 교외의 협곡 바비 야르에 몰아넣고 사살한 후 구덩이에 묻었다. 이 사건은 전후 흐루쇼프 시대에 문제로 거론됐고 특히 이르쿠츠크 출생의 우크라이나인 4세이자 시인 예브게니 옙투셴코(1932~2017)의 시 「바비 야르」(1961)를 통해 알려졌다. 이 지역은 지금도 유대인 순난 殉難의 땅으로 알려져 있다. 나치 독일은 우크라이나에서 85만~90만 명의 유대인을 살해한 것으로 추정된다.

독일군은 처음에는 서우크라이나에서 환영을 받았다. 특히 OUN을 비롯한 민족주의자들은 우크라이나의 독립과 통일로 이어질 것이라고 기대했다. 애초 독일 측은 소련과의 전쟁에 이용할 생각으로 우크라이나 민족주의자에게 약간은 유화적인 태도를 보였지만 서서히 탄압으로 방향을 틀었다. OUN의 반데라파派인 야로슬라프 스테츠코(1912~1986)를 중심으로 독일군 안에 우크라이나 민족주의자 부대가 만들어졌는데, 1941년 6월 30일 그들은 독일의 허가 없이 리비우에서 우크라이나 독립을 선언했다. 며칠 후 반데라와 스테츠코는 게슈타포에 체포되어 독일의 강제수용소로 보내졌고 전쟁이 끝날 때까지 나오지 못했다.(멜니크도 전쟁 기간에 같은 강제수용소로 보내졌다.) 그리고 민족주의자들은 지하로 숨어들었다.

우크라이나인의 대對 독일 파르티잔 활동은 독일의 우크라이나 침입 후 얼마 지나지 않아 시작됐다. 스텝 초원지대는 광활하고 시야가 트여 있어서 파르티잔 활동에는 적합하지 않았다. 대신 서북부 볼린의 삼림지대, 북부 폴리시아의 늪지대, 서남부 카르파티아의 산악지대가 활동의 거점이 됐다. 그리고 OUN의 전통을 가진 서우크라이나인들이 활동의 주력자가 됐다. 1941년 여름에는 타라스 불바 보로베츠(1908~1981)가 볼린에 '우크라이나 봉기군UPA'을 조직했다. UPA는 페틀류라를 잇는 우크라이나 국민공화국의 망명 정부와 연계되어 있었다. OUN의 반데라파, 멜니크파도 각각 UPA를 조직했다. 1943년에는 반데라파 아래 각각의 UPA가 결집됐다. 로만 슈헤비치 장군(통칭 타라스 추프린카, 1907~1950)이 사령관이 됐다. UPA는 외국의 원조를 거의 받지 못했으나 시민의 지지로 힘을 길렀고 1943년에는 4만 명의 세력을 보유하기에 이르렀다. 전성기인 1944년에는 10만 명의 병사를 거느렸다는 설도 있다. UPA는 독일을 비롯하여 소련과도 싸웠다.

소련은 독일 점령지역에서의 교란과 다가오는 소련군의 귀환을 준비하기 위해 적군 파르티잔을 조직했는데, UPA는 소련 파르티잔과도 격렬한 전투를 벌였다. 제2차 세계대전의 승자가 된 소련은 전후 적군 파르티잔의 활동을 과장하여 선전했고 UPA 등 우크라이나 민족주의자의 파르티잔 활동은 무시하거나 혹은 나치의 앞잡이로 치부했다.

결국 제1차 세계대전 당시 우크라이나 민족주의자 정부가 한 번에 여러 적과 싸우다 붕괴했듯이 제2차 세계대전에서도 우크라이나 민족주의자는 여러 나라 혹은 강력한 적을 상대로 해야 했던 매우 불리한 입장이었음을 부정할 수 없다.

독소전쟁의 전환점은 1943년 1월의 스탈린그라드 공방전이었다. 같은 해 여름, 반격에 나선 독일군을 쿠르스크 대전에서 무너뜨린 소련군은 이후 잃어버린 땅을 단번에 회복했다. 코네프(1897~1973), 바투틴(1901~1944), 말리노프스키(1889~1957) 등이 이끈 소련군은 우크라이나를 공격했다. 같은 해 11월, 바투틴은 키예프를 회복했다. 1944년 7월, 소련군은 서우크라이나의 브로디에서 6만 명의 독일군을 전멸시켰다. 독일군 중에는 우크라이나인으로 구성된 1만 명의 할리치나 사단이 포함되어 있었다. 그중 도망쳐 나온 2000명은 대부분 UPA에 합류했다. 같은 해 9월 카르파티아산맥을 넘은 소련군은 10월이 되어 전 우크라이나를 점령했다.

스탈린은 우크라이나에서 벌어지는 전투에 우크라이나인을 참전하게 했고, 전후 지배를 쉽게 하기 위해 우크라이나 내셔널리즘을 부추기는 정책을 펼쳤다. 남방 전선은 '우크라이나 전선'으로 개명됐고 흐멜니츠키 훈장이 새로이 제정됐다. 시인 소슈라의 애국적인 작품

「우크라이나를 사랑하라」는 스탈린상을 받았다. 다만 UPA는 소련에 대해 파르티잔 형식의 전쟁을 이어갔다. 바투틴 장군은 UPA의 습격으로 입은 부상이 원인이 되어 사망했다. 소련군은 베를린 함락 후 UPA 소탕을 위해 전력을 다했지만 전투는 당분간 계속됐다.

얄타회담

우크라이나의 땅에서 이루어진 결정은 우크라이나뿐만 아니라 그 후 일본의 운명까지 좌우할 정도였기에 언급하고 넘어가고자 한다. 역사상 가장 중요한 회담으로 일컬어지는 얄타회담은 1945년 2월, 크림반도의 얄타에 위치한 로마노프 왕가의 리바디아 궁전에서 이루어졌다. 이즈음 전쟁의 대세가 보이자 제2차 세계대전 후의 큰 틀을 결정하기 위해 세 명의 수뇌인 루스벨트(1882~1945), 처칠(1874~1965), 스탈린이 얄타에서 회담을 가졌다. 회담 장소로 얄타가 선정된 이유는 스탈린 스스로 대독 전쟁에 대해 많은 결단을 내려야 했기 때문에 소련령을 떠날 수 없다고 영미 수뇌에게 제안했기 때문이다. 계절은 겨울이었고 병환 중인 루스벨트의 상황까지 고려하여 기후가 온난한 크림반도, 그중에서도 소련 최고의 요양지로 손꼽히는 얄타가 선정됐다. 이로써 얄타의 이름은 전후 그리고 현재에 이르기까지 세계 각국을 속박하는 지명이 됐다. 한편 처칠은 흑해 건너편에 전쟁의 승리와 세계 평화를 수립하는 중대한 사명을 띤 자신과 루스벨트의 얄타행을 그리스 신화의 아르고호 흑해 원정(제1장 참조)에 빗대어 '아르고호 승조원의 여행'이라고 불렀다.

얄타회담이 열린 리바디아 궁전

리바디아 궁전은 1860년대 러시아의 황제 알렉산드르 2세가 마리아 황후의 건강을 위해 지은 것이다. 황후는 크림의 풍광과 타타르인 등 지역 주민들의 풍습에 흠뻑 매료됐다. 바다에 근접한 산비탈에 지어진 궁전은 상트페테르부르크의 화려한 궁전들과 달리 아담하고 흰 벽이 청초한 정취를 풍긴다. 베란다에서는 바다가 180도 넓이로 수평선 건너까지 내다보인다. 궁전은 소나무와 사이프러스 등 지중해성 수목이 둘러싸며 우거져 있다. 하얀 궁전과 녹색 정원, 그리고 푸른 바다가 삼위일체를 이루는 매우 근사한 장소다.

이후 역대 황제의 일가 중 알렉산드르 3세 부처와 니콜라이 2세 부처, 그들의 자녀들도 리바디아를 사랑하여 매년 찾아왔다. 특히 니콜라이 2세는 가정적인 인물로 얄타에서 보내는 조용한 생활을 즐겼다고 한다. 그는 크림의 길거리를 차로 드라이브하거나 요트 타기를 즐겼다. 1917년 2월 혁명으로 퇴위를 당한 니콜라이 2세는 민간인의 신분으로 리바디아 궁전에 거주할 수 있게 해달라고 임시정부에 허가를 요청했다고 한다. 그러나 케렌스키는 이를 거절했다. 이와 관련하여 스탈린은 얄타회담에서 미국 대표단에 다음과 같은 일화를 전했다고 한다.

니콜라이 2세가 퇴위하는 날, 리바디아의 정원으로 은퇴하게 해달라는 허가를 요청했다는데 알고 계십니까? (…) 사람들은 차르를 정원사로 만들기 위해 혁명을 하는 것이 아닌데 말입니다.
—콩트, 『얄타회담, 세계의 분할』

또한 얄타는 왕족뿐만 아니라 상류계층의 사교의 장, 예술가가 머무는 곳이기도 했다. 체호프(1860~1904)와 고리키(1886~1936)도 얄타에 거주했다. 체호프는 그곳에서 『벚꽃 동산』『세 자매』『개를 데리고 다니는 부인』 등의 작품을 썼다. 그가 살던 집은 현재 박물관이 됐다.

한편 얄타회담에서 리바디아 궁전은 루스벨트의 거처이자 회의장이 됐다. 병환 중이던 루스벨트가 휠체어를 탔기 때문이다. 같은 이유로 그의 침실과 서재도 함께 마련됐다. 처칠의 거처는 보론초프 궁전이었는데, 이 궁전을 지은 인물이 19세기 초반 오데사에서 푸시킨의 상사였던 신러시아 총독 보론초프 백작이다. 그의 아버지는 주영 국대사를 지내 영국 건축에도 관심이 있었던 터라 궁전의 북쪽은 순수한 영국풍으로 지어졌다. 이러한 이유에서 처칠의 거처로 결정됐을 것이다. 스탈린의 거처는 유스포프 궁전이었다. 이 궁전은 라스푸틴을 암살한 유스포프 공이 소유하고 있었다.

얄타회담에서는 다방면의 문제가 논의됐는데, 여기서는 우크라이나와 일본과 직접적인 관련이 있는 폴란드의 국경 획정, 국제연합, 소련의 대일 참전에 대해 살펴보도록 하겠다. 폴란드의 국경 획정은 얄타에서 큰 논란를 일으킨 문제였다. 그러나 결국 소련은 1939년 폴란드를 해체하고 독일과 소련이 분할하여 얻은 영토 대부분을 획득했다. 이로써 리비우를 포함한 동할리치나는 소련령으로 결정됐다. 이 논의 과정에서 루스벨트는 미국 내 폴란드인의 비판을 잠재우기 위해 리비우를 폴란드령으로 남기도록 요구했지만 스탈린은 양보하지 않았다. 동쪽의 영토를 크게 잘라낸 폴란드는 그 대가를 서쪽에서 받았다. 폴란드는 오데르-나이세강 동쪽의 독일령을 얻었다.

국제연합 문제에서 큰 대치 국면을 이뤘던 안전보장이사회 거부권 문제가 소련의 전면적인 양보로 결론을 맺은 후, 소련 측은 우크라이나와 벨라루스의 국제연합 가입 문제를 꺼내들었다. 스탈린은 루스벨트에게 자신은 우크라이나에서 곤란한 상황에 직면해 있고 우크라이나에 주어지는 한 표가 소련 통일 유지를 위해 중요하다고 말했다. 처음에는 반대했던 루스벨트도 결국 이를 인정했다. 그 이유로는 거부권 문제에서 소련이 양보한 점, 영국 연방 자치령의 국제연합 가입을 도모하기 위해 처칠이 찬성으로 돌아선 점, 그리고 미국, 영국, 소련의 협조를 유지하기 위해서는 본질적이지 않은 문제에서 양보해도 무관하다고 판단한 점 등이 있다. 이로써 우크라이나와 벨라루스는 소련과 함께 국제연합의 원原가맹국이 됐다.

소련의 대일 참전은 루스벨트가 스탈린에게 강력하게 요구한 사항이다. 스탈린은 그 대가를 요구했다. 스탈린은 독일이 먼저 공격해 왔기 때문에 대독전은 설명이 가능하지만 일본은 표면화된 적대 행동을 취하지 않았기 때문에 최고 회의와 인민에게 참전을 설명하려면 정당화할 수 있는 대가가 필요하다는 이유를 들어 남사할린과 쿠릴열도를 요구했다. 루스벨트는 이 요구를 승인했다. 독일 항복 2, 3개월 후에 소련이 참전하겠다는 이 약속은 비밀에 부쳐졌다. 일본 측에 이 사실이 새어나가면 유럽 전선의 소련 부대를 극동으로 이동시키기 전에 일본이 소련을 공격할 우려가 있었기 때문이다. 대일 참전

문제는 처칠을 제외한 리바디아 궁전 내 루스벨트의 서재에서 스탈린과 루스벨트 사이에서 논의됐다. '소련의 대일 참전에 관한 합의'도 이 서재에서 서명됐다.

일본인 억류자

제2차 세계대전 후 소련에는 약 60만 명의 일본인(군인 외 문민도 포함)이 억류됐다. 대부분은 시베리아, 극동에 억류됐으나 그중에는 일본에서 8000킬로미터나 떨어진 우크라이나까지 이송된 이들도 있었다. 일본인 억류자의 이송 지역으로는 최서단이었다.

1991년 4월, 소련의 고르바초프 대통령이 방일했을 당시 소일 간에 '포로수용소에 수용됐던 자들에 관한 소일협정'이 체결되었고 이를 바탕으로 그해 소련 정부로부터 31개 지역, 72곳의 매장지에 관한 자료 및 3만8647명의 사망자 명부가 일본 측에 전달됐다. 이 중 211명이 우크라이나에서 사망한 사실이 명부를 통해 확인됐다. 또한 매장지는 하르키우, 드니프로페트로우스크, 도네츠크, 자포리자 등 11곳에 존재한 것으로 밝혀졌다.

그러나 당시의 수용소와 묘지는 전후에 대부분 붕괴됐고 그 자리에는 주택, 공장, 학교 등이 들어섰다. 현재는 아르테미프시크(러시아어로 '아르툐몹스크')와 드루주키우카(러시아어로 '드루스콥카') 등 묘지 부근에 합동위령비가 세워져 있다. 다만 포로가 된 독일군 병사와 전쟁에서 희생된 우크라이나 시민도 같은 장소에 매장되곤 했기 때문에 합동위령비에 일본인 억류자가 포함되어 있다고 기록되어 있는 것은 아니다. 이처럼 일본인 억류자가 매장된 곳의 특정이 불가능하여 유골 수집 사업은 이루어지고 있지 않다.

당시의 억류자들로 결성된 '추을회秋乙會'(추을이란 당시 사관학교가 위치한 식민지 조선 평양 근교 마을 이름에서 유래한다) 회원이 1997년 6월 참배를 위해 우크라이나를 방문했을 때 재키에프 일본대사관의 관원에게 들려준 이야기에 따르면 대략 다음과 같은 상황이었다고 한다. 1946년에 약 4000명이 시베리아 철도 경유로 우크라이나에 이송됐다. 억류자는 먼저 돈바스의 도시 아르테미프시크에 도착한 후 그곳에서 드니프로페트로우스크, 크레멘추크, 자포리자, 로한(하르키우 근교), 이줌, 크라마토르스크, 슬로비안스크, 드루주키우카 등의 지역으로 나뉘어 독일인 억류자와 함께 채석(하르키우-도네츠크 간 철로용 자갈 채취), 점토 운반, 소규모 공장, 용광로 건설(드니프로페트로우스크) 등의 작업에 투입됐다. 일본인이 만든 하르키우-아르테미프시크 간 철로는 '일본 철로'라고 불렸다. 억류자들은 1947년 8월부터 11월에 걸쳐 귀국했다.

한편 교토대학의 불문학 교수였던 고토 도시오는 우크라이나 억류자 중 한 사람으로서 『시베리아, 우크라이나 포로기』(1985)라는 기록을 남겼다. 전술한 추을회 회원의 이야기와 일치하는 억류생활에 관한 기술뿐만 아니라 가혹한 나날들 속에서도 감독하는 입장의 러시아인, 거기에 이용된 우크라이나인, 같은 포로 입장의 독일인 등 사이에서 일어난 알력 다툼과 인간적인 교류가 담겨 있다. 우크라이나 독립 운동에 관한 기술 중에는 다음과 같은 부분이 있다.

넓은 소련 안에서도 우크라이나인은 한없이 밝고 낙천적인 인종이라는 이 야기는 여러 번 들었다.

(…)

우크라이나는 소비에트 연방 중에서도 사상적으로 가장 위험한 곳으로(물론 소련식으로 말하자면 그렇다는 것이다) 예로부터 몇 번이나 독립 운동의 불길이 타오르려 했던 곳이다. 독소전쟁이 한창인 와중에도 이참에 우크라이나가 독립할 수 있을지도 모른다는 바람으로 독일 측에 붙어서 싸운 군단도 있었다. 독일인에 대한 뒤틀린 감정은 이 부분에도 원인이 있을지 모른다. 무라이(억류자 중 한 사람—지은이) 감독은 특히 맹렬한 스탈린 반대자였는데, 아무도 들어올 수 없도록 사무실에 열쇠를 걸고 무라이에게 우크라이나 독립 운동을 설명했다고 한다.

전후 처리

1945년 5월, 독일군의 항복으로 유럽의 제2차 세계대전이 종결됐다. 우크라이나 인구 약 6분의 1에 해당되는 530만 명이 사망했다. 230만 명은 독일에서 강제 노동에 시달렸다. 소련군 중에는 우크라이나인 200만 명이 포함되어 있었고 독일군 중에도 30만 명의 우크라이나인이 포함되어 있어 동일 민족이 서로 적과 적이 되어 싸운 것은 앞서의 대전과 마찬가지였다. 경제적인 피해도 어마어마했다. 독소 양측 군이 전진하고 후퇴하는 사이 퇴각하는 쪽은 모두 초토화 작전으로 도시와 공장을 파괴했다. 키예프 중심부의 85퍼센트가 파괴됐고 하르키우는 70퍼센트가 파괴됐다. 『우크라이나에 대한 모든 것』에 따르면, 우크라이나는 제2차 세계대전으로 소련 전체의 물질적 손해의 40퍼센트에 해당되는 손실을 봤는데, 이는 러시아, 독일, 프랑스, 폴란드 각각의 물질적 손실보다 큰 규모였다.

많은 민족주의자의 자기희생적인 활동이 있었지만 이번에도 독립은 실현되지 못했다. 그러나 방대한 인명과 재산 손실의 대가로 우크라이나의 영역은 확대됐다. 폴란드에서 동할리치나, 루마니아에서 북부코비나와 남베사라비아, 헝가리에서 자카르파티아를 획득했다. 특히 자카르파티아는 처음으로 러시아 제국, 소련의 지배하에 들어갔다. 이로써 우크라이나는 16만5000제곱킬로미터의 영토와 1100만 명의 인구를 새로이 획득하여 58만 제곱킬로미터, 4100만 명의 인구를 끌어안은 소비에트 공화국이 됐다. 아이러니하게도 독립은 되지 않았지만 대전 전에 각각 4개국에 분할돼 있던 거의 모든 우크라이나인 거주지역이 소련의 우크라이나 공화국으로 합쳐졌다. 그리고 이것은 키예프 루스 붕괴 이후 사상 첫 통합이었다.

국경선 변경으로 인해 생기는 문제는 종래의 영역에 남겨진 민족이 소수민족화되는 것이다. 소수민족 문제가 제2차 세계대전의 도화선이 됐음을 교훈으로 삼아 소수민족을 만들지 않기 위해 민족 분포를 새로운 국경에 맞추게 되면서 동유럽 각지에서는 민족 교환이 이루어졌다. 우크라이나와 폴란드 사이에서도 과거의 우크라이나 공화국에 거주했던 폴란드인 130만 명이 폴란드로, 구폴란드령 내의 우크라이나인 50만 명이 우크라이나로 각각 이주했다.

또한 전쟁 포로와 강제 노동을 위해 독일로 보내졌던 오스트 아르바이터의 본국 송환도 이루어졌다. 그들을 본국으로 송환하는 것은 얄타회담에서 이미 결정된 사항이었다. 포로가 된 군인뿐만 아니라 문민도 포함됐고 귀국 희망 여부와 상관없이 소련 국적이라면 송환이 승인됐다. 영미 측은 이들 소련인의 대부분이 귀국 후의 박해를 두려워하여 귀국을 원치 않으며 인도상의 문제가 발생할 수 있음을 알고 있었지만, 소련 정부의 본국 송환 요구가 거셌을 뿐만 아니라 당시 전쟁이 계속되고 있어 소련과의 협조가 여전히 필요했기 때문에 소련에게 양보했다. 1945년 말까지 200만 명의 우크라이나인이 귀국했다. 강제로 귀국을 당한 사람도 많았다. 귀국 후 소련 관헌의 손에 넘어갈 것이 두려워 수송 중 배에서 바다로 몸을 던진 사람도 다수 있었다고 전해진다. 그리고 우려한 바와 같이 귀국 후 1만 명 넘는 사람이 처형됐고 35만 명이 정치적 위험분자로 분류되어 중앙아시아와 극동 지방으로 보내졌다. 1947년 뒤늦게나마 소련의 행태를 알게 된 연합국은 이들의 본국 송환을 중지했다. 25만 명 정도가 서유럽 국가에 남았고 그 대부분은 몇 년 후 미국과 캐나다로 이주했다.

UPA의 파르티잔 활동

제2차 세계대전 종결 후에도 서우크라이나에서는 UPA의 반소련 파르티잔 활동이 계속됐다. 소련군이 베를린을 공격해 들어갔을 때쯤 서우크라이나의 상당 부분은 UPA가 장악하고 있었다. 이러한 UPA의 대규모 활동은 주민의 지지와 소련군의 부재에 따른 것이었다.

소련은 독일 항복 후 UPA 박멸에 전력을 다했다. 소련은 1945년부터 1946년에 걸쳐 볼린에서 카르파티아 북쪽 산기슭에 이르는 소탕 작전을 벌였다. 소련군은 UPA의 가족, 때로는 마을 전체를 시베리아로 유형流刑 보냈다. 1945년부터 1949년 사이에 50만 명의 서우크라이나인이 북방으로 강제 이주하게 됐다. UPA의 평판을 떨어뜨리기 위해 소련의 보안 부대가 UPA로 위장하여 마을을 덮친 적도 있었다고 한다.

이처럼 UPA의 활동은 부득이 축소되어갔다. 한편 UPA의 입장에서 괴로웠던 것은 농업 집단화였다. 개인 농가와 달리 엄격하게 관리됐던 집단 농장에서는 식량을 거두기 힘들었기 때문이다. UPA의 전략은 독일 항복 후에 서방과 소련의 싸움이 시작되면 소련이 붕괴할 것이므로 그에 맞게 다시 독립의 밑바탕을 다져간다는 것이었다. 그러나 1947년, 1948년이 되어도 미소 전쟁은 일어날 기미조차 보이지 않는다는 것을 깨달은 사람들은 UPA를 떠났다.

그럼에도 UPA는 1950년 초까지 상당한 규모로 활동했다. 그러나 같은 해 3월 사령관 슈헤비치 장군이 전사한 후, 실질적으로 UPA의 활동은 끝난다. 다만 1956년 2월 볼린의 신문 『적기』에 UPA에 대한 투항 권고가 실린 것으로 미루어보아 이후로도 산발적인 게릴라 활동이 제법 계속된 것으로 추측된다. 또한 서독에서 독립 운동을 계속한 스테판 반데라는 1959년 소련의 KGB에 의해 암살됐다. 하지만 소련처럼 통제가 가해진 나라 안에서, 게다가 주위 국가가 모두 소련의 위성국인 환경에서 외부 원조도 거의 없는 상황임에도 불구하고 장기간 파르티잔 활동이 계속된 점은 놀라운 일이다. 새삼 서우크라이나의 꿋꿋한 민족주의에 감탄을 금할 수 없다.

UPA의 활동은 국경을 넘어 폴란드령 내에서도 이루어졌다. 1947년에는 매복해 있다가 폴란드의 국방부 차관을 암살했다. 이에 분노한 폴란드 정부는 '비스와 작전'이라는 군민 소탕 작전을 펼쳤다. 군사적으로는 3만 명의 폴란드군이 UPA군을 포위하여 섬멸했다. 살아남은 약 400명은 맞서 싸우며 체코슬로바키아를 빠져나와 오스트리아를 거쳐 최후에는 독일의 미국 점령 지대까지 도달하는 희유의 행동을 보였다. 민생 면에서는 카르파티아 산기슭, 렘코의 우크라이나인 14만 명을 폴란드가 독일에서 쟁취한 서부 지방으로 강제 이주시켰다. 단결하지 못하도록 한 곳에 몇 세대만 거주하게 했다고 한다. 이 때문에 폴란드 영역에는 제대로 된 우크라이나인 거주지가 사라졌다.

한편 우니아트는 러시아 제국과 소련에서 일찍이 금지됐지만 오스트리아와 폴란드 지배하에 있던 서우크라이나에서는 존속이 허용되어 이 지역에 거주하는 우크라이나인의 정체성 기반이 됐다. 소련 정부는 서우크라이나가 소련령에 들어갈 즈음 서방과 관계가 있으며 민족주의적인 우니아트를 위험한 존재로 판단하여 1946년 우니아트를 금지하고 모스크바의 러시아 정교회에 병합시켰다. 우니아트는 표면적으로는 소멸했으나 많은 성직자가 러시아 정교의 이름 아래 비밀리에 우니아트 교의를 실천했다. 그리고 이러한 활동은 1980년대 후반에 활발해진 민족주의 운동의 원동력 중 하나가 되었다.

흐루쇼프 시대

1953년 3월 스탈린이 죽은 뒤, 권력 투쟁 끝에 살아남은 이가 흐루쇼프다. 그는 비스탈린화의 이름 아래 전 소련에 대한 통제를 풀고 민족문화 활동을 자유롭게 했다. 스탈린은 우크라이나에게 가혹했지만 흐루쇼프는 우호적이었다. 흐루쇼프는 우크라이나인이 아니었지만 젊은 시절에는 돈바스에서 금속공으로 일했고 공산당 관료가 된 후에도 긴 시간을 우크라이나에서 보냈다. 그는 스탈린의 충실한 부하로 1938년의 대숙청 시기에는 우크라이나 공산당 제1서기(재임 1938~1949, 1947년 3~12월은 라자르 카가노비치가 제1서기)로 실력을 발휘했다. 전시 중에는 적군 파르티잔 조직 구성에 관여했고 전후에는 경제 부흥과 소련으로의 서우크라이나 통합, 특히 UPA 대책을 지휘했다. 한편 우크라이나의 민족 의상을 입거나 우크라이나 노래를 즐기는 등 우크라이나인 사이에서도 인기가 있었다.

소련의 수장 자리를 둘러싼 투쟁에서 흐루쇼프를 처음으로 지지한 당은 우크라이나 공산당이었다. 그는 우크라이나 공산당 제1서기에 처음으로 우크라이나인(올렉시 키리첸코, 1908~1975)을 임명했다. 이후 이 지위는 예외 없이 우크라이나인이 차지하게 된다. 우크라이나 공화국의 최고회의 의장과 수상도 우크라이나인이 됐다. 크렘린에서도 우크라이나인의 지위는 올라갔다. 한때 전체 11명이었던 소련공산당 정치국원 중에 올렉시 키리첸코, 미콜라 피드호르니(러시아어로 '니콜라이 포드고르니'), 드미트로 폴리얀스키(훗날 주일대사, 재임 1976~1982), 페르토 셸레스트(1908~1996)로 우크라이나인 4명이 포함된 적도 있었다. 군인 중에도 우크라이나인 로디온 말리놉스키(1898~1967), 안드레이 그레치코(1903~1976), 키릴 모스칼렌코는 원수로 승진했고 로디온과 안드레이는 국방부 장관의 자리까지 올랐다.

호루쇼프가 준 또 하나의 선물은 크림의 이관이었다. 1954년 흐멜니츠키가 러시아의 종주권을 인정한 페레야슬라프 조약 체결 300주년을 기념하여 그동안 러시아의 일부였던 크림이 '우크라이나에 대한 러시아 인민의 위대한 형제애와 신뢰의 증거'로서 우크라이나 공화국에 이관됐다. 이는 우크라이나에 대한 회유 정책이었지만 다른 한편으로는 러시아인이 인구의 70퍼센트를 점하는 크림을 우크라이나에 귀속시킴으로써 우크라이나 안에 러시아인 비율을 높이려는 의도도 있었다고 평가된다. 당시에는 우크라이나가 향후 독립할 것이라고는 털끝만큼도 생각하지 못했기 때문에 행정상의 조치 정도로 가벼운 마음에서 이루어진 결정이었을 것이다. 그러나 훗날 러시아인은 그렇게나 사랑했던 얄타의 요양지도, 러시아군의 역사와 함께했던 세바스토폴도 모두 잃게 된다.

브레즈네프 시대

1964년, 호루쇼프가 실각했다. 그 뒤를 이은 이가 레오니드 브레즈네프(1906~1982)였다. 그는 우크라이나 동부의 도시 드니프로제르진시크에서 태어났다. 전전戰前에는 출세를 위해 러시아인이면서도 서류에는 우크라이나인으로 기재했다. 야금冶金 기사이자 당 관료로 소련 공업의 중심지 중 하나인 드니프로페트로우스크에서 활동하며 두각을 나타냈다. 자신의 동료와 부하를 등용했기 때문에 그의 추종자들은 '드니프로페트로우스크 마피아'로 불렸다.

브레즈네프 시대는 좋게 말하면 안정된 시대였고 나쁘게 말하면 정체된 시대였다. 민족주의 문화를 위험시하여 억압했고 대두되기 시작한 반체제파에 대해서도 냉혹하게 대처했다. 다만 우크라이나에서는 브레즈네프 시대 초기에 우크라이나 공산당 제1서기였던 페트로 셸레스트(재임 1963~1972)가 민족주의 문화를 높이 사는 정책을 취했다. 우크라이나어 사용에도 적극적이었던 셸레스트는 그의 저서 『우리가 소비에트 우크라이나』(1970)에서 우크라이나의 자치를 직간접으로 강조하고 코사크의 진보성, 차르의 착취에 관해 기술했다. 그러나 그는 우크라이나 내셔널리즘에 안이하게 경제 로컬리즘을 조장했다는 이유로 1972년 실각했다.

후임인 볼로디미르 셰르비츠키(재임 1972~1989)는 브레즈네프의 충실한 부하로 우크라이나 민족문화에는 전혀 관심을 보이지 않았다. 브레즈네프, 셰르비츠키 시대의 우크라이나에서는 러시아어의 사용이 장려되고 우크라이나어의 사용에는 간섭이 뒤따랐다. 학교에서는 러시아어 사용이 늘었고 직업적인 관점에서도 러시아어가 압도적으로 유리했다. 출판물도 흥미로운 소재는 러시아어로, 지루한 소재는 우크라이나어로 출판됐다. 우크라이나어 출판물의 독자가 줄어들자 당국은 우크라이나어 독자가 줄었다며 해당 출판물의 발행을 중지하기도 했다. 당국은 우크라이나어에 대한 열등의식을 심으려했고 우크라이나어를 사용하는 인텔리는 반체제 운동가로 의심을 받았다. 그 결과 1969년부터 1980년에 걸쳐 우크라이나어 신문의 비율은 46퍼센트에서 19퍼센트로 줄었고, 1958년부터 1980년 사이에 우크라이나어로 출판된 책은 60퍼센트에서 24퍼센트까지 감소했다.

경제 상황을 살펴보면 흐루쇼프 시대에는 미국을 넘어서겠다는 목표가 있어 여전히 의욕적인 면이 있었지만 경제 성장률은 서서히 내려가기 시작했고, 브레즈네프 시대에는 누구나 인정하는 정체 상태에 빠졌다. 제5차 5개년 계획(1951~1955) 동안의 우크라이나 공업의 연간 성장률은 13.5퍼센트였지만 30년 후의 제11차 5개년 계획(1981~1985) 동안에는 3.5퍼센트로 떨어졌다. 공업화와 도시화로 인해 심각한 에너지 부족이 일어났고 1950년대부터 1970년대에 걸쳐 드네프르강에 거대한 댐이 연달아 건설되면서 드네프르강은 연이어진 인공 호수처럼 변해버렸다. 그러나 전력은 충족되지 않았고 1970년대에 체르노빌 등 몇몇 곳에 원자력발전소가 건설됐다.

지금은 공업이 우크라이나에서 주요 산업이 됐지만 우크라이나가 소련의 곡창이라는 점은 변함없었다. 다만 우크라이나를 포함한 소련의 농업 전체가 정체됐다. 브레즈네프 시대 후반에는 소련에서 곡물을 수입하는 게 일반화될 정도까지 이르렀다. 이러한 배경에는 관료 통제에 의한 비효율, 이윤 동기 및 경쟁 부재에 의한 노동 의욕의 감퇴 등이 있었다. 이 점은 반대로 이윤 동기가 작용했던 주택에 부속된 자영 채소밭의 높은 생산성으로 증명된다. 1970년, 우크라이나에서 전체 농지의 몇 퍼센트에 불과했던 자영 채소밭은 농가 수입의 36퍼센트를 차지했다.

호루쇼프와 브레즈네프 시대를 거치면서 우크라이나의 사회 구조는 크게 달라졌다. 공업화로 인해 도시화는 한층 더 촉진됐다. 도시 인구는 55퍼센트에 이르러 도시는 이제 비우크라이나인만 사는 곳이 아니게 됐다. 한편 러시아인의 우크라이나 유입은 점점 더 가속화됐다. 1926년에 300만 명이었던 우크라이나의 러시아인은 1979년 1000만 명에 달했고 인구의 20퍼센트를 넘어섰다. 그동안 러시아인이 거의 살지 않던 서우크라이나에도 러시아인이 들어왔다. 러시아인은 비러시아인 지역에서는 괜찮은 일자리를 얻을 수 있었고, 우크라이나는 기후도 좋을 뿐만 아니라 문화 여건도 비슷했기 때문에 선뜻 우크라이나에 살고 싶어했다. 몇 세대에 걸쳐 거주한 러시아인 중에는 우크라이나화되는 사람들도 늘어났다.

브레즈네프 시대에 강해진 것은 반체제파(디시던트)의 움직임이었다. 1975년 7월, 구미 35개국이 헬싱키에 모여 유럽안전보장협력회의CSCE를 열고 현재의 국경 존중, 신뢰 양성 조치, 인권 옹호 등을 약속한 헬싱키 선언에 서명했다. 소련 정부는 국경의 존중 등 안전 보장 문제에 이점이 있다고 판단하여 선언에 동참했지만, 인권 옹호는 말뿐인 조항에 지나지 않으며 감출 수 있으리라고 하찮게 여겼다. 그러나 예상과 달리 인권 옹호 조항이야말로 소련 체제를 내부에서부터 무너뜨리는 큰 원동력이 되었다. 이듬해에는 모스크바의 반체제 운동가들로 구성된 '헬싱키 조약 이행 감시 그룹'이 결성됐다. 같은 해 키예프에서도 작가 미콜라 루덴코, 페트로 프리호렌코 장군(러시아어로 '그리고렌코'), 법률가 레우코 루키야넨코, 저널리스트 비아

체슬라프 초르노빌 등으로 구성된 우크라이나의 헬싱키 그룹이 결성됐다. 이 단체는 기존의 비밀주의적인 단체와 달리 열린 시민 단체를 지향했고 소련의 다른 단체와도 연계하여 문제의 국제화를 추진했다. 그러나 서방의 대사관과 보도 기관을 통해 전 세계에 주장을 호소할 수 있는 모스크바의 운동과 달리 키에프의 운동에는 세계의 이목이 닿기 어려웠다. 결국 대부분은 체포됐다.

제8장

350년 동안 기다린 독립

고르바초프의 글라스노스트

1985년 소련공산당의 서기장으로 취임한 고르바초프는 근본적인 개혁을 실행하면 공산당이 지배하는 소련의 시스템은 존속될 수 있을 거라 믿었다. 그 일환으로 글라스노스트glasnost(정보 공개, 우크라이나어로 '흘라스니스티')와 페레스트로이카perestroika(재건, 우크라이나어로 '페레부도바')를 양륜으로 하는 정책을 개시했다. 그러나 함께 추진되어야 할 두 정책은 글라스노스트만이 선행되고 페레스트로이카는 기득권익의 저항으로 지지부진했다. 글라스노스트는 고르바초프의 의도와 달리 국민을 움직이는 동기 부여로 작용하기보다 오히려 비판의 근거가 됐고 무엇보다 위험하게도 민족주의에 불을 지폈다. 스탈린, 흐루쇼프, 브레즈네프 등 역대 지도자들은 세심한 주의를 기울여 각지의 민족주의를 조절함으로써 제국으로서의 소련을 유지해왔으나 글라스노스트로 인해 민족주의 억압의 테가 벗겨지면서 소련의 해체를 초래하게 됐다.

우크라이나에서 소련 체제에 대한 불신이 처음으로 고조된 계기는 체르노빌(우크라이나어로 '초르노빌') 원자력발전소의 폭발 사고다. 1986년 4월 26일, 키예프 북쪽 방면으로 약 100킬로미터 지점에 있는 체르노빌 원자력발전소 제4호 원자로가 폭발했다. 192톤의 핵연료 중 4퍼센트가 대기 중으로 방출되어 히로시마형 원자폭탄 500발분의 방사능이 확산됐다. 사고 자체로도 사상 초유의 재난이었지만 사태를 한층 더 악화시킨 것은 소련의 은폐 구조였다. 고르바초프가 정권을 획득한 지 1년 남짓 됐고 글라스노스트도 아직 정착되지 않은 시기였던 탓에 사고는 28일까지 감춰져 있었다. 이 때문에 좀더 빨리 공표하여 필요한 조처를 취했다면 구할 수 있었던 많은 생명을 잃었고 몇만 명의 사람은 지금도 후유증에 시달리고 있다. 이 사고는 환경 문제에 대한 우크라이나인의 관심을 이끌었다. 소련은 생산지상주의로 그동안 환경 문제에는 거의 무관심했다. 문제가 일어나도 감추기만 했다. 우크라이나는 소련의 제1중화학 공업지대라고 자랑했지만 실상은 공장과 광산이 배출하는 오염물질이 흘러넘치고 있었고 우크라이나 남부와 동부는 소련 유수의 오염지대가 되어 주민들의 건강 문제가 심각해졌다.

글라스노스트가 정착해가자 그동안 억눌려 있던 불만이 터져나왔다. 긴 시간 터부시됐던 역사의 '공백'을 명확히 하고자 하는 움직임도 일어났다. 1932년부터 1933년까지 일어난 대기근이 공공연하게

체르노빌 원자력발전소

논의됐고 1930년부터 1940년대에 보안 경찰에 의해 학살된 사람들의 대규모 무덤이 발견됐다. 제4장에서 다룬 마제파의 행동은 배신이 아니라 러시아에서 분리하기 위한 시도였다는 논문도 발표됐다. 그리고 그동안 비판의 대상이었던 제1차 세계대전 당시의 '우크라이나 국민공화국'도 정당한 민족의 갈망을 나타낸 것으로 해석됐다. 또한 코스토마로프, 흐루셰브스키, 빈니첸코 등 과거 인물들의 명예도 회복됐다.

우크라이나어 복권의 움직임도 고조되어 1989년에는 '우크라이나 언어법'이 제정됐고 우크라이나어가 국어로 채택됐다. 또한 오랫동안 금지되었던 파란색과 노란색으로 구성된 우크라이나 민족 국기가 사용됐고 사람들은 우크라이나 국가인 '우크라이나의 영광은 사라지지 않으리'를 부르며 볼로디미르 성공의 삼지창을 상징하는 문장을 가슴에 달았다.

금지됐던 우니아트의 교도들도 바티칸과 미국의 후원으로 1987년부터 공공연하게 활동하게 된다. 1989년, 고르바초프의 바티칸 방문을 계기로 소련은 마침내 우니아트 교회를 합법화했다. 또한 스탈린이 1930년 이후 금지한 '우크라이나 독립 정교회'도 합법화됐다. 1990년 이후 자치가 주어진 우크라이나의 러시아 정교회도 1991년 모스크바로부터 완전히 독립하여 '우크라이나 정교회'가 됐다. 이와 같이 우크라이나에는 우니아트, 우크라이나 독립 정교회, 우크라이나 정교회, 러시아 정교회(우크라이나 거주 러시아인이 신도)가 병존하게 됐다.

이러한 상황에서 1989년 9월, 긴 세월 민족주의를 억압해온 셰르비츠키가 우크라이나 공산당 제1서기의 지위에서 해임되고 볼로디미르 이바시코가 그 자리에 올랐다. 얼마 되지 않아 모스크바 당 중앙의 부름을 받은 이바시코의 뒤를 이어 스타니슬라브 프렌코가 제1서기가 됐다. 셰르비츠키의 실각을 시작으로 우크라이나의 변화는 빨라졌다.

셰르비츠키 실각 직후인 1989년 9월, '페레스트로이카를 위한 우크라이나 국민운동'(일반적으로 '운동'을 의미하는 우크라이나어 '루흐 rukh'로 약칭하여 불린다)이 결성됐다. 이들은 인권과 소수민족의 권리, 종교의 보호, 우크라이나어의 복권을 요구하는 온건한 조직으로, 독립까지는 주장하지 않았으며 소련이 주권국가의 연합체가 되기를 원했다. 시인 이반 드라치(1936~2018)가 루흐의 의장이 됐고 미하일로 호린, 볼로디미르 야보리우스키 등 인텔리와 반체제 운동가가 간부가 됐다. 루흐는 30만 명에 가까운 시민의 지지를 받아 독립에 이르기까지 민간 운동을 이끌게 된다. 또한 새로운 정치 수법으로 공개 집회를 활발히 개최했다. 집회에는 수만 명, 때로는 20만 명에 이르는 사람들이 참가하기도 했다. 1990년 1월, 30만 명(50만 명이라는 기록도 있다)을 동원하여 리비우와 키예프를 잇는 이른바 '인간 사슬'이 최대 규모의 집회로 기록됐다.

독립 달성

1990년 3월, 우크라이나 소비에트 공화국의 의회인 '최고회의(베르호우나 라다)'의 선거가 이루어졌다. 그사이 급진화된 루흐는 우크라이나의 독립을 주장하고 나섰다. 선거에서는 여전히 공산당이 의석의 3분의 2 정도를 차지했지만 신新루흐의 후보자는 갖은 선거 방해에도 불구하고 약 4분의 1의 의석을 획득했다. 이 선거에서 처음으로 반대 당이 나타났다. 선거에서는 반체제 운동가였던 루키아넨코, 초르노빌, 호린 등이 당선됐다. 이즈음에는 공산당의 권위가 떨어져 10만 단위로 당원이 이탈했다. 우크라이나의 정치는 모든 것을 좌지우지한 공산당을 대신하여 그동안 허울에 지나지 않았던 최고회의가 이끌게 됐다.

같은 해 6월, 소련으로부터 독립의 추세가 짙어진 러시아 연방은 주권을 선언했다. 이어서 우크라이나의 최고회의도 그해 7월 16일 주권을 선언했다. 다만 이 시점에서는 우크라이나의 연방 탈퇴까지는 상정되어 있지 않았을 것이다. 7월 23일, 레오니드 크라프추크(1934~)가 최고회의 의장으로 취임했다. 크라프추크는 볼린주 출신의 공산당 관료로 의장에 취임하기 전까지는 이데올로기 담당 우크라이나 공산당 제2서기였다. 의장 취임 후 시류를 민감하게 받아들인 그는 우크라이나의 주권 확보에 큰 역할을 다했다. 그리고 1년 반 후에는 독립 우크라이나의 초대 대통령이 된다.

소련에서는 이탈 경향을 보이는 각 공화국을 어떻게든 연방의 틀 내에 머물게 하고자 고르바초프가 필사적인 노력을 했다. 그러나 같은 해 3월 리투아니아가 독립하여 소련에서 탈퇴하겠다고 선언하면서 소련의 해체 움직임에 탄력을 더한다. 그런데도 고르바초프 대통령(1990년 3월 이후 대통령)은 1990년 11월 새로운 연방 조약의 초안을 발표하고, 이듬해인 1991년 3월에는 찬반을 묻는 국민 투표를 전 소련 차원에서 실시했다. 우크라이나에서는 고르바초프가 제안한 연방 유지에 70퍼센트가 찬성했지만, 우크라이나에만 국한된 '주권국가 우크라이나가 주권국가 연방에 참여하는 전년도 최고회의의 결의에 찬성하는가'라는 질문에 80퍼센트가 찬성했다.

독립을 달성하는 데 결정적인 역할을 한 것은 쿠데타 사건이었다. 1991년 8월 19일, 모스크바의 보수파는 비상사태를 선언하고 크림의 포로스에 위치한 대통령 별장에서 휴가를 보내던 고르바초프를 구금하여 권력 이양을 압박했다. 같은 날 쿠데타 측은 키예프에 사자를 보내 크라프추크에게 쿠데타 지지를 요청했다. 그는 비상사태가 우크라이나에는 적용되지 않는다고 답했지만 쿠데타에 대한 지지 여부는 표명하지 않았다. 쿠데타는 러시아 최고회의 의장 옐친 (1931~2007)의 용감한 저항으로 맥없이 실패한다. 이로써 주도권은 고르바초프에게서 옐친으로 넘어갔다. 그리고 누가 봐도 소련은 지속될 수 없다는 게 분명해졌다.

쿠데타 실패의 여세를 몰아 8월 24일 우크라이나 최고회의는 거의 만장일치로 독립 선언을 채택했다. 훗날 이날은 독립기념일이 된다. 국명은 간단하게 '우크라이나'로 정했다. 최고회의는 쿠데타에 가담했다는 이유로 공산당을 금지했다. 크라프추크는 탈당했다. 9월에는 최고회의가 민족주의 전통에 입각한 국기, 국가, 국장을 법제화했다. 국기는 위가 하늘을 뜻하는 파란색, 아래가 대지(보리밭)를 뜻하는 노란색으로 구성된 이색기二色旗, 국가는 1865년 베르비츠키 작곡의 '우크라이나의 영광은 사라지지 않으리', 국장은 볼로디미르 성공의 국장이었던 '삼지창'을 가리킨다. 모두 중앙 라다 정부가 제정한 것의 부활이었다. 또한 소련을 구성했던 많은 공화국이 우크라이나를 따라 독립을 선언했다.

12월 1일, 우크라이나의 완전 독립의 시비를 가리는 국민 투표와 초대 대통령을 결정하는 선거가 실시됐다. 국민 투표에서는 90.2퍼센트가 독립을 찬성했다. 러시아인이 많은 하르키우, 도네츠크, 자포리자, 드니프로페트로우스크 각 주에서도 80퍼센트 이상이 찬성했다. 러시아인이 과반수를 차지하는 크림에서도 54퍼센트가 찬성하여 과반수를 웃돌았다. 대통령 선거에서는 크라프추크가 62퍼센트의 득표율로 루흐의 후보인 리비우주 의회 의장인 초르노빌(득표율 23퍼센트)을 꺾고 당선되어 초대 대통령으로 취임했다. 이 국민 투표에 관해 우크라이나 출생 폴란드인 로만 투르스키는 다음과 같은 일화를 소개했다.

소련 시대에 우크라이나 독립에 대한 국민 투표가 실시됐는데, 투표 직전에 외국에 사는 젊은 우크라이나인들이 들어와 벽지의 마을과 촌락을 찾아다니며 독립에 찬성하도록 운동을 벌였다. 선거 결과는 90퍼센트의 국민이 독립에 표를 던진 것으로 나타났다. 이튿날 젊은이들은 하루 종일 밤을 새우며 노래 부르고 춤추며 승리를 축하했는데, 이를 호기심 어린 눈으로 지켜보던 현지인이 "지치지 않느냐"고 묻자 "우리만 춤을 추고 있는 것이 아니다. 선조들의 영혼도 함께 춤추고 있다"고 대답했다고 한다.

—투르스키, 히루마 가츠코, 『몇 해 만에 고향에 가보니』

이미 발트 3국은 소련에서 탈퇴했지만 우크라이나의 독립으로 소련은 사실상 해체됐다. 12월 7일부터 8일에 걸쳐 우크라이나의 크라프추크, 러시아의 옐친, 벨라루스의 슈시케비치는 벨라루스의 민스크 교외에 모여 소련 해체를 선언하고 '독립 국가 공동체CIS'를 결성했다. 옐친은 고르바초프의 권력을 탈취하기 위해서라면 소련 해체도 마다하지 않았다고 한다. 고르바초프는 연방 유지를 위한 최후의 반격을 꾀했지만 중앙아시아 공화국들이 옐친에게 기울어 좌절됐다. 21일 카자흐스탄의 알마아타에서 11개국 정상이 모여 CIS 조약에 서명했다.(아제르바이잔은 1993년에 가입을 비준했다.) 25일, 고르바초프가 대통령직에서 물러나면서 70년 동안 이어온 소련은 명실공히 소멸했다.

우크라이나의 독립을 폴란드, 헝가리는 즉각 승인했다. 많은 우크라이나 이민자를 끌어안던 캐나다도 신속하게 승인했다. 미국은 12월 24일 승인했다. 일본은 12월 28일 우크라이나를 국가로 승인하고 이듬해인 1992년 1월 26일 외교관계를 수립했다.

이 우크라이나의 독립 선언은 20세기에 접어들어 이루어진 여섯 번째 독립 선언이었다. 1918년 1월, 키예프에서 중앙 라다의 '우크라이나 국민공화국', 같은 해 11월 리비우에서 '서우크라이나 국민공화국', 1919년 1월 키예프에서 디렉토리아 정부와 서우크라이나 정부가 합병한 '우크라이나 국민공화국', 1939년 3월 후스트에서 '카르파토 우크라이나 공화국', 그리고 1941년 6월 리비우에서 OUN의 우크라이나 독립 선언에 이은 독립이었다. 사실 이전의 독립 선언은 모두 오래가지 못했거나 처음부터 오래가지 못할 것을 알면서도 상징적으로 이루어진 행위에 지나지 않았다. 이에 반해 이번 독립은 통치 능력을 가진 정부를 보유하고 우크라이나인이 거주하는 거의 전역을 포함하며 국제적으로도 승인된 후에 이루어진 것이자 영속의 개연성을 지닌 것이다. 그런 의미에서는 큰 뜻을 품고 나아가다가 무너진 흐멜니츠키의 우크라이나 독립의 꿈이 350년을 지나 마침내 현실이 된 것이다.

가까스로 손에 넣은 독립은 유혈을 수반하지 않고 평화롭게 이루어졌다. 이 부분은 매우 바람직하지만 한편으로는 '호박이 넝쿨째 굴러들어온' 측면도 있다. 우크라이나가 소련에 남았다면 소련이 존속할 수 있었을지도 모른다는 의미에서는 최후의 단계에서 소련에 마지막 일격을 가한 결정타였다고 볼 수 있다. 그러나 전체적으로는 소련이 스스로 붕괴해가는 과정에 무임승차한 면이 강하다. 따라서 레닌이나 피우스츠키, 마사리크와 같은 건국 영웅도 등장하지 않았고 흐루셰브스키나 페틀류라와 같은 독립 운동을 상징하는 인물도 없었다. 또한 구체제의 중추에 있던 인물들이 독립파로 수월하게 전향했던 터라 구체제가 그대로 독립 국가로 이행되면서 간판만 바뀌고 내용물은 별반 달라지지 않은 상태가 됐다. 수 세기에 걸친 우크라이나 민족의 꿈이었던 독립을 마침내 달성했음에도 불구하고 '마냥 경사스

럽지만은 않은' 독립으로 비친 까닭이 여기에 있다.

우크라이나의 장래성

독립 후 우크라이나는 다양한 문제를 떠안게 됐고 그 해결 과정은 다난하다. 그렇다고 해서 우크라이나의 중요성이 낮아지는 것은 아니다. 중장기적으로 우크라이나는 큰 잠재력을 갖추고 있다. 이 책의 말머리에서도 언급했지만 우크라이나의 중요성과 장래성에 대한 두 가지 사항을 다시 짚어보며 이 책을 마무리하고자 한다.

첫째는 대국이 될 수 있는 잠재력이다. 우크라이나의 면적은 유럽에서 러시아 다음으로 넓고 인구는 5000만 명으로 프랑스 인구 규모에 필적한다. 석유, 천연가스 자원은 충분하지 않지만 철광석은 유럽 최대 규모의 산지를 자랑한다. 농업은 세계의 흑토지대의 30퍼센트를 차지한다. 언젠가는 '유럽의 곡창'의 지위를 회복할 것이고 21세기에 세계가 식량 위기에 처할 경우, 위기에서 구해낼 잠재력을 지닌 나라로 평가된다. 경지 면적은 농업국 프랑스의 경지 면적의 두 배에 이른다. 공업 및 과학 기술 면에서는 과거 소련 최대의 공업지대였고 이를 지탱하는 과학자와 기술자의 수준이 높을 뿐만 아니라 층도 두텁다.

또한 외교적으로도 높은 능력을 갖추었다는 것이 독립 후 처음으로 확인됐다. 러시아와 미국 사이에서 능수능란하게 균형을 맞춰 안전보장을 확보하고 있다. 대국뿐만 아니라 폴란드 등 중·동유럽 국가와 캅카스 및 중앙아시아 국가와도 우호관계를 성공적으로 구축했다. 경우에 따라서는 리더십을 발휘하기도 한다. 외교 수법은 온건하고 협조적이며 기존 대국들이 내비치는 거만함도 없다. 이처럼 우크라이나는 균형 잡힌 통합력을 보유하고 있으며 장차 전 유럽 및 구소련 중에서도 대국이 될 가능성을 충분히 갖고 있다.

두 번째는 지정학적인 중요성이다. 지금까지 살펴본 것처럼 유럽에서 우크라이나만큼 여러 민족이 거쳐간 곳도 없을 것이다. 우크라이나는 서유럽 세계와 러시아, 그리고 아시아를 잇는 통로였다. 이러한 이유로 우크라이나는 세계 지도를 다시 쓴 대북방전쟁, 나폴레옹전쟁, 크림전쟁, 두 차례에 걸친 세계대전의 전장이 됐고 많은 세력이 우크라이나를 차지하려고 했다. 즉 우크라이나의 향방에 따라 동서의 힘의 균형이 달라졌다. 프랑스 작가 브누아 메샹은 우크라이나는 소련(당시)에도 유럽에도 '결정적으로 중요한 지역의 넘버원Espace vital No.1'이라고 지적한 바 있다. 또한 이 지역은 소련이 생각지도 못하게 붕괴되어 아직도 안정된 국제관계가 제대로 형성되어 있지 않다. 그러한 의미에서 우크라이나가 독립을 유지하고 안정되는 것은 유럽, 나아가 세계의 평화와 안정에 있어 중요하다. 이는 미국과 서유럽의 주요국이 공유하는 인식이지만 중·동유럽 국가의 입장에서는 사활이 걸린 문제다.

우크라이나와 일본

마지막으로 우크라이나와 일본의 관계에 대해 간단히 정리하고자 한다.

일찍이 러일전쟁 전인 1902년에 오데사에 일본영사관이 설치됐다. 때가 때인 만큼 영사관의 목적이 정치 정세 관찰과 공작에 있었는지, 혹은 무역에 있었는지는 확실하지 않다. 영사관은 그 후 러일전쟁 당시와 소련 성립 후 국교가 없던 시절에는 폐쇄되어 있었지만 1934년까지 존속했다. 영사로는 이지마 가메타로, 사사키 세이고, 시마다 시게루, 다나카 분이치로, 히라타 미노루가 주재했다. 두 차례의 세계대전 중에 일본 군부는 우크라이나 독립파에 관심을 두고 접촉했다고 알려졌으나, 앞서 언급한 것 이상은 알 수 없다.

문학 분야에서는 제정 러시아 시절 쿠르스크 근교 오부호바 출신의 우크라이나인이자 맹인 시인 바실리 예로셴코(1889~1952)가 1914년부터 1916년, 1919년부터 1921년에 걸쳐 도쿄에 머물며 일본어와 에스페란토어로 민화, 동화를 발표했다. 화가 나카무라 쓰네(1887~1924)는 「예로셴코의 초상」(1920)이라는 걸작을 남겼다. 1907년에는 타라스 셰브첸코의 『벚꽃 동산』이 일본어로 번역됐다. 1926년에는 시부야 테이스케(1905~1989)의 시집 『들판에 외치다』에 셰브첸코의 시가 실렸다. 제2차 세계대전 후에는 셰브첸코의 시가 여러 작가에 의해 번역됐다. 우크라이나에서는 전전부터 도쿠나가 스나오(1899~1958), 고바야시 다키지(1903~1933) 등의 작품이 우크라이나어로 번역됐다. 음악 분야에서는 헤르손 출생의 유대인 지휘자 엠마뉴엘 메테르(1884~1945)가 1926년 일본으로 넘어와 오사카 필하모니 등의 지휘자로 긴 시간 동안 머물며 '간사이 음악계의 아버지'로 불렸다.

제2차 세계대전 후의 소련 시대에도 우크라이나와 일본 사이에 인적 왕래, 문화 교류, 무역, 기술 협력이 이루어졌지만, 소련과의 교류를 내에서 이루어진 것이어서 일본이 특별히 우크라이나를 의식한 것은 아니었다. 다만 특기할 만한 점은 1965년에 요코하마시와 오데사시, 1971년에 교토시와 키예프시가 자매도시를 맺었다는 것이다. 항구 도시이자 고도古都라는 공통점에서 이루어진 결연이다. 그 인연으로 키예프에는 '교토 거리'가 형성되어 있다. 또한 철제와 관련하여 우크라이나에서 발명된 연속 주조법은 우크라이나가 아닌 일본에서 실용화되어 일본을 제철왕국으로 만드는 데 지대한 공헌을 했다.

일본과 우크라이나와의 본격적인 교류가 시작된 것은 1991년 우크라이나가 독립한 이후다. 1993년 1월에 키예프에 재우크라이나 일본대사관이 설립됐고, 1994년 9월에는 도쿄에 재일본 우크라이나 대사관이 개설됐다. 1995년에는 쿠치마 대통령이 일본을 방문했다. 일본은 우크라이나의 안정이 유럽과 나아가 세계의 안정에도 이바지한다는 관점에서 쿠치마 대통령 방일 시에 1.5억 달러의 일본 수출입은행의 언타이드 론untied loan 및 0.5억 달러의 수출 신용을 공여했다. 그 후 우크라이나에 대한 일본 정부의 자금 및 인도 원조도 이루어졌다. 그중에는 체르노빌 피해자를 위한 인도적 원조, 체르노빌 원자력발전소의 붕괴를 방지하기 위한 원조, 소아병원에 대한 의료 원조, 우크라이나의 핵무기 폐기 노력을 지원하는 원조, 금융 부문 및 전력 부문의 개혁을 위한 기술 원조, 경제 개혁을 위한 인재 육성의 거점이 되는 '키예프 일본 센터'의 설립 등이 포함됐다. 또한 민간 차원에서도 체르노빌 피해자를 위한 의료 원조 등이 적극적으로 이루어지고 있다.

　문화 방면에서는 1991년에 나카이 가즈오 교수의 『우크라이나어 입문』, 1998년에 I. 본다렌코·히노 다카오의 『일·우크라이나, 우크라이나·일 사전』이 발행됐다. 우크라이나의 대학에는 일본어 학과, 일본어 강좌를 개설하는 곳도 늘어나고 있다. 그 밖에 유도, 가라테, 합기도 등 일본 무도가 성행하는 중이고 최근에는 검도가 도입됐다. 바둑이나 장기도 유행하고 있다. 일본 영화의 인기 또한 높다.

　경제 방면에서는 우크라이나가 자금 부족에 처해 있어 무역량은 아직 적다. 일본은 우크라이나에서 주로 철광을 수입하고 우크라이나는 일본에서 자동차, 기계를 수입하고 있다. 투자는 아직 많지 않다.

　미지의 세계에 대한 이국적인 동경도 있겠지만 우크라이나인은 일본에 관해 호의와 높은 관심을 드러내고 있다. 우크라이나에서 근무하던 시절, 그들에게 일본과 우크라이나는 전혀 공통분모가 없다고 생각할 수도 있겠지만 실은 그렇지 않다. 두 나라 모두 오랜 역사와 문화를 보유하고 있으며 그것을 소중히 지켜온 점, 특히 코사크와 사무라이는 용기, 명예, 당당함 등 공통의 가치관을 가지며 그 정신이 현대에 계승된 점, 양국 모두 농업 기반의 사회였던 점, 석유와 천연가스 자원이 부족한 점, 교육열과 교육 수준이 높은 점, 세계에서 핵의 비극을 겪은 점, 서로 공통의 이웃이 있으며 관련 문제를 안고 있는 점 등의 공통분모가 있다고 설명하곤 했다. 그야말로 일본과 우크라이나와의 교류는 이제 막 시작된 것이나 다름없다.

우크라이나 역사 연표
(키예프 루스 시대까지의 연대는 역사서에 따라 차이가 있음)

기원전1500~기원전700년	키메리아인, 흑해 연안에 거주.
기원전750~기원전700년	스키타이인, 흑해 연안으로 진출. 키메리아인을 몰아내다.
기원전 7세기~	흑해 북안에 그리스 식민도시 건설.
기원전514년경	페르시아의 다리우스 대왕, 스키타이 원정.
기원전 5세기 전반	보스포루스 왕국 성립.
기원전 4세기경	스키타이 전성 시대.
기원전 2세기	사르마타이인, 드네프르강 유역에서 스키타이인을 몰아내다. 스키타이가 크림반도에 갇히다.
기원전 63년	로마, 보스포루스 왕국을 멸망시키다.
3세기	사르마타이인 멸망.
3세기 중엽	고트족이 크림 지역의 스키타이인을 멸망시키다.
4세기 후반	훈족의 침입.
6세기 중엽	아바르족의 침입. 비잔티움 제국의 유스티니아누스 대제 아래 흑해 북안에서 비잔티움 문화가 번성하다.
6세기 후반?	키이 형제의 키예프 건설.
6세기말	불가르족의 침입.
7세기 초	슬라브인, 우크라이나의 땅에 퍼져나가다.
7세기 중엽	하자르 카간국 성립(9세기 중엽 최전성기).
862년	류리크, 노브고로드 공이 되다.
978~1015년	키예프 대공, 볼로디미르(성공)의 치세.
988년	기독교가 국교가 되다.
1019~1054년	키예프 대공, 야로슬라프(현공)의 치세.
1187년	『키예프 연대기』에 우크라이나의 명칭이 최초로 등장하다
1199년	로만 공, 할리치나-볼린 공국을 합병하다.
1223년	칼카강 전투, 몽골이 루스 연합군을 격파하다.

1240년	몽골, 키예프 공략.
13세기 중엽	민다우가스 공 아래 리투아니아 통일.
1299년	키예프 부주교, 거주를 블라디미르로 옮기다.
1326년	정교의 부주교좌가 최종적으로 모스크바로 이동하다.
1340년대	할리치나와 볼린이 각각 폴란드, 리투아니아에 병합되다.
14세기 후반	리투아니아, 키예프를 포함한 우크라이나의 대부분을 영유하다.
1385년	크레보 합동.
1386년	리투아니아 대공 요가일라, 폴란드 여왕 야드비가와 결혼.
1475년	오스만튀르크, 크림반도 남부를 지배하에 두다. 크림한국은 오스만튀르크에 신하로서 복종하다.
1480년	모스크바 공국, '타타르의 멍에'에서 벗어난다.
1492년	크림한국의 서간에 우크라이나 코사크의 명칭이 최초로 등장하다.
1502년	킵차크한국의 멸망.
1530년경	우크라이나 코사크, 자포로제 시치를 건설하다.
1569년	루블린 합동, 우크라이나의 대부분이 폴란드령이 되다.
1572년	코사크 등록제가 시작되다.
1596년	브레스트 합동, 우니아트(그리스 가톨릭)가 탄생하다.
17세기 초	코사크의 튀르크 원정이 활발히 이루어지다.
1614년	사하이다치니, 헤트만 취임(~1622).
1632년	키예프의 페체르스크 수도원장 모힐라가 '키예프 모힐라 아카데미' 창설.
1648년	흐멜니츠키, 헤트만 취임(~1657).
1654년	페레야슬라프 협정, 헤트만 국가는 모스크바의 보호를 받다.
1660년	보플랑이 『우크라이나』지 간행.
1667년	안드루소보 조약, 드네프르 우안은 폴란드, 좌안은 모스크바의 주권으로 상호 승인하다.
1686년	폴란드, 모스크바의 자로포제 단독 종주권을 승인하다.
1687년	마제파, 헤트만 취임(~1709).
1700년	폴란드, 우안의 코사크를 폐지하다.
1709년	폴타바 전투.
1764년	헤트만직 폐지, '소러시아 참의회' 설치.

1765년	예카테리나 2세, 슬로보다 우크라이나의 자치 폐지.
1774년	러시아-튀르크 간 쿠추크 카이나르자 조약 체결, 오스트리아는 튀르크로부터 부코비나 획득.
1775년	예카테리나 2세, 자포로제 코사크 폐지.
1776년~	우크라이나 남부에 카테리노슬라프(1776), 헤르손(1778), 오데사(1794) 등의 도시가 건설되다.
1783년	크림 칸국 멸망. 코사크의 연대 제도 폐지, 헤트만 국가 종언.
1795년	제3차 폴란드 분할, 우크라이나는 러시아-오스트리아로 분할되다.
1798년	우크라이나어 최초의 문학작품 『에네이다』 간행.
1805년	하르키우에 러시아 제국하의 우크라이나 최초의 대학 설립.
1812년	나폴레옹의 러시아 침입.
1825년	데카브리스트의 난.
1834년	키예프대학 설립.
1840년	타라스 셰브첸코의 시집 『코브자르』 간행.
1848년	오스트리아 제국 내 민족주의 고양(국민의 봄). 오스트리아 제국, 농노제 폐지.
1853~1856년	크림전쟁.
1861년	러시아의 농노해방령.
1863년	러시아 발루예프 내상의 우크라이나어 억압 정책.
1865년	우크라이나 최초의 철도(오데사-발타 간) 개통.
1876년	러시아의 '엠스 지령'으로 우크라이나어 금지.
1890년	최초의 우크라이나 독립·통일을 표방하는 '우크라이나 급진당' 결성.
1900년	러시아 치하의 우크라이나 최초의 정당 '혁명 우크라이나당RUP' 결성.
1902년	오데사에 일본영사관 개설(~1934).
1905년	러시아, 제1차 혁명(피의 일요일 사건).
1906년	러시아, 제1회 두마 개최.
1914~1918년	제1차 세계대전.
1914~1915년	러시아, 할리치나와 부코비나 점령.
1917년	2월 러시아 2월 혁명. 3월 우크라이나 중앙 라다 결성. 6월 제1차 우니베르살에 의한 우크라이나 자치 선언.

1917년	10월	러시아 10월 혁명.
	11월	'우크라이나 국민공화국' 선언.
	12월	하르키우에서 '우크라이나-소비에트 공화국' 수립.
		볼셰비키군, 우크라이나 진격.
1918년	1월	중앙 라다, 우크라이나 완전 독립 선언.
	2월	러시아와 별개로 브레스트-리토프스크 조약 체결.
		볼셰비키, 키예프 탈취. 중앙 라다 정부, 지토미르로 후퇴.
	3월	독일-우크라이나군, 키예프 점령.
	4월	흐루셰브스키, 우크라이나 국민공화국 대통령으로 선출. 중앙 라다 소멸. '헤트만 국가' 수립.
	11월	제차 세계대전 종결. '서우크라이나 국민공화국' 수립.
	12월	헤트만 국가 붕괴, 디렉토리아 정부, 키예프에 우크라이나 국민공화국을 부활.
		프랑스군, 남서우크라이나 점령.
1919년	1월	동서우크라이나 공화국의 합동.
	2월	디렉토리아 정부, 키예프에서 후퇴.
	4월	프랑스군, 우크라이나에서 철퇴.
	8월	데니킨군, 키예프 점령. 생제르맹 조약으로
		부코비나는 루마니아령이, 자카르파티아는 체코슬로바키아령이 된다.
	10월	티푸스 대유행으로 우크라이나군 괴멸.
1920년	2월	볼셰비키, 데니킨군을 우크라이나에서 몰아내다.
	4월	페틀류라, 폴란드와 동맹조약을 맺다.
	5월	'우크라이나 독립 정교회' 설립.
		폴란드-페틀류라 연합군, 키예프 점령.
	6월	볼셰비키, 키예프 탈환.
	7~8월	볼셰비키, 우크라이나의 대부분을 점령.
	8월	'우크라이나 군사조직UVO' 결성.
	10월	폴란드와 러시아 화평.
	11월	브란겔의 백군, 크림에서 쫓겨나다.
1920~1921년		기근 발생.
1921년	3월	신경제 정책(네프)이 시작되다.
	8월	볼셰비키, 마흐노군을 섬멸하다.
		볼셰비키, 연내에 내란을 진압하다.
1922년	12월	소비에트연방 성립.
1923년		우크라이나화 정책 개시.
1924년		레닌 사망.
1926년		페틀류라, 파리에서 암살되다.
1927년		스탈린, 권력 장악.
1928~1932년		제1차 5개년 계획.

1928년	농업 집단화 개시.
1929년	빈에서 '우크라이나 민족주의자 조직OUN' 결성.
1930년	우크라이나 독립 정교회, 해산 명령을 받다.
1932~1933년	대기근.
1932년경	우크라이나에서 숙청이 시작되다.
1934년	수도가 하르키우에서 키예프로 바뀌다.
1936~1938년	전 소련에 걸친 대기근.
1938년	1월 흐루쇼프, 우크라이나 공산당 제1서기가 되다. 5월 OUN의 지도자 코노발레츠, 로테르담에서 암살되다. 9월 뮌헨 회담. 10월 체코슬로바키아 연방 내에서 '카르파토 우크라이나'가 자치주가 되다.
1939년	3월 카르파토 우크라이나, 독립 선언 후 곧 붕괴. 8월 독소불가침조약 조인. 9월 제2차 세계대전 발발. 9~11월 소련, 서우크라이나 점령.
1940년	6월 소련, 북부 코비나와 베사라비아 점령.
1941년	6월 독일, 소련을 공격하여 독소전쟁이 시작되다. OUN, 리비우에서 독립 선언. 여름 '우크라이나 봉기군UPA' 설립. 9월 바비 야르의 유대인 학살. 11월 독일, 전 우크라이나 점령.
1943년	1월 스탈린그라드 전투. 11월 소련, 키예프 회복.
1944년	10월 소련군, 전 우크라이나 점령.
1945년	2월 얄타회담. 5월 독일군의 항복으로 유럽의 전쟁 종결.
1946년	기근.
1950년	UPA의 슈헤비치 사령관 전사.
1953년	스탈린 사망.
1954년	크림이 우크라이나로 이관되다.
1956년	2월 UPA에 관한 최후의 정보.
1959년	OUN의 지도자인 반데라, 서독일에서 암살되다.
1964년	흐루쇼프 실각, 브레즈네프 시대의 시작.

1972년	우크라이나 공산당 제1서기 셸레스트 실각, 세르비츠키로 교체되다.
1975년	헬싱키 선언.
1976년	키예프에서 '우크라이나 헬싱키 그룹' 결성.
1985년	고르바초프, 소련 공산당 서기장으로 취임.
1986년	**4월** 체르노빌 원전 폭발 사고.
1989년	**9월** 세르비츠키 실각. '루흐' 결성. **10월** 우크라이나 언어법, 우크라이나어가 국어가 되다. **11월** 우니아트, 합법화되다.
1990년	**1월** 리비우와 키예프를 잇는 '인간 사슬'. **3월** 우크라이나 최고 회의 의원 선거. **7월 16일** 우크라이나의 주권 선언. **23일** 크라프추크, 최고 회의 의장 취임.
1991년	**3월** 고르바초프의 신연방 조약 국민 투표. **8월 19~22일** 소련 쿠데타. **24일** 우크라이나 독립 선언. **12월 1일** 독립의 시비를 묻는 국민 투표, 대통령 선거. 크라프추크, 초대 대통령으로 취임. **8일** 러시아-우크라이나-벨라루스 정상, 민스크에서 소련 해체와 '독립국 가 공동체CIS' 결성을 결정하다. **21일** 알마아타에서 11개국 정상이 CIS 조약에 조인. **25일** 고르바초프, 소련 대통령 사임. 소련 소멸.
1992년	우크라이나, 루블권에서 탈퇴하여 쿠폰권 카르보바네츠를 잠정적인 통화로 발행.
1993년	키예프에 일본대사관 개설.
1994년	제2회 대통령 선거에서 쿠치마 당선.
1995년	쿠치마 대통령 방일.
1996년	**6월** 신헌법 제정. 러시아, 우크라이나에서 핵무기 철폐 완료. **9월** 신통화 흐리브냐 도입.
1997년	러시아와 우호 협력 조약 체결.
1999년	쿠치마 대통령 재선.

참고문헌

우크라이나사 전반

伊東孝之·井内敏夫·中井和夫 編,『ポ__ランド·ウクライナ·バルト史』, 山川出版社, 1998

Academy of Sciences of the Ukrainian SSR, Institute of History. *A short History of the Ukraine*, Kiev: Nauk. dumka, 1986

Benoît-Mechin, J. *Ukraine-Le Fantôme de l'Europe*, Edition du Rocher/Valmonde, 1991

Hrushevsky, M. *A History of Ukraine*, Archon Books, 1970

Joukovsky, A. *Histoire de l'Ukraine*, Deuxième Edition, Paris: Aux Editions du Dauphin, 1994

Kubijovic, V. *Encyclopedia of Ukraine*, Univercity of Toronto Press, 1984

Magocsi P.R. *A History of Ukraine*, University of Toronto Press, 1996

Nahayewsky, I. *History of Ukraine*, American Pub. House of the Providence Association of Ukrainian Catholics in America, 1962

Smolyi, V. A. *All about Ukraine*, Kiev: Alternatyvy, 1998

Subtelny, O. *Ukraine: a history*, 3rd ed., University of Toronto Press, 2000

제1장

加藤九祚 監修,『黄金のシルクロ__ド展』, 黄金のシルクロ__ド展実行委員會, 1998

藤川繁彦 編,『中央ユ__ラシアの考古學』, 同成社, 1999

ヘロドトス(松平千秋 譯),『歴史』全3巻, 岩波文庫, 1971~72

吉田敦彦,「日本神話とスキュタイ神話」『文学』第39巻 第11号, 岩波書店, 1971

吉田敦彦,『日本神話の源流』, 講談社, 1976

☒·スコット·リトルトン, リンダ·A·マルカ__(辺見葉子·吉田瑞穂 訳),『ア__サ__王傳説の起源』, 青土社, 1998

Reeder, E.D., ed. *Scythian gold*, New York: H. N. Abrams, 1999

제2장

ジョヴァンニ·カルピニ, ギョ__ム·ルブルク(護雅夫 譯),『中央アジア·豪古旅行記』, 桃源社, 1979

国本哲男 他譯,『ロシア原初年代記』, 名古屋大學出版社, 1987

グウイン·ジョ__ンズ(笹田公明 譯),『ヴァイキングの歴史』, 恒文社, 1987

中村喜和 編訳,『ロシア中世物語集』, 筑摩書房, 1970

S·A·プリェ__トニェヴァ(城田俊 譯),『ハザ__ル謎の帝國』, 新潮社, 1996

Dotsenko, T., Lyabakh, M. & Paramonov, O. *Kyiv*, 1998

제3장

ハイコ・ハウマン(平田達治・荒島治雅 譯),『東方ユダヤ人の歴史』, 鳥影社・ロゴス企劃部, 1999

イラン・ハレヴィ(奥田曉子 譯),『ユダヤ人の歴史』, 三一書房, 1990

プ__シキン(川端香男里 譯)「バフチサライの泉」『プ__シキン全集』第2巻, 河出書房新社, 1972

宮崎正勝,『ジパング傳説』, 中公新書, 2000

Beauplan. *Description d'Ukranie*, Les Presse de l'Universite d'Ottawa, 1990

제4장

植田樹,『コサックのロシア』, 中央公論新社, 2000

ゴ__ゴリ(原久一郎 譯),『隊長ブ__リバ』, 潮出版社, 2000

中井和夫,『ソヴェト民族政策史』, 御茶ノ水書房, 1988

早坂真理,『ウクライナ』, リブロポ__ト, 1994

プロスペル・メリメ(江口清 譯),「ボグダン・フメリニ__ツキ__」『メリメ全集』第5巻, 河出書房新社, 1978

Krasinski,H. *The Cossacks of the Ukraine*, London, 1848

제5장

ショラム・アレイヘム(南川貞治 譯),『屋根の上のバイオリン彈き』, 早川書房, 1973

伊藤幸次・私市保彦 譯,『バルザック全集』第26巻, 東京創元社, 1976

岩間徹,『プ__シキンとデカブリスト』, 誠文社新光社, 1981

ミハイル・ゴルバチョフ(工藤精一郎・鈴木康雄 譯),『ゴルバチョフ回想録』全2巻, 新潮社, 1996

ゲイル・シ__ヒ__(落合信彦 譯),『世界を變えた男ゴルバチョフ』, 飛鳥新社, 1990

渋谷定輔・村井隆之 編譯,『シェフチェンコ詩集』, れんが書房新社, 1988

シュテファン・ツヴァイク (水野亮 譯),『バルザック』, 早川書房, 1980

レフ・トルストイ(中村白葉 譯)『セヴァスト__ポリ』, 岩波文庫, 1954

アンリ・トロワイア(村上香住子 譯),『ゴ__ゴリ傳』, 中央公論社, 1983

中村喜和,『遠景のロシア』, 彩流社, 1996

イサ__ク・バ__ベリ(中村唯史 譯),『オデッサ物語』, 群像社, 1995

原暉之,『ウラジオストク物語』, 三省堂, 1998

藤井悦子 譯注,『シェフチェンコ詩選』, 大學書林, 1993

森田稔 他,『チャイコフスキ__』, サントリ__文化事業部, 1990

Kary, M. *And the Memory of Kamenka?*, Dnipropetrovsk, 1988

Hamm, M. F. *Kiev: a portrait*, 1800-1917, Princeton University Press, 1995

제6장

芦田均,『革命前夜のロシア』, 文藝春秋新社, 1950

ニコライ・オストロフスキ__(横田瑞穂 譯),『鋼鐵はいかに鍛えられたか』全2巻, 新日本出版社, 1962～63

アレクセイ・トルストイ(金子幸彦 譯)「苦惱の中を行く」『世界の文学』第45・46巻, 中央公論

社, 1967

中井和夫, 『ソヴェト民族政策史』, 御茶ノ水書房, 1988

イサ__ク・バ__ベリ(江川卓 譯)「騎兵隊」『世界文學全集』第41卷, 學習研究社, 1979

ミハイル・ブルガ__コフ(中田甫・浅川彰三 譯), 『白衛軍』, 群像社, 1993

제7장

倉田保雄, 『ヤルタ會談』, ちくまライブラリ__, 1988

後藤敏雄, 『シベリア, ウクライナ私の捕虜記』, 國書刊行会, 1985

アルチュ__ル・コント(山口俊章 譯), 『ヤルタ會談=世界の分割』, サイマル出版會, 1986

エドワ__ド・R・ステチニアス(中野五郎 譯), 『ヤルタ會談の秘密』, 六興出版社, 1953

ジョン・L・スネル(遠藤晴久 譯), 『ヤルタ會談の意義』, 桐原書店, 1977

ストロ__ブ・タルボット 編(タイムライフブックス編集部 譯), 『フルシチョフ回想録』, タイムライフイ
　　ンタ__ナショナル, 1972

中井和夫, 『ソヴェト民族政策史』, 御茶ノ水書房, 1988

中井和夫, 『ウクライナ・ナショナリズム』, 東京大學出版会, 1998

原暉之, 『シベリア出兵』, 筑摩書房, 1989

Bethell, N. W. *The last secret: forcible repatriation to Russia, 1944-7*, Deutsch, London: 1974

Zastavnyi, A. *Ukrayinsko-Yaponski stosunky naperedodni druhoyisvitovoyi viyny*, Lviv: 1997

Zemlyanichenko, M. & Kalinin, N. *The Romanovs and the Crimea*, Moscow: 1993

제8장

岡野弁, 『メッテル先生』, リット__ミュ__ジック, 1995

ロマン・トゥルスキ, 畫間勝子 譯 『いくとせ故郷きてみれば』, 雙葉社, 1994

中井和夫, 『ウクライナ・ナショナリズム』, 東京大學出版会, 1998

西谷公明, 『通貨誕生』, 都市出版, 1994

러시아사

倉持俊一, 『ソ連現代史』第1卷, 山川出版社, 1980

田中陽兒 他編, 『ロシア史』全3卷, 山川出版社, 1994～97

Leroy-Beaulieu, A. *L'empire des Tsars et les Russes*, Paris: R. Laffont, 1990

유럽 최후의
대국,
우크라이나의
역사

초판 인쇄 2022년 2월 11일
초판 발행 2022년 2월 21일

지은이 구로카와 유지
옮긴이 안선주
펴낸이 강성민
편집장 이은혜
편 집 김진아
마케팅 정민호 이숙재 김도윤 한민아 정진아 이가을 우상욱 박지영 정유선
브랜딩 함유지 함근아 김희숙 정승민
제 작 강신은 김동욱 임현식

펴낸곳 (주)글항아리 | 출판등록 2009년 1월 19일 제406-2009-000002호
주소 10881 경기도 파주시 회동길 210
전자우편 bookpot@hanmail.net
전화번호 031) 955-2696(마케팅) 031) 955-2560(편집)
팩스 031) 955-2557

ISBN 978-89-6735-999-7 03920

www.geulhangari.com